LA CONSTITUTION DU SÉNÉGAL

La lettre, le politique et le juge

Meïssa DIAKHATÉ
Agrégé de Droit public

LA CONSTITUTION DU SÉNÉGAL

La lettre, le politique et le juge

L'Harmattan Sénégal

10 VDN, Sicap Amitié 3, Lotissement Cité Police, DAKAR

senharmattan@gmail.com
senlibrairie@gmail.com

ISBN : 978-2-14-034796-2
EAN : 9782140347962

L'auteur

1) ouvrages publiés

i) *Manuel de Rédaction administrative. Afrique francophone*, Dakar, L'Harmattan-Sénégal, 2021, 376 pages.

ii) *Organisation et performance dans l'Administration publique* (en co-auteur avec Abdoul Karim Lô, ancien Délégué à la Réforme de l'État et à l'Assistance technique (DREAT), Dakar, L'Harmattan, 2022, 218 pages.

iii) *Les lois au Sénégal. La procédure législative (volume 1) ; Le répertoire législatif de 1960 à 2020 (volume* 2), Dakar, CREDILA, 2020, 209 pages et 550 pages.

iii) *La Rédaction administrative au Sénégal*, Dakar, CREDILA, 2017, 286 pages.

iv) *L'Éducation au Sénégal. Historique et actualité des Réformes pédagogiques*, Dakar, Le Pointilleux, 2005, 100 pages.

2) Contributions d'ouvrage

i) « La réalité des fonctions parlementaires », *in* Ismaïla Madior Fall, *Théorie et contentieux constitutionnels en Afrique. Mélanges en l'honneur du Professeur El Hadj Mbodj*, L'Harmattan-Sénégal, 2022, pp. 437-454 ;

ii) « Le droit électoral dans les États de l'Afrique subsaharienne francophone. Approche disciplinaire », *in* Abdou Aziz Daba Kébé et *alii*, *Vues africaines de droit public et de science politique à partir des thèses dirigées par le Pr Ismaïla Madior Fall*, L'Harmattan-Sénégal, 2022 ; pp. 201-233 ;

iii) « Chapitre 1. Le pouvoir législatif en Afrique », *in* Maurice Kamto, Jean Matringe, *Traité de droit constitutionnel africain*, Paris, LGDJ, coll. Droits africains (à paraître) ;

iv) « Les acteurs du contrôle de gestion dans le cadre de la réforme des finances publiques. Les exemples du Cameroun et du Sénégal », *in Mélanges en l'honneur du Professeur Charles Étienne Lekene Donfack*, Université de Douala, Cameroun (à paraître).

3) Thèse de doctorat

Spécialité Droit public : *L'émergence du droit électoral en Afrique. Les cas du Bénin, du Mali et du Sénégal*, Thèse de doctorat unique, Université Cheikh Anta Diop de Dakar, 2012, 500 pages.

4) Articles de revue

i) « La responsabilité disciplinaire du fonctionnaire en droit sénégalais », *Afrilex*, Université Montesquieu - Bordeaux IV, août 2013, 37 p.

ii) « L'ambiguïté des juridictions constitutionnelles dans les États de l'Afrique noire francophone », *Revue du Droit public de la Science politique en France et à l'étranger* (*RDP)*, 2015, n° 3, pp. 785- 828.

iii) « La relativité du principe de sincérité dans les États de l'UEMOA », *Annales Africaines*, Faculté des Sciences juridiques politiques, Université Cheikh Anta Diop, Nouvelle série, n° 5, 2016, pp. 153-196.

iv) « La motivation des décisions des juridictions administratives en Afrique subsaharienne francophone », *Afrilex*, Université Bordeaux IV, 2019, 31 p.

v) « À la recherche du Peuple dans les systèmes constitutionnels de l'Afrique subsaharienne francophone », *Afrilex*, juin 2021, 36 p.

vi) « Le pilotage de la performance des finances publiques dans les États membres de l'UEMOA) », *Revue africaine des Finances publiques (RAFIP)*, n° 9, 1er semestre 2021, pp. 8- 47.

5) Communications

i) « Les juridictions constitutionnelles et la garantie des droits et libertés fondamentaux en Afrique », VIe session d'enseignement à Dakar organisée par l'Institut international des Droits de l'Homme (IIDH) et la Fondation Friedrich Neumann pour la Liberté ;

ii) « Le régime juridique de l'entrée en vigueur », Atelier de partage sur la procédure d'adoption des textes législatifs et réglementaires, organisé par le Secrétariat général du Gouvernement (SGG) et l'École nationale d'Administration (ENA), Dakar, 28 et 29 avril 2015 ;

iii) « Évaluation des politiques environnementales : enjeux et défis » Atelier organisé par le Réseau des Parlementaires pour la Protection de l'Environnement au Sénégal (REPES) et l'Initiative Prospective Agricole et Rurale (IPAR), Dakar, 25 novembre 2020 ;

iv) « Les tabous sont-ils solubles dans la Constitution », Colloque sur le thème *Trente ans de la vie constitutionnelle sous la IVe République au Burkina Faso : bilan et perspectives*, Université Thomas Sankara, Ouagadougou, Burkina Faso, 22 et 23 novembre 2021.

6) Études parlementaires

i) Consultant Assemblée nationale / Forum civil pour la rédaction des avant-propositions de loi portant sur le financement des partis politiques, la déclaration de patrimoine et d'intérêts, le règlement intérieur de l'Assemblée nationale, 2013, 2014 ;

ii) Consultant du Projet d'Appui aux Réformes pour la Réduction de la Pauvreté (PARRP-GIZ/MEF au Sénégal) pour la Commission de l'Économie générale, des Finances, du Plan et de la Coopération économique, 2012 et 2013 ;

iii) Participation à la visite d'échanges entre sections nationales du Réseau des Parlementaires Anti-corruption (APNAC) Bénin & Sénégal, Porto-Novo et Cotonou, 16- 18 juillet 2013 ;

iv) Voyage d'étude auprès de la Commission de l'UEMOA, Ouagadougou, octobre 2011.

v) Participation à l'Étude en groupe sur « l'Audit parlementaire des finances publiques » organisée par la Banque mondiale, le Centre parlementaire canadien et le Parlement finlandais : systèmes Westminster, Scandinaves, Francophones, en Finlande, Helsinki, 16-19 mai 2010.

vi) Mission d'étude sur « L'organisation et le fonctionnement de la Commission des Finances, de l'Économie, du Plan et de la Promotion du Secteur privé de l'Assemblée nationale du Mali », Mali, Bamako, 20 au 23 décembre 2009.

viii) Rapporteur général du Colloque du Comité interparlementaire de l'UEMOA sur le thème « Parlement et Bonne Gouvernance », Sénégal, Dakar, Hôtel Terrou-bi, décembre 2009.

8) Expertise juridique

i) Coordonnateur du Centre de Recherche, d'Expertise et de Formation sur les Institutions constitutionnelles, les Administrations publiques, la Gouvernance financière et la Légistique en Afrique (CERACLE) ;

ii) Professeur de Droit public : Science et techniques administratives ; Ingénierie constitutionnelle, (Master 1) Méthodologie de la recherche (Master 2) ; Contentieux administratif, Droit de la Fonction publique ; Contentieux constitutionnel (Licence 3) ; Droit administratif des biens (Licence 2), Droit constitutionnel (Licence 1) ;

iii) Professeur associé à l'École nationale des Officiers d'Active (ENOA), en Droit international humanitaire ;

iv) Formateur associé à l'École supérieure de Guerre (ESG-Sénégal) en Méthode ;

v) Expert-conférencier au Centre d'Études diplomatiques et stratégiques (CEDS), Antenne de Dakar ;

xi) Renforcement de capacité des agents de l'État, des collectivités territoriales et des établissements publics en rédaction administrative ;

xii) Formateur de cadres administratifs supérieurs (pilotage des cabinets et secrétariats ministériels et institutions publiques ;

viii) Formateur en éthique et déontologie du service public, à l'intention de membres de Gouvernement, parlementaires, fonctionnaires, élus et agents des collectivités territoriales ;

ix) L'audit, la planification et le management des organisations et des politiques publiques (État, institutions internationales, secteur para-public).

x) Site internet : www.ceracle.com / Email : meissadiakhate@gmail.com

« En politique, les destinations du constitutionnaliste sont diverses. Ses compétences avérées et la présomption de maîtrise de l'État dont le politique crédite le spécialiste justifient, d'une part, la sensibilité des fonctions qu'il exerce et, d'autre part, la gravité des travers dont il est, soit le complice, soit la caution, soit la victime collatérale. »

Frédéric Joël Aïvo, « Les constitutionnalistes et le pouvoir politique en Afrique », *RFDC,* n° 104, 2015, p. 794.

Avant-propos

Le présent ouvrage commente la loi n° 2001-03 du 22 janvier 2001 portant Constitution de la République du Sénégal[1], mise à jour, dont seule la version officielle fait foi.

Cette Constitution, qui est la seconde du cycle constitutionnel du Sénégal depuis 1959, met symboliquement et juridiquement fin à la loi n° 59-003 du 24 janvier 1959 portant Constitution de la République du Sénégal. Dès lors, il n'est pas sans intérêt de savoir que c'était une continuité du système constitutionnel de 1960 à 2000, même si, durant cette période, les régimes politiques ont vécu, par moments, des convulsions institutionnelles.

Les textes du 26 août 1960 et du 7 mars 1963 n'ont pas intronisé, *expressis verbis*, de nouvelles Constitutions, encore moins une deuxième et une troisième République au Sénégal. L'apparence ou la substance sème dans l'esprit une certaine confusion, mais il ne s'agissait formellement que de deux lois constitutionnelles, à moins de vouloir de gré les dépeindre comme de nouvelles Constitutions. Il suffit tout simplement de savoir lire, au bon endroit du Journal officiel, les intitulés consacrés : loi n° 60-045 du 26 août 1960 portant *« révision de la Constitution »* de la République du Sénégal[2] et la loi n° 63-22 du 7 mars 1963 portant *« révision de la Constitution »* de la République du Sénégal[3].

Au soutien de la comparaison, on peut valablement lire l'intitulé de la seconde Constitution marquant une réelle volonté politique de rompre symboliquement les amarres avec un régime socialiste vieux de 40 ans : loi n° 2001-03 du 22 janvier 2001 *« portant Constitution »* (adoptée par référendum)[4], ou comme sa devancière la loi n° 59-003 du 24 janvier 1959 *« portant Constitution »* (adoptée par l'Assemblée constituante).

---

[1] JORS n° 5963 du 22 janvier 2001, pp. 27-

[2] JORS n° 3396 du 31 août 1960, pp. 881-887.

[3] JORS n° 3587 du 11 mars 1963 ; République du Sénégal, *La justice au Sénégal*, 4 avril 1961, p. 21 ; Meissa Diakhaté, *Les lois au Sénégal, Volume 2. Le répertoire législatif, 1960 à* 2020, Dakar, CREDILA, 2020, pp. 26-27.

[4] Ismaïla Madior Fall, *Evolution constitutionnelle du Sénégal de la veille de l'Indépendance aux élections de 2007*, Dakar, CREDILA-CREPOS, 2007, p. 95.

Plus clairement, la loi n° 63-32 du 7 mars 1963 portant révision de la Constitution n'ayant pas prévu les modalités de son abrogation, pour ne pas dire les conditions de sa "*propre belle mort*", le Président de la République n'avait que le choix de recourir aux dispositions de l'article 46 de ladite loi constitutionnelle ainsi formulées : *« Le Président de la République peut, après avis du Président de l'Assemblée nationale et de la Cour suprême, soumettre tout projet de loi au référendum »*. Une certaine frange significative de la doctrine constitutionnelle a pu qualifier de *« fraude à la Constitution »* la mise en branle de cette procédure, c'est-à-dire qu'elle *« respecte la lettre de la constitution, mais en contrarie l'esprit »* [5]. Selon la principale thèse favorable, *« l'interprétation de la formule "tout projet de loi" comme englobant une loi portant Constitution (...) paraît excessif »*.

Pour conforter l'analyse sur le décompte des Constitutions, il suffit de relire l'article 66 *bis* de la loi n° 62-62 du 18 décembre 1962 portant révision de la Constitution qui n'accordait aucunement un blanc-seing au Président de la République pour qu'il *« nous change »* notre Constitution au cours du référendum du 3 mars 1963, en soumettant au peuple sénégalais un projet de nouvelle Constitution. La disposition est fort probante : *« [le Chef de l'État, devenu Chef de l'Exécutif] peut soumettre au référendum un projet de "révision" constitutionnelle, après avis du Président de l'Assemblée nationale, du Conseil des ministres et d'une commission spéciale de l'Assemblée »*[6].

C'est justement par une lecture acérée des textes que l'éminent constitutionnaliste tranche le débat : *« La Constitution du 24 janvier 1959 n'est pas citée en référence des constitutions fondatrices des différentes Républiques du Sénégal. Liée à la brève parenthèse de l'expérience fédérale du Sénégal, elle a politiquement été remplacée par la Constitution du 26 août 1960 et juridiquement abrogée par la loi n° 2001-03 du 22 janvier 2001 portant Constitution du Sénégal »* [7].

---

[5] A la suite de Georges Liet-Veaux, voir Séni Mahamadou Ouédraogo, *La lutte contre la fraude à la constitution en Afrique noire francophone*, Thèse de doctorat, Université Montesquieu-Bordeaux IV, 2011, p. 79.

[6] JORS n° 3567 du 19 décembre 1962, p. 1939.

[7] A propos de la *« longévité remarquable de la Constitution de 1959 »*, El Hadj Mbodj, « Constitution du 24 janvier 1959 », Abdou Aziz Daba kébé, Sidy Alpha Ndiaye, Boubacar Bâ, *Textes fondamentaux de la République du Sénégal*, L'Harmattan-Sénégal, 2021, pp. 26-27.

Partant de ces considérations, le présent commentaire de la Constitution, qui éclaircie, discute ou relativise chaque titre de la Constitution du 22 janvier 2001, modifiée, est placé sous le sceau d'un investissement propre au constitutionnaliste[8] qui entend analyser et apprécier les dispositions constitutionnelles sous l'inspiration du triptyque formé par la lettre, le politique et le juge.

La **lettre**

La lettre désigne la parole du pouvoir souverain, le peuple. Celle-ci donne lieu à un écrit adopté dans des formes solennelles. Faisant de la Constitution écrite une technique de limitation du pouvoir, le constitutionnalisme contemporain promeut une philosophie, rien que dans le but de faire obstacle à l'exercice arbitraire du pouvoir.

La Constitution écrite adoptée par la République du Sénégal porte, dans sa forme et son contenu, la marque emblématique du constitutionnalisme contemporain. Apparu au XVIIIe en Europe et en Amérique du Nord, ce courant d'idées se répand en Afrique subsaharienne francophone au début des années 1990.

L'écriture d'une Constitution, magistralement appelée *« ingénierie constitutionnelle »,* est une tâche foncièrement politique mais également éminemment légistique. Au fond, *« l'écriture de la Constitution est une activité, non pas naturelle, mais de création ; et il s'agit d'une création qui, loin d'être banale, est sous-tendue par une ingénierie »*[9].

Dans le pouvoir de manier cette science, le Constitutionnaliste est contraint à un protocole ingénieux mettant en harmonie les tensions entre les politiques et les experts, les considérations idéologiques et les attentes sociales[10], la souveraineté interne et les contraintes externes, ainsi que la

---

[8] Le constitutionnaliste est *« ce Professeur spécialiste de l'analyse des Constitutions politiques (..) mobilisant un savoir savant - le droit constitutionnel -, se présentant comme autonome vis-à-vis du monde politique et, plus largement, du monde social ».* Guillaume Sacriste, *La République des constitutionnalistes. Professeurs de droit et légitimation de l'État en France (1870-1914)*, Paris, Sciences Po Les Presses, 2011, p. 54.

[9] Djedjro Francisco Melèdje, *Ingénierie constitutionnelle*, Abidjan, ABC, 2019, p. 20.

[10] André Cabanis, Michel Louis Martin, « Aux origines du constitutionnalisme de la troisième vague en Afrique francophone : la fabrication des lois fondamentales », *in*

séduction des droits étrangers et les réalités endogènes. Il doit ainsi donner plein sens à cette vérité doctrinale : *« Une bonne Constitution ne peut suffire à faire le bonheur d'une nation. Une mauvaise peut suffire à en faire le malheur »*[11].

Le **politique**

Dans notre usage, le politique renvoie à l'activité des professionnels de la politique, des agents politiquement actifs dans les partis politiques qui exercent le pouvoir ou des aspirants au pouvoir, actifs dans les instances de prise de décision politique.

Le politique incarne l'esprit de la Constitution. En effet, le degré de compréhension de la lettre constitutionnelle et le niveau d'assimilation des situations politiques déterminent la pratique des institutions. En permanence, l'esprit des gouvernants façonne, renforce ou modifie les institutions. Cela fait dire que *« la Constitution est d'abord une loi de procédure qui attribue des compétences et en règle l'exercice (...) le fond du droit dépend des autorités qui l'appliquent soit pour développer le régime esquissé par le texte, soit pour l'infléchir, soit encore pour en contredire le dessein »*[12].

Le politique constitue un facteur déterminant dans tout effort d'adaptation ou de réfection du texte constitutionnel. Cependant, *« en déclarant le politique chef de la cité tout entière, nous avons omis de dire qu'à la différence du pasteur divin, il pouvait commander contre la volonté de ses sujets »*[13].

Le **juge**

Le juge forme l'axe central du nouveau constitutionnalisme[14] autour duquel se maintient désormais l'équilibre du pouvoir politique. Son rôle

---

CERHIIP, *Ecrire la Constitution*, (Actes du Ve Table ronde, Bastia, les 5 et 6 juin 2010), PUAM, 2011, pp. 161-169.

[11] Guy Carcassonne, *La Constitution (introduite et commentée)*, 6e édition, Paris, Seuil, 2004, p. 33.

[12] Pierre Avril, *Les conventions de la Constitution,* Paris, PUF, 1997, 118 p.

[13] Emile Chambry, *Platon - Le politique, [ou de la royauté, genre logique], traductions, notices et notes*, *beq.ebooksgratuits.com*, consulté le 1er février 2023, p. 48.

[14] Babacar Guèye, « La démocratie en Afrique : succès et résistances », *Pouvoirs*, n° 129, 2009, p. 7.

prépondérant s'apprécie à travers la garantie juridictionnelle qu'il accorde à la Constitution et la maîtrise du jeu démocratique dont il fait techniquement montre. Les juridictions constitutionnelles peuvent être saisies pour obtenir le respect de la Constitution. L'évolution est démocratiquement significative, notamment en Afrique : *« D'abord, les États se sont dotés de Constitutions écrites d'inspiration " démocratique et libérale". [...] Ensuite, les règles de valeur constitutionnelle sont plus nombreuses et plus importantes et plus protectrices des droits de l'homme. [...] Enfin, la violation des normes constitutionnelles par les pouvoirs publics connaît dans certains cas un début de sanction par le juge constitutionnel »*[15].

La nécessaire liaison entre Constitution et contentieux constitutionnel[16] s'est logiquement imposée aux États contemporains *« dans la mesure où la justice constitutionnelle a permis à la Constitution d'être normative, et donc de produire des effets de droit »*[17].

S'il y a un danger qui menace l'office du juge constitutionnel, c'est fondamentalement la politisation du droit. D'où l'intérêt pour lui de songer, en permanence à cette sagesse d'esprit : *« Il est (...) parfois tentant de faire du prétoire le prolongement des débats du parlement ou le troisième tour d'une élection. Il lui faut éviter cette confusion des genres (...). Quand les requérants ont tendance à le pousser vers une "politisation du droit", il lui faut résister et les amener au contraire à accepter la "judiciarisation de la politique" »*[18].

- Le **pari méthodologique**

Le pari consiste à faire le choix d'un commentaire thématique de la Constitution, en lieu et place au traditionnel *« commentaire article par article »*. Cela nous oblige davantage à mettre l'emphase, de manière sélective, sur telle ou telle autre disposition de la Constitution.

---

[15] Ismaïla Madior Fall, *Le pouvoir exécutif dans le constitutionnalisme des États d'Afrique*, Paris, L'Harmattan, 2008, p. 22.

[16] Mouhamadou Mounirou Sy, *La protection constitutionnelle*, Paris, L'Harmattan, 2007, pp. 34-35.

[17] Pierre Esplugas, « Constitution et contentieux constitutionnel », *in* AIDC, *La constitution aujourd'hui*, Recueil de cours, Volume XV, XXIe Session, 2005, p. 132.

[18] Babacar Kanté, « Préface », *in* Ismaïla Madior Fall (dir.), *Les décisions et avis du Conseil constitutionnel du Sénégal*, Dakar, CREDILA, 2008, p. 15.

Pour s'accorder avec le lecteur sur l'orientation imprimée à notre réflexion, rappelons pour mieux se l'appliquer, qu'une Constitution ne saurait, comme toute œuvre humaine, être parfaite au point de n'appeler ni commentaires ni critiques. C'est du construit social qui transcende les régimes successifs et porte une empreinte politique. En démocratie, les ruptures ne sont jamais absolues : les acquis démocratiques sont consolidés et transmis solidairement d'un régime à un autre.

Une Constitution démocratique est toujours le fruit d'héritage légué par des politiques épris de valeurs démocratiques et soucieux du bien-être de la société. D'où cette éclatante réalité : *« Plusieurs décennies de vie constitutionnelle ont permis au Sénégal de mettre à jour ses mécanismes institutionnels essentiels à la pratique républicaine. En effet, durant plus de cinquante (50) années, les différents ressorts du jeu politique interne ont pu témoigner de la solidité à toute épreuve de notre ordonnancement institutionnel »*[19].

Affirmatif Mon général : *« La Constitution actuelle, loi fondamentale et les institutions ne sont pas l'œuvre du seul président de la République actuel. Celui-ci ne représente que le sommet de la pyramide dont la base est construite par les générations antérieures que nous devons respecter »*[20].

Admiratif Cher Professeur : la Constitution du 22 janvier 2001 ne contredit pas ses devancières : elle opère *« une rupture juridiquement controversée »* et *« une continuité matérielle évidente »*[21].

Les notes de commentaire sont des analyses de doctrine, sans aucune intention de caricaturer voire de condamner sans appel la Constitution du 22 janvier en vigueur devant une quelconque juridiction de la pensée universitaire. Si justement, exercer un commentaire sur une Constitution est pour nous un acte de connaissance et une volonté de reconnaissance.

---

[19] Exposé des motifs de la loi n° 2016-10 du 5 avril 2016 portant révision de la Constitution (JORS n° 6926 du 07 avril 2016p. 505).

[20] Le général Mamadou Mansour Seck, Chef d'état-major général des Armées du Sénégal de 1988 à 1993, « Sénégal est-il en feu ? », *www.sudquotidien.sn*, 15 février 2023.

[21] Ismaïla Madior Fall, « Constitution de 1963 et Constitution de 2001 : continuité ou rupture », *Nouvelles Annales africaines*, n° 2, p. 313 et p. 322.

Dans le prolongement de cette vérité, nous entendons assumer notre engagement à frotter l'esprit de nos étudiants avec d'autres réalités constitutionnelles et les mettre ainsi à l'aise pour s'émanciper du cadre étroit de l'exception sénégalaise et, pourquoi pas, en cultivant la souplesse d'esprit et la neutralité axiologique. En d'autres termes, les rendre capables de sortir de l'ornière des discours du politique et, à défaut de déconstruire, au moins d'objectiver les réformes constitutionnelles.

Sur le fondement de ces considérations, l'ouvrage a pour mission de présenter l'ossature et la quintessence de la matière constitutionnelle aux étudiants et de soumettre les acteurs politiques et les citoyens à une lecture digeste de la Constitution sénégalaise.

Je l'avoue ! Il n'est pas exclu que les faisceaux d'une actualité telle que le fameux article 27 de la Constitution puissent parasiter la transmission de notre réflexion. Si cela devait arriver, nous prions le lecteur de s'abstenir d'émettre un jugement complaisant ou déconcertant à l'endroit de notre écrit constitutionnel sans au préalable lire intégralement l'ouvrage, mais plutôt de bien vouloir communier avec l'intelligence d'un jugement équidistant des factions politiques.

Un autre enjeu de taille, c'est sans doute de prétendre contribuer à la décantation de l'esprit juridique présentement troublé par la témérité de certaines imaginations fécondes sur la Constitution. À terme, nous pourrons convenir avec les lectrices et les lecteurs que la seule ferveur qui mérite de souffler sainement dans l'esprit du juriste, c'est assurément l'objectivité scientifique.

L'auteur

Loi n° 2001-03 du 22 janvier 2001 portant Constitution, modifiée

PRÉAMBULE

Le Peuple du Sénégal souverain,
PROFONDÉMENT attaché à ses valeurs culturelles fondamentales qui constituent le ciment de l'unité nationale ;
CONVAINCU de la volonté de tous les citoyens, hommes et femmes, d'assumer un destin commun par la solidarité, le travail et l'engagement patriotique ;
CONSIDÉRANT que la construction nationale repose sur la liberté individuelle et le respect de la personne humaine, sources de créativité ;
CONSCIENT de la nécessité d'affirmer et de consolider les fondements de la Nation et de l'État ;
ATTACHE à l'idéal de l'unité africaine ;
AFFIRME :
– son adhésion à la Déclaration des Droits de l'Homme et du Citoyen de 1789 et aux instruments internationaux adoptés par l'Organisation des Nations Unies et l'Organisation de l'Unité africaine, notamment la Déclaration universelle des Droits de l'Homme du 10 décembre 1948, la Convention sur l'élimination de toutes les formes de discrimination à l'égard des femmes du 18 décembre 1979, la Convention relative aux Droits de l'Enfant du 20 novembre 1989 et la Charte africaine des Droits de l'Homme et des Peuples du 27 juin 1981 ;
– son attachement à la transparence dans la conduite et la gestion des affaires publiques ainsi qu'au principe de bonne gouvernance ;
– sa détermination à lutter pour la paix et la fraternité avec tous les peuples du monde ;
PROCLAME :
– le principe intangible de l'intégrité du territoire national et de l'unité nationale dans le respect des spécificités culturelles de toutes les composantes de la Nation ;
– l'inaltérabilité de la souveraineté nationale qui s'exprime à travers des procédures et consultations transparentes et démocratiques ;
– la séparation et l'équilibre des pouvoirs conçus et exercés à travers des procédures démocratiques ;
– le respect des libertés fondamentales et des droits du citoyen comme base de la société sénégalaise ;

– le respect et la consolidation d'un État de droit dans lequel l'État et les citoyens sont soumis aux mêmes normes juridiques sous le contrôle d'une justice indépendante et impartiale ;
– l'accès de tous les citoyens, sans discrimination, à l'exercice du pouvoir à tous les niveaux ;
– l'égal accès de tous les citoyens aux services publics ;
– le rejet et l'élimination, sous toutes leurs formes, de l'injustice, des inégalités et des discriminations ;
– la volonté du Sénégal d'être un État moderne qui fonctionne selon le jeu loyal et équitable entre une majorité qui gouverne et une opposition démocratique, et un État qui reconnaît cette opposition comme un pilier fondamental de la démocratie et un rouage indispensable au bon fonctionnement du mécanisme démocratique :

APPROUVE ET ADOPTE LA PRÉSENTE CONSTITUTION DONT LE PRÉAMBULE EST PARTIE INTÉGRANTE.

Note n° 1. La juridicité du préambule de la Constitution

Dans le préambule, « *les innovations concernent aussi bien sa valeur juridique que son contenu* »[22]. Sur le second aspect de ce texte situé au frontispice de la Constitution du 22 janvier 2001, on découvre une quantité de nouvelles valeurs, notamment les droits et libertés, les valeurs culturelles, de solidarité, de travail et d'engagement patriotique, l'intangibilité de l'intégrité territoriale et l'unité nationale, et la promotion de l'éthique grâce à la transparence dans la conduite des affaires publiques et la bonne gouvernance.

Mais, l'accent est mis sur le premier aspect marquant un pas déterminant dans la positivité des proclamations, déclarations et affirmations solennellement énoncées dans le préambule.

1. Une positivité avérée

Pour être en mesure d'apprécier la conformité des lois et des engagements internationaux à la Constitution, le Conseil constitutionnel doit se référer à des normes qui forment le « *bloc de constitutionnalité* ».

Le Conseil constitutionnel sénégalais ne s'est pas seulement cantonné au texte constitutionnel lui-même. Il déborde l'assise textuelle de la Constitution proprement dite et range dans le bloc de constitutionnalité, notamment, le préambule, les déclarations de droits auxquelles il renvoie, les principes à valeur constitutionnelle (PVC).

Le préambule est une déclaration solennelle par laquelle le Constituant proclame son attachement à des valeurs, des principes qui constituent les idéaux de l'État et déterminent la nature du régime politique.

Dès lors, émerge la question de savoir si le préambule fait partie du bloc de constitutionnalité. Cela amène à se demander s'il a une valeur normative impérative, dont le caractère obligatoire est consacré et sanctionné. La controverse étant aujourd'hui apaisée, voire éteinte, la réponse servira, tel un acte recognitif, à des fins didactiques.

---

[22] Demba Sy, « Présentation de la nouvelle Constitution », *Nouvelles Annales africaines*, n° 1, 2007, p. 284.

La jurisprudence constitutionnelle avait déjà tranché les controverses par la Décision n° 2/C/93 du 23 juin 1993, *Rabat d'arrêt*)[23]. Mieux, elle considère, de façon aussi nette, par la décision n° 3/C/93 du 16 décembre 1993, *Traité OHADA*) *« que même si les articles soumis à l'examen du Conseil constitutionnel avaient prescrit un véritable abandon de souveraineté, ils ne seraient pas inconstitutionnels ; que s'il y avait un doute à ce sujet, il serait levé par les dispositions du paragraphe 3 du Préambule de la Constitution »* ! La valeur juridique du préambule venait ainsi d'être consacrée, de façon prétorienne, par le juge constitutionnel. La Constitution du 22 janvier 2001, mise sous étude, met définitivement un terme aux interrogations, en énonçant expressément *« le Peuple approuve et adopte la présente constitution dont le préambule est partie intégrante »*[24].

À l'arrivée, le préambule a acquis une valeur constitutionnelle grâce à l'office du juge, par suite parachevé par le pouvoir constituant[25]. Concomitamment, le bloc de la constitutionnalité s'est davantage dilaté ; il ne se limite plus au seul périmètre du texte strictement constitutionnel et du préambule.

La Constitution sénégalaise du 22 janvier 2001, à l'instar de la plupart de ses consœurs subsahariennes francophones, *« intègre en son sein un certain nombre de traités internationaux, qui sont relatifs, on l'aura perçu, aux droits de l'homme en général, aux droits de la femme et de l'enfant en particulier »*[26].

Curieusement, on constate que la survivance de la Déclaration des Droits de l'Homme et du Citoyen du 26 août 1789 dans la Constitution du Sénégal est de nature à éveiller l'attention. En remontant le cours de

---

[23] El Hadj Mbodj, « La mise à mort du rabat d'arrêt ? Observations s/c Conseil constitutionnel : 23 juin 1993 », *Revue internationale de droit africain, EDJA*, Octobre-Novembre - Décembre 1994, pp. 84-85.

[24] Mamadou Falilou Diop, « Réflexions sur la constitutionnalisation du préambule de la Constitution sénégalaise du 22 janvier 2001, *in* Mamadou Badji, El Hadji Omar Diop, *Administrer la justice, Transcender les frontières. Mélanges en l'honneur du juge Kéba Mbaye*, PUT 1 capitole, 2018, pp. 438-451.

[25] Boubacar Bâ, « Le préambule de la constitution et le juge constitutionnel en Afrique », *Afrilex*, 2016, p. 35.

[26] Alioune Sall « Instruments internationaux intégrés dans le préambule », *in* Abdou Aziz Daba kébé, Sidy Alpha Ndiaye, Boubacar Bâ, *Textes internationaux de la République du Sénégal*, L'Harmattan-Sénégal, 2021, p. 121.

l'histoire, on s'étonne pourtant de la participation contre nature des représentants de la Colonie du Sénégal, sous le joug impérial français, aux États généraux de Versailles. Le 15 avril 1789, partirent de Saint-Louis de *« Très humbles doléances et remontrances des habitants aux citoyens de Saint-Louis »* expédiées par les habitants de Saint-Louis (notables, européens et mulâtres, bourgeois locaux, et de quelques nègres libres, propriétaires d'esclaves), tous préoccupés par la suppression de l'exclusivité de la Compagnie du Sénégal sur le commerce de gomme et d'esclaves. Rédiger à contre-courant des valeurs exaltées par la Révolution française, *« le document ne fait état que du point de vue des notables, singulièrement métis, enrichis par la traite et qui n'ont qu'un désir, c'est qu'elle continue »*[27]. Cela ne saurait dès lors éveiller une fierté nationale encore gravée dans le marbre de la Constitution du Sénégal.

De son côté également, la jurisprudence s'est attelée à l'extension du bloc de constitutionnalité. Grâce à l'office du juge, les principes à valeur constitutionnelle (PVC) prennent place dans le bloc de constitutionnalité. Ils sont utilisés pour apprécier la constitutionnalité des textes soumis à son examen, qu'ils soient tirés du dispositif constitutionnel lui-même ou des divers éléments du préambule. Ces principes ont la forme de règles non écrites revêtues d'un caractère obligatoire pour le législateur. Ils sont dégagés par le juge à partir d'une interprétation du préambule, des déclarations de droits et qui en imposent le respect au législateur. On peut rapporter à notre contexte d'explication le propos suivant : *« À la lumière de ces considérations, les principes à valeur constitutionnelle désignent les principes découverts ou écrits par le juge constitutionnel dans le cadre de l'exercice de son pouvoir d'interprétation et qui revêtent une valeur juridique équivalente aux autres dispositions constitutionnelles »*[28]. Il n'est pas inutile de faire la distinction entre les principes à valeur constitutionnelle et les principes généraux du droit qui sont l'expression du pouvoir normatif de fait du juge administratif qui les impose à l'activité normative de l'Administration, en l'absence de dispositions législatives applicables.

---

[27] Régine Bonnardel, *Saint-Louis du Sénégal : mort ou naissance ?* Paris, L'Harmattan, 1993, p. 49.

[28] El Hadji Omar Diop, « Les principes à valeur constitutionnelle : réflexions sur le pouvoir normatif du juge constitutionnel dans les États africains », *Annales africaines. Nouvelle Série*, n° 14, Volume 1, Avril 2021, p. 51.

Le Conseil constitutionnel sénégalais considère comme principes à valeur constitutionnelle, entre autres, la non-rétroactivité des lois pénales, le principe de l'indépendance judiciaire, le principe de la séparation des pouvoirs, le principe de l'égalité devant la loi et devant la justice, la préservation de l'ordre public, la sauvegarde de l'intérêt général. Il semble ainsi assimiler le principe à valeur constitutionnelle et à l'objectif de valeur constitutionnelle (OVC), du moins si l'on se rapporte à la préservation de l'ordre public, la sauvegarde de l'intérêt général.

Toutefois, la distinction est mieux établie dans la Décision n° 02/C./21 du 20 juillet 2021 : *« Considérant qu'en premier lieu, l'intelligibilité de la loi, souvent corrélée à l'accessibilité de la loi, est un des objectifs de valeur constitutionnelle qui participent à la sécurité juridique ; qu'en second lieu, l'intelligibilité et l'accessibilité s'apprécient au regard du bon entendement de la norme législative par les destinataires de celles-ci et également par rapport aux conditions d'application de la loi ; et qu'en troisième lieu, l'objectif d'intelligibilité est poursuivi à travers les exigences liées au principe de clarté de la loi »*.

L'objectif de valeur constitutionnelle a été l'un des traits dominants de la jurisprudence rendue en 2016 par le Conseil constitutionnel, sur saisine du Président de la République « *aux fins d'examiner la conformité du projet de révision de la Constitution "à l'esprit général de la Constitution du 22 janvier 2001 et aux principes généraux du droit"* ». Dans sa réponse, il considère que *« la sécurité juridique et la stabilité des Institutions sont inséparables de l'État de droit dont le respect et la consolidation son proclamés dans le préambule de la Constitution du 22 janvier 2001, constituent des objectifs à valeur constitutionnelle que toute révision doit prendre en considération, pour être conforme à l'esprit de la Constitution »* (décision n° 1-C-2016 du 12 février 2016 du 12 février 2016).

La part des choses faites, les principes à valeur constitutionnelle ne sont pas à confondre avec les objectifs de valeur constitutionnelle qui relèvent des techniques de contrôle du Conseil constitutionnel français. Les objectifs de valeur constitutionnelle servent à constitutionnaliser un but à atteindre et procèdent d'une technique que le Conseil constitutionnel met en œuvre dans le cadre du contrôle de constitutionnalité. Ils n'énoncent pas un droit mais un objectif que le législateur devra prendre en compte. Ils servent à un but à atteindre. Étant une obligation de moyens, *« il ne crée pas d'obligations de résultats puisqu'il n'oblige pas le législateur à parvenir à un résultat précis »*[29]. En contrepartie, les PVC sont des normes, les OVC sont des buts, des finalités à atteindre, voire des limitations à l'exercice du pouvoir législatif constitutionnalisé. Comme les PVC, les OVC sont aussi intégrés au bloc de constitutionnalité par certains juges constitutionnels africains.

2. Une étendue relativisée

La dilation du bloc de constitutionnalité a relativement touché les *« normes internationales »* et *« la loi organique »*.

Pour les normes internationales, une brèche s'ouvre à travers la Décision du 3 décembre 1997, *Modification du statut des magistrats*, rendue par le Conseil constitutionnel sénégalais. En l'espèce, le juge apprécie la constitutionnalité de la loi organique au regard des *« normes internationales »* relatives à la qualification, à la sélection et à la formation des personnes devant remplir les fonctions de magistrat et au principe de l'indépendance des juges. Mais, la Décision sur les affaires 1 et 2/C/2005 du 12 février 2005, *Loi d'amnistie (Loi Ezzan)* exclut les traités ou accords internationaux du bloc de constitutionnalité : *« Considérant, par suite, qu'il n'appartient pas au Conseil constitutionnel d'apprécier la conformité de la loi aux stipulations d'un traité ou d'un accord international »*[30]. La décision sur les affaires n° 3 et 4-C-21 du 22 juillet 2021, encore récente, fait évaporer les gouttes d'espoirs antérieurement nourris : *« Considérant que le Protocole A/SP1/12/01 de la CEDEAO sur*

[29] Michel Verpeaux *alii, Droit constitutionnel. Les grandes décisions de la jurisprudence*, 2e édition mise à jour, Paris, PUF, 2017, p. 459

[30] *« Considérant que les requérants font valoir que « l'article L.150 , alinéa premier de la loi n° 16/2022, apporte une réforme substantielle de la loi électorale » et « viole gravement l'article 2.1 du protocole A/SP.1/12/01 sur la démocratie et la bonne gouvernance, additionnel au protocole relatif au mécanisme de prévention, de gestion, de règlement des conflits, de maintien de la paix et de la sécurité » ; qu'ils affirment que pour la sauvegarde des « principes de convergence constitutionnelle », qui est du ressort des « compétences naturelles » du juge constitutionnel, le Conseil constitutionnel doit déclarer la loi non conforme à la Constitution ; Considérant que les normes auxquelles se réfère le Conseil constitutionnel, pour l'exercice du contrôle de constitutionnalité, sont les dispositions de la Constitution, son Préambule ainsi que les instruments auxquels fait référence ce Préambule ; Considérant, par suite, qu'il n'appartient pas au Conseil constitutionnel, saisi en application de l'article 74 de la Constitution, d'apprécier la conformité de la loi à un traité ou à un accord international ; qu'il s'ensuit que le moyen n'est pas fondé* (Décision 1-C-2022 du 29 avril 2022).

la démocratie et la bonne gouvernance additionnel au protocole relatif au mécanisme de prévention, de gestion, de règlement des conflits, de maintien de la paix et de la sécurité ne fait pas partie des normes de référence du Conseil constitutionnel qui sont les dispositions de la Constitution, le préambule ainsi que les instruments internationaux auxquels fait référence ce préambule ».

Quant à la place des *« lois organiques »*, qui sont pourtant des textes d'application ou des prolongements nécessaires de la Constitution, la jurisprudence dégage deux tendances opposées[31]. En droit sénégalais, la jurisprudence constitutionnelle s'abstient de considérer la loi organique (y compris le règlement intérieur de l'Assemblée nationale) comme un texte de référence pour le contrôle de constitutionnalité et de l'inclure par conséquent dans le bloc de constitutionnalité.

Les références faites à la loi organique par le juge ont pour seul but de rappeler, par une formule habituelle, sa compétence d'attribution à travers ce rituel expressif : *« la compétence du Conseil constitutionnel est strictement délimitée par la Constitution et la loi organique sur le Conseil constitutionnel ; que le Conseil ne saurait être appelé à se prononcer dans d'autres cas que ceux limitativement prévus par ces textes (...) »*.

En tout état de cause, le Conseil constitutionnel privilégie la conception restrictive du bloc de constitutionnalité qu'il réduit à la Constitution et aux PVC. D'autres juges constitutionnels admettent la présence de la loi organique dans le bloc de constitutionnalité. Par exemple, la Cour constitutionnelle du Bénin a clairement exprimé dans son 3e considérant que *« la loi organique fait partie du bloc de constitutionnalité et est une norme supérieure à la loi ordinaire et au décret »* (Décision DCC 00-016 du 09 février 2000).

---

[31] Ismaïla Madior Fall, « La loi organique dans les ordonnancements juridiques des États d'Afrique francophone. Réflexion sur une norme particulière », *RBSJA*, n° 32, 2014, p. 17 ; « Quelques progrès remarquables du droit constitutionnel africain », *in* Koffi Ahadzi-Nonou et *alii*, *Démocratie en questions. Mélanges en l'honneur du professeur Théodore Holo,* PUT, 2017, pp. 276-286.

TITRE PREMIER. - DE L'ÉTAT ET DE LA SOUVERAINETÉ

Article premier. - *La République du Sénégal est laïque, démocratique et sociale. Elle assure l'égalité devant la loi de tous les citoyens, sans distinction d'origine, de race, de sexe, de religion. Elle respecte toutes les croyances.*

La langue officielle de la République du Sénégal est le Français. Les langues nationales sont le Diola, le Malinké, le Pular, le Sérère, le Soninké, le Wolof et toute autre langue nationale qui sera codifiée.

La devise de la République du Sénégal est :

« Un Peuple - Un But - Une Foi ».

Le drapeau de la République du Sénégal est composé de trois bandes verticales et égales, de couleur verte, or et rouge. Il porte, en vert, au centre de la bande or, une étoile à cinq branches.

La loi détermine le sceau et l'hymne national.

Le principe de la République du Sénégal est : gouvernement du peuple par le peuple et pour le peuple.

Article 2. - *La capitale de la République du Sénégal est Dakar. Elle peut être transférée en tout autre lieu du territoire national.*

Article 3. - *La souveraineté nationale appartient au peuple sénégalais qui l'exerce par ses représentants ou par la voie du référendum.*

Aucune section du peuple, ni aucun individu, ne peut s'attribuer l'exercice de la souveraineté.

Le suffrage peut être direct ou indirect. Il est toujours universel, égal et secret.

Tous les nationaux sénégalais des deux sexes, âgés de 18 ans accomplis, jouissant de leurs droits civils et politiques, sont électeurs dans les conditions déterminées par la loi.

Article 4. – *Les partis politiques et coalitions de partis politiques concourent à l'expression du suffrage dans les conditions fixées par la Constitution et par la loi. Ils œuvrent à la formation des citoyens, à la promotion de leur participation à la vie nationale et à la gestion des affaires publiques.*

La Constitution garantit aux candidats indépendants la participation à tous les types d'élection dans les conditions définies par la loi.

Les partis politiques et coalitions de partis politiques, de même que les candidats indépendants, sont tenus de respecter la Constitution ainsi que les principes de la souveraineté nationale et de la démocratie. Il leur est interdit de s'identifier à une race, à une ethnie, à un sexe, à une religion, à une secte, à une langue ou à une partie du territoire.

Les partis politiques sont également tenus de respecter strictement les règles de bonne gouvernance associative sous peine de sanctions susceptibles de conduire à la suspension et à la dissolution.

La Constitution garantit des droits égaux aux partis politiques, y compris ceux qui s'opposent à la politique du Gouvernement en place.

Les règles de constitution, de suspension et de dissolution des partis politiques, les conditions dans lesquelles ceux-ci exercent leurs activités et bénéficient d'un financement public sont déterminées par la loi.

***Article 5**. - Tout acte de discrimination raciale, ethnique ou religieuse, de même que toute propagande régionaliste pouvant porter atteinte à la sécurité intérieure de l'État ou à l'intégrité du territoire de la République sont punis par la loi.*

***Article 6**. – Les institutions de la République sont :*
– Le Président de la République,
– L'Assemblée nationale,
– Le Gouvernement,
– Le Haut Conseil des Collectivités territoriales,
– Le Conseil économique, social et environnemental,
– Le Conseil constitutionnel, la Cour suprême, la Cour des Comptes et les Cours et Tribunaux.

Note n° 2. Les principes, valeurs et symboles de la République

Si certains États ne pouvaient obtenir l'Indépendance qu'en livrant une lutte de libération féroce contre l'État colonial[32], le Sénégal a usé de la voie pacifique du droit pour y arriver. C'est ainsi qu'entre 1959 et 1960, le Sénégal est parvenu à se délier de la domination coloniale française la voie pacifique du droit.

Dès 1959, le Sénégal a adopté une Constitution, expression de la souveraineté, qui détermine la nature du régime politique, le choix de symboles officiels, l'exercice de la souveraineté par le peuple ou ses représentants, la compétition politique, la promotion des langues nationales, la préservation de l'unité et de l'intégrité du territoire national. Ainsi, elle est du Peuple.

1. Les armes juridiques de l'indépendance

Le premier texte fondamental du Sénégal régissant l'organisation constitutionnelle remonte, dans le cadre de la Fédération du Mali[33] regroupant la République soudanaise ou Soudan français (actuel Mali) et la République du Sénégal, à la loi n° 59-003 du 24 janvier 1959 adoptée par l'Assemblée constituante.

Le 4 avril 1960, à Paris, les délégations de ces États et celle de la France signent ou paraphent les accords dits de Paris portant dévolution des pouvoirs de la Communauté à la Fédération du Mali (Modibo Keïta pour

---

[32] Ibou Ibrahima Fall, *Contribution à l'étude du droit des peuples à disposer d'eux-mêmes en Afrique*, Thèse de doctorat d'État en droit, Université de Paris 1 - Panthéon-Sorbonne, 1972, pp. 179-205.

[33] « *En septembre 1959, les dirigeants de la Fédération firent connaître leur décision d'accéder à l'indépendance en application de l'article 78 de la Constitution [française] du 4 octobre 1958. Le 13 septembre 1958 à Saint-Louis du Sénégal, le général de Gaulle reconnut l'existence de la Fédération du Mali, et la vocation de celle-ci et des États qui la composent, à "accéder à la souveraineté". Les négociations s'ouvrirent à Paris le 18 janvier 1960. Le 4 avril 1960 fut signé un accord de transfert des compétences entre le Gouvernement de la République française et les Gouvernements du Sénégal et de la République du Soudan "groupés au sein de la Fédération du Mali"* » (Jean-Claude Gautron, Michel Rougevin-Baville, *Droit public du Sénégal*, 2e édition, Paris, A. Pedone, 1977, p. 36.

le Gouvernement soudanais et Mamadou Dia pour le Gouvernement sénégalais).

Face à la marche résolue, pacifique et républicaine vers l'indépendance entamée par l'État sénégalais, le Sénat de la Communauté française dresse loyalement le tapis rouge par l'adoption, à Paris, de la loi constitutionnelle n° 60-525 du 4 juin 1960 tendant à compléter les dispositions du titre XII de la Constitution. Limpide comme l'eau de roche, cette loi du 4 juin 1960 dispose : *« Il est ajouté à l'article 85 de la Constitution un alinéa ainsi conçu : I. Les dispositions du présent titre peuvent être également révisées par accords conclus entre tous les États de la Communauté ; les dispositions nouvelles sont mises en vigueur dans les conditions requises par la Constitution de chaque État ; II. Il est ajouté à l'article 88 de la Constitution des alinéas 3, 4 et 5 ainsi conçus : Un État membre de la Communauté peut également, par voie d'accords, devenir indépendant sans cesser de ce fait d'appartenir à la Communauté (...) »*[34].

La loi sénégalaise n° 60-032 A.L.S. du 16 juin 1960 ratifiant l'accord particulier portant transfert des compétences de la Communauté et les accords concernant les dispositions transitoires prescrit : *« Sont ratifiés l'accord particulier portant transfert des compétences de la Communauté, l'accord concernant les dispositions transitoires applicables jusqu'à l'entrée en vigueur des accords de coopération entre la République française et la Fédération du Mali et l'accord concernant les dispositions transitoires en matière de justice, signé le 4 avril 1960 entre le Gouvernement de la République française d'une part, et les Gouvernements de la République du Sénégal et de la République soudanaise, groupés au sein de la Fédération du Mali d'autre part. La présente loi sera exécutée comme loi constitutionnelle »*[35].

C'est cette date du *« 4 avril »* que la République du Sénégal a choisie pour célébrer, chaque année, la fête nationale de l'indépendance, et non celle du 20 août coïncidant avec l'éclatement de la Fédération du Mali.

À la même date, la loi sénégalaise n° 60-033 transférant à la Fédération du Mali les compétences instituées par l'article 78 de la Constitution de la République française et de la Communauté du 4 octobre 1958 précise :

---

[34] JORS n° 3381 du 17 juin 1960, p. 650.
[35] JORS n° 3381 du 17 juin 1960, p. 649.

« Sont transférées à la Fédération du Mali, les compétences instituées par l'article 78 de la Constitution de la République française et de la Communauté du 4 octobre 1958, dévolues à la République du Sénégal en application de l'accord particulier du 04 avril 1960, ratifiée par la loi n° 60-032 du 10 juin 1960 »[36].

Consécutivement à la dislocation de la Fédération[37], l'État du Sénégal, à travers *« la loi sénégalaise n° 60-01 A.L.S 20 août 1960 (loi constitutionnelle) abrogeant toutes les lois et tous les décrets portant transfert de compétences au profit de la Fédération du Mali. Article premier. - Toutes les lois et tous les décrets portant transfert de compétences au profit de la Fédération du Mali, notamment la loi sénégalaise n° 60-033 du 10 juin 1960, sont abrogées. Article 2.- La République du Sénégal se retire de la Fédération du Mail. Article 3.- La République du Sénégal proclame son indépendance. Article 4.- La présente loi sera exécutée comme loi constitutionnelle de la République du Sénégal »*[38].

Au vu de tous hauts faits et actes solennels concordants vers l'indépendance accomplis par le Président du Conseil, Mamadou Dia (conduite de la délégation officielle du Sénégal et signature des accords de Paris du 4 avril 1960 marquant la date de l'Indépendance nationale ; promulgations des textes constitutionnels emblématiques à l'origine de l'indépendance du Sénégal), une interrogation jaillit de notre réflexion : à qui reviendrait juridiquement le titre de Père fondateur de la République du Sénégal, à côté du Père fondateur de la Nation sénégalaise ?

La rupture de la Fédération du Mali, qui au total n'est pas une responsabilité partagée les deux États membres, parachève l'œuvre de

---

[36] JORS n° 3381 du 17 juin 1960, p. 650.

[37] L'ex-Dahomey (Bénin) et l'ex. Haute-Volta (Burkina Faso) ayant décliné leur participation, seuls *« La Fédération du Mali : une aventure éphémère »* : le Gouvernement du Sénégal se réunit le 20 août 1960 pour rompre unilatéralement la Fédération et proclamer l'indépendance de la République du Sénégal. Sur les soubassements de cette rupture, Sékéné Mody Cissoko, *Un combat pour l'unité de l'Afrique de l'Ouest. La Fédération du Mai (1959-1960)*, Dakar, NEAS, 2005, 257 p. ; Gerti Hesseling, *Histoire politique du Sénégal*, Paris, Karthala, 1985, p. 173 ; Me Mamadou Diop, *Le système politique sénégalais,* Dakar, Clairafirque, 2011, pp. 27-28 ; Adama Baytir Diop, *Le Sénégal à l'heure de l'indépendance*, Paris, L'Harmattan, 2007, pp. 174-195.

[38] Loi fut promulguée par le Président du Conseil, Mamadou Dia (JORS n° 3304 du 24 août 1960, p. 856).

balkanisation de l'Afrique occidentale française (AOF). Au Sénégal, elle sera suivie par une modification de la Constitution initiale du 24 janvier 1959. À l'indépendance, la République du Sénégal poursuit l'expérience du régime parlementaire embrassé dès 1959 par référence au système politique français.

Le Sénégal devient ainsi une République indépendante dotée d'attributs officiels.

2. Les valeurs fondatrices de la République

Depuis 1960, la nature du régime est invariablement déterminée par l'alinéa premier de l'article premier de la Constitution. Cette disposition énonce la légendaire formule : *« La République du Sénégal est laïque, démocratique et sociale. Elle assure l'égalité devant la loi de tous les citoyens sans distinction d'origine, de race, de sexe, de religion. Elle respecte toutes les croyances. »*[39]

Partant des cités antiques jusqu'aux sociétés politiques contemporaines, le peuple demeure une préoccupation de la rationalité juridique[40] qui s'est imposée aux États démocratiques. D'où la rayonnante définition de la démocratie prononcée au XIXe siècle par le Président des États-Unis, Abraham Lincoln : *« Le gouvernement du Peuple, par le Peuple et pour le Peuple »*[41] (dernier alinéa de l'article premier de la Constitution).

Au demeurant, souvenons-nous que, quelles que soient les vertus attachées à cette formule historique, des craintes sont nourries par la tradition républicaine[42]. L'on sait que la souveraineté réside dans sa représentation parlementaire[43], laquelle est susceptible de vider de sa substance la souveraineté du peuple. C'est un procédé de pleine délégation — parce que totale et définitive — de pouvoir car élire, revient

---

[39] Sous l'empire de la Constitution du 24 janvier 1959, on pouvait lire, en son article premier : « Le Sénégal est un État républicain, indivisible, laïque, démocratique et social. Il prend le nom de *« République du Sénégal »*.

[40] Michel Villey, *La formation de la pensée juridique moderne,* Paris, PUF, 2003, p. 463.

[41] Discours prononcé sur le champ de bataille de Gettysburg, le 19 novembre 1863.

[42] Michel Troper, « Justice constitutionnelle et démocratie », *RFDC*, 1990/1, p. 31.

[43] Hervé Maurey, François de Guerdavid, Wilfrid Montassier (prés.), *"L'Austerlitz politique de la Vème République* (Colloque du 25 e anniversaire de l'élection du président de la République au suffrage universel), Paris, L'Harmattan, 1988, p. 26.

nationales, pourtant régulièrement codifiées depuis longtemps[54], et cela en toute méconnaissance vraisemblable de ces prescriptions de l'article 22, dernier alinéa, de la Constitution du 22 janvier 2001 : *« Toutes les institutions nationales, publiques ou privées, ont le devoir d'alphabétiser leurs membres et de participer à l'effort national d'alphabétisation dans l'une des langues nationales »*.

Le principal défi reste l'introduction des langues nationales dans les systèmes d'éducation et de formation ainsi que dans les circuits officiel et administratif. En dehors de toute affiliation à une idéologie donnée, il ne serait excessif de célébrer ces réflexions d'un intellectuel engagé, grand chantre des langues nationales, énoncées dans le journal de son parti, *Taxaw* : *« Le développement par le gouvernement dans une langue étrangère est impossible, à moins que le processus d'acculturation ne soit achevé, c'est là que le culturel rejoint l'économique. Le socialisme par le gouvernement dans une langue étrangère est une supercherie, c'est là que le culturel rejoint le social. La démocratie par le gouvernement dans une langue étrangère est un leurre, c'est là que le culturel rejoint le politique »*.

3. Des symboles officiels de la République

La République du Sénégal se reconnaît dans certains signes distinctifs : la devise *« Un Peuple - Un But - Une Foi »* et le drapeau *« composé de trois bandes verticales et égales, de couleur verte, or et rouge. Il porte, en vert, au centre de la bande or, une étoile à cinq branches »* (alinéas 3 et 4 de l'article premier de la Constitution). L'alinéa 5 du même article renvoie à une loi pour déterminer le sceau et l'hymne national.

L'ordonnance n° 60-26 du 10 octobre 1960 dote la République du Sénégal d'un sceau qui porte pour type[55] : – D'un côté, un *"lion passant"* et une étoile à cinq branches avec pour légende *"République du Sénégal"* et *"Au nom du peuple sénégalais"* ; - De l'autre côté, un *"Baobab" avec pour légende "République du Sénégal" et " Un Peuple, un But, une Foi"*.

---

[54] Mais à quoi renvoie l'appellation le « Malinké » en matière de langue nationale au Sénégalais ? A quel registre graphique commun correspond, par exemple, les forme « Diola » et « Sérère », « comparativement à la forme « Pular » ?

[55] L'existence de deux sceaux de la République est visiblement une singularité sénégalaise.

Le sceau du *"Lion passant"* est réservé au Président de la République[56], elle est destinée à marquer sous timbre sec les grands actes de l'État, comme les traités.

Les sceaux, timbres et cachets des grands corps de l'État, des ministères, des cours et tribunaux, des notaires, de toutes les administrations et autorités publiques portent pour type le "*baobab*" tel qu'il est figuré sur le sceau de l'État et pour légende "République du Sénégal" et le titre de l'administration ou de l'autorité publique pour laquelle ils seront employés.

L'ordonnance n° 60-19 du 24 septembre 1960 crée un hymne de la République du Sénégal[57].

Le décor officiel est rendu plus reluisant par le décret n° 65-906 du 23 décembre 1965 relatif aux armoiries, représentant un ensemble d'emblèmes et de symboles distinctifs disposés selon une définition héraldique soigneusement précisée à l'article premier : *« BLASON : Parti : au premier, de gueules au lion d'or, au deuxième d'or à un baobab au naturel, accompagné en pointe d'une fasce ondée de sinople. SOUTIENS : deux palmes d'argent croisées en pointe en sautoir retiennent un listel blanc liseré d'or, chargé de la devise « Un Peuple — Un But — Une Foi ». Une étoile de sinople timbre l'écu et la décoration de l'Ordre national de la République du Sénégal est appendue en pointe »*. La précision est de taille : le dessein des armoiries de la République est protégé ; en conséquence, celles-ci ne peuvent être utilisées que sur les correspondances et actes officiels, sur les monuments et bâtiments publics et, à l'occasion des cérémonies officielles, sur la voie publique[58].

---

[56] Les sceaux sont également conservés à la Chancellerie par le Ministre de la Justice, également Garde des Sceaux.

[57] JORS n° 4302 du 1er octobre 1960, pp. 999-1000.

[58] Le décret n° 66-046 du 19 janvier 1966 fixe la liste des personnalités et autorités, autres que le Président de la République, habilitées à faire usage des armoiries de la République sur leurs cartes, enveloppes et papiers de correspondance à l'occasion de l'exercice de leurs fonctions sont, autres que le Président de la République : *« le Président de l'Assemblée nationale, le ministre d'État chargé des Affaires étrangères, le Président du Conseil économique et social, le garde ses sceaux, ministre de la justice, le ministre des forces armées, le premier président de la Cour suprême et le procureur général près ladite Cour, le chef d'état-major général, les chefs des missions diplomatiques et des postes consulaires à l'étranger. La reproduction sur des armoiries sur les cartes, enveloppes et papiers de correspondance doit faire l'objet d'un ordre écrit émanant de l'une des personnalités et autorités énumérées (...) »* (JORS n° 3800

La Constitution du Sénégal fixe la capitale à Dakar, à la suite de quelques péripéties. En effet, souvenons-nous que c'est à partir de 1895 que Saint-Louis devient la Capitale de l'Afrique-Occidentale française (AOF) regroupant le Sénégal, le Soudan, la Guinée et la Côte d'Ivoire. En 1902, la capitale de l'AOF est transférée de Saint-Louis à Dakar. Saint-Louis reste la capitale du Sénégal et de la Mauritanie jusqu'en 1957. Le Conseil de Gouvernement du Sénégal décide du transfert de la capitale de Saint-Louis à Dakar entre le 1er août 1957 et le 11 juin 1958 et la capitale de la Mauritanie à Nouakchott en novembre 1960. Quelques années plus tard, Mamadou Dia livre ses raisons : *« Il y a eu un mouvement des notables de la collectivité léboue de Dakar, poussés sans doute par les colonialistes, pour revendiquer le détachement de la presqu'île du Cap-Vert, afin d'en faire une sorte de département français. La demande de départementalisation de la presqu'île du Cap-Vert fut adressée au Gouvernement français à l'instigation certainement, à la fois du Haut-Commissaire de l'époque, Cusin, du ministre de la France d'outre-mer, et de la Chambre de Commerce de Dakar »* [59].

Quelques décennies plus tard, sous l'euphorie de l'alternance de 2000, et certainement dans un contexte africain de délocalisation des capitales politiques (Gbadolite sous le règne du maréchal président Mobutu Seseseko du Zaïre rebaptisé République démocratique du Congo en 1997 ou Yamoussoukro en Côte d'Ivoire à l'initiative en mars 1983 sous l'ère du Président Houphouët Boigny), des jalons sont posés.

En 2001, la nouvelle rédaction de la Constitution ajoute, en complément de la disposition initiale, que la capitale du Sénégal peut *« être transférée en tout autre lieu du territoire national »*. Cette volonté politique est exprimée dans la loi n° 2005-09 du 22 juillet 2005 portant création, édification et organisation de la Nouvelle Ville, en son article premier : *« La réalisation d'une Nouvelle Ville destinée à devenir la capitale administrative de l'État du Sénégal est un projet d'intérêt national régi*

du 5 février 1966, p. 126). Le décret n ° 2023-352 du 1er février 2023 étend la liste aux autorités suivantes : le Premier Ministre ; le Président du Haut Conseil des Collectivités territoriales ; le Président du Conseil économique, social et environnemental ; le Président du Conseil constitutionnel ; le Premier Président de la Cour des Comptes et le Procureur général près ladite Cour.

[59] Mamadou Dia, cité Abdoul Sow, *Ibrahima Seydou Ndaw, 1890-1969*, L'Harmattan-Sénégal, 2012, pp. 263-264.

par les dispositions de la présente loi et ses décrets d'application »[60]. Ces coordonnées géographiques localisent la Nouvelle Ville à quelques encablures du site de Kébémer, la ville natale du Président d'alors, Me Abdoulaye Wade.

[60] Le site de la Nouvelle Ville est inclus dans un périmètre délimité par les repères géographiques situés au nord de la localité de Diogo sur la mer, au sud de la localité de Lompoul sur la mer, à l'ouest de la localité de Ndombolokh et au nord de la localité de Ndogol Dieng (JORS n° 6237 du 27 août 2005 pp. 761-762).

TITRE II.- DES DROITS ET LIBERTÉS FONDAMENTAUX ET DES DEVOIRS DES CITOYENS

***Article** 7. - La personne humaine est sacrée. Elle est inviolable. L'État a l'obligation de la respecter et de la protéger.*

Tout individu a droit à la vie, à la liberté, à la sécurité, au libre développement de sa personnalité, à l'intégrité corporelle notamment à la protection contre toutes mutilations physiques.

Le peuple sénégalais reconnaît l'existence des droits de l'homme inviolables et inaliénables comme base de toute communauté humaine, de la paix et de la justice dans le monde.

Tous les êtres humains sont égaux devant la loi. Les hommes et les femmes sont égaux en droit.

La loi favorise l'égal accès des femmes et des hommes aux mandats et fonctions.

Il n'y a au Sénégal ni sujet ni privilège de lieu de naissance, de personne ou de famille.

***Article 8**. - La République du Sénégal garantit à tous les citoyens les libertés individuelles fondamentales, les droits économiques et sociaux ainsi que les droits collectifs. Ces libertés et droits sont notamment :*

– les libertés civiles et politiques : liberté d'opinion, liberté d'expression, liberté de la presse, liberté d'association, liberté de réunion, liberté de déplacement, liberté de manifestation,
– les libertés culturelles,
– les libertés religieuses,
– les libertés philosophiques,
– les libertés syndicales,
– la liberté d'entreprendre,
– le droit à l'éducation,
– le droit de savoir lire et écrire,
– le droit de propriété,
– le droit au travail,
– le droit à la santé,
– le droit à un environnement sain,
– le droit à l'information plurielle.

Ces libertés et ces droits s'exercent dans les conditions prévues par la loi.

Article 9. *- Toute atteinte aux libertés et toute entrave volontaire à l'exercice d'une liberté sont punies par la loi.*

Nul ne peut être condamné si ce n'est en vertu d'une loi entrée en vigueur avant l'acte commis.

Toutefois, les dispositions de l'alinéa précèdent ne s'opposent pas à la poursuite, au jugement et à la condamnation de tout individu en raison d'actes ou omissions qui, au moment où ils ont été commis, étaient tenus pour criminels d'après les règles du droit international relatives aux faits de génocide, de crimes contre l'humanité et de crimes de guerre.

La défense est un droit absolu dans tous les états et à tous les degrés de la procédure.

Article 10. *- Chacun a le droit d'exprimer et de diffuser librement ses opinions par la parole, la plume, l'image, la marche pacifique, pourvu que l'exercice de ces droits ne porte atteinte ni à l'honneur et à la considération d'autrui, ni à l'ordre public.*

Article 11. *- La création d'un organe de presse pour l'information politique, économique, culturelle, sportive, sociale, récréative ou scientifique est libre et n'est soumise à aucune autorisation préalable.*

Le régime de la presse est fixé par la loi.

Article 12. *- Tous les citoyens ont le droit de constituer librement des associations, des groupements économiques, culturels et sociaux ainsi que des sociétés, sous réserve de se conformer aux formalités édictées par les lois et les règlements.*

Les groupements dont le but ou l'activité est contraire aux lois pénales ou dirigé contre l'ordre public sont prohibés.

Article 13. *- Le secret de la correspondance, des communications postales, télégraphiques, téléphoniques et électroniques est inviolable. Il ne peut être ordonné de restriction à cette inviolabilité qu'en application de la loi.*

Article 14. *- Tous les citoyens de la République ont le droit de se déplacer et de s'établir librement aussi bien sur toute l'étendue du territoire national qu'à l'étranger.*

Ces libertés s'exercent dans les conditions prévues par la loi.

***Article 15**. - Le droit de propriété est garanti par la présente Constitution. Il ne peut y être porté atteinte que dans le cas de nécessité publique légalement constatée, sous réserve d'une juste et préalable indemnité.*

L'homme et la femme ont également le droit d'accéder à la possession et à la propriété de la terre dans les conditions déterminées par la loi.

***Article 16**. - Le domicile est inviolable.*

Il ne peut être ordonné de perquisition que par le juge ou par les autres autorités désignées par la loi. Les perquisitions ne peuvent être exécutées que dans les formes prescrites par celle-ci. Des mesures portant atteinte à l'inviolabilité du domicile ou la restreignant ne peuvent être prises que pour parer à un danger collectif ou protéger des personnes en péril de mort.

Ces mesures peuvent être également prises, en application de la loi, pour protéger l'ordre public contre les menaces imminentes, singulièrement pour lutter contre les risques d'épidémie ou pour protéger la jeunesse en danger.

MARIAGE ET FAMILLE

***Article 17**. - Le mariage et la famille constituent la base naturelle et morale de la communauté humaine. Ils sont placés sous la protection de l'État.*

L'État et les collectivités publiques ont le devoir de veiller à la santé physique et morale de la famille et, en particulier, des personnes handicapées et des personnes âgées.

L'État garantit aux familles en général et à celles vivant en milieu rural en particulier l'accès aux services de santé et au bien-être. Il garantit également aux femmes en général et à celles vivant en milieu rural en particulier, le droit à l'allègement de leurs conditions de vie.

***Article 18**. - Le mariage forcé est une violation de la liberté individuelle. Il est interdit et puni dans les conditions fixées par la loi.*

***Article 19**. - La femme a le droit d'avoir son patrimoine propre comme le mari. Elle a le droit de gestion personnelle de ses biens.*

Article 20. *- Les parents ont le droit naturel et le devoir d'élever leurs enfants. Ils sont soutenus, dans cette tâche, par l'État et les collectivités publiques.*

La jeunesse est protégée par l'État et les collectivités publiques contre l'exploitation, la drogue, les stupéfiants, l'abandon moral et la délinquance.

ÉDUCATION

Article 21. *- L'État et les collectivités publiques créent les conditions préalables et les institutions publiques qui garantissent l'éducation des enfants.*

Article 22. *- L'État a le devoir et la charge de l'éducation et de la formation de la jeunesse par des écoles publiques.*

Tous les enfants, garçons et filles, en tous lieux du territoire national, ont le droit d'accéder à l'école.

Les institutions et les communautés religieuses ou non religieuses sont également reconnues comme moyens d'éducation.

Toutes les institutions nationales, publiques ou privées, ont le devoir d'alphabétiser leurs membres et de participer à l'effort national d'alphabétisation dans l'une des langues nationales.

Article 23. *- Des écoles privées peuvent être ouvertes avec l'autorisation et sous le contrôle de l'État.*

RELIGIONS ET COMMUNAUTÉS RELIGIEUSES

Article 24. *- La liberté de conscience, les libertés et les pratiques religieuses ou cultuelles, la profession d'éducateur religieux sont garanties à tous sous réserve de l'ordre public.*

Les institutions et les communautés religieuses ont le droit de se développer sans entrave. Elles sont dégagées de la tutelle de l'État. Elles règlent et administrent leurs affaires d'une manière autonome.

TRAVAIL

Article 25. *- Chacun a le droit de travailler et le droit de prétendre à un emploi. Nul ne peut être lésé dans son travail en raison de ses origines, de son sexe, de ses opinions, de ses choix politiques ou de ses croyances.*

Le travailleur peut adhérer à un syndicat et défendre ses droits par l'action syndicale.

Toute discrimination entre l'homme et la femme devant l'emploi, le salaire et l'impôt est interdite.

La liberté de créer des associations syndicales ou professionnelles est reconnue à tous les travailleurs.

Le droit de grève est reconnu. Il s'exerce dans le cadre des lois qui le régissent. Il ne peut en aucun cas ni porter atteinte à la liberté de travail ni mettre l'entreprise en péril.

Tout travailleur participe, par l'intermédiaire de ses délégués, à la détermination des conditions de travail dans l'entreprise. L'État veille aux conditions sanitaires et humaines dans les lieux de travail.

Des lois particulières fixent les conditions d'assistance et de protection que l'État et l'entreprise accordent aux travailleurs.

RESSOURCES NATURELLES

***Article 25-1**. - Les ressources naturelles appartiennent au peuple. Elles sont utilisées pour l'amélioration de ses conditions de vie.*

L'exploitation et la gestion des ressources naturelles doivent se faire dans la transparence et de façon à générer une croissance économique, à promouvoir le bien-être de la population en général et à être écologiquement durables.

L'État et les collectivités territoriales ont l'obligation de veiller à la préservation du patrimoine foncier.

DROIT À UN ENVIRONNEMENT SAIN

***Article 25-2**. - Chacun a droit à un environnement sain.*
La défense, la préservation et l'amélioration de l'environnement incombent aux pouvoirs publics.

Les pouvoirs publics ont l'obligation de préserver, de restaurer les processus écologiques essentiels, de pourvoir à la gestion responsable des espèces et des écosystèmes, de préserver la diversité et l'intégrité du patrimoine génétique, d'exiger l'évaluation environnementale pour les plans, projets ou programmes, de promouvoir l'éducation environnementale et d'assurer la protection des populations dans l'élaboration et la mise en œuvre des projets et programmes dont les impacts sociaux et environnementaux sont significatifs.

DEVOIR DU CITOYEN

Article 25-3. - *Tout citoyen est tenu de respecter scrupuleusement la Constitution, les lois et règlements, notamment, d'accomplir ses devoirs civiques et de respecter les droits d'autrui. Il doit veiller à s'acquitter de ses obligations fiscales et à participer à l'œuvre de développement économique et social de la Nation.*

Tout citoyen a le devoir de défendre la patrie contre toute agression et de contribuer à la lutte contre la corruption et la concussion.

Tout citoyen a le devoir de respecter et de faire respecter le bien public, mais aussi de s'abstenir de tous actes de nature à compromettre l'ordre, la sécurité, la salubrité et la tranquillité publics.

Tout citoyen a le devoir de préserver les ressources naturelles et l'environnement du pays et d'œuvrer pour le développement durable au profit des générations présentes et futures.

Note n° 3. L'ascèse constitutionnelle des droits et libertés

Tout autre procédé méthodologique serait certainement plus séduisant mais la raison qui gouverne notre présentation des droits constitutionnels ou fondamentaux se trouve dans l'intérêt de classer chronologiquement plus que de suivre la catégorisation conventionnelle ou doctrinale. La temporalité constitutionnelle va prévaloir sur toute autre classification.

En marge de cela, il est question, parmi les droits constitutionnels, de donner plus de consistance et d'éclat à certains du fait des spécificités qui décrivent les contours de leur éclosion. En plus de focalisation, la réinvention du débat sur le juge des droits fondamentaux est de mise, avec plus d'amplitude sur la réalité juridictionnelle sénégalaise.

1. Une consécration prolifique

Conformément à cette nouvelle donne selon laquelle *« les Constitutions démocratiques du XXe siècle ne règlent plus seulement l'État, mais l'État et la société »*[61]. La Constitution du Sénégal s'est majestueusement parée des droits et libertés décorés aux couleurs des différentes générations (droits-libertés, droits politiques)[62].

Cette sublime consécration est-elle un effet d'affichage pour artificiellement garnir la galerie constitutionnelle et abstraitement réjouir les inconditionnels de l'État de droit ? S'agit-il de reconnaître et d'attribuer aux citoyens une nécessaire et suffisante garantie des droits et libertés fondamentaux ? La réalité est toujours ce qu'elle est, en l'occurrence perfectible.

Néanmoins, l'intérêt d'une réflexion sur le contenu et le juge du catalogue constitutionnel des droits et libertés n'est pas dénué de dividende analytique et comparative.

---

[61] Mauro Barberis, « Idéologies de la constitution – Histoire du constitutionnalisme », Michel Troper, Dominique Chagnollaud (dir.), *Traité international de droit* constitutionnel. Théorie de la Constitution, Paris, Dalloz, 2012, p. 138.

[62] Babacar Sarr, « La garantie de la protection des droits humains par le juge constitutionnel », *in* Mamadou Badji, El Hadji Omar Diop, *Administrer la justice, Transcender les frontières... op. cit.*, pp. 376-384.

La fièvre des droits et libertés s'est emparée du corps de la Constitution proprement dit et cela en droite ligne de la troisième vague de démocratisation dans le monde[63] et dans le sillon des transitions démocratiques[64].

Le catalogage des droits et libertés est plus fourni dans d'autres États, précédemment sous l'emprise de guerres civiles ou de revendications culturelles et sociales acérées : Loi fondamentale allemande du 23 mai 1949 : *« chapitre premier. Les droits fondamentaux »*[65] ; Constitution espagnole du 29 décembre 1978 : *« Titre 1. Droits et devoirs fondamentaux »* ; Constitution portugaise du 25 avril 1976 : *« Première partie. Droits et devoirs fondamentaux »* ; Constitution sud-africaine du 10 décembre 1996 : *« Chapter 2. Bill of rights »*). De manière plus spécifique, la Constitution béninoise du 11 décembre 1990 précise, au sein du *« Titre 2. Des droits et les devoirs de la personne humaine »*, et précisément en son article 7, que *« Les droits et les devoirs proclamés et garantis par la Charte Africaine des Droits de l'Homme et des Peuples,*

---

[63] Samuel Huntington a théorisé l'organisation et la catégorisation des différentes ondes de choc démocratique ayant libéralisé le pouvoir politique à travers le monde. Pour le politologue américain, la sociologie de l'exercice du pouvoir politique n'en ressort que trois vagues. La première s'ouvre en Amérique en 1928 (consécutivement à l'extension du suffrage) et n'a connu son coup d'arrêt qu'entre 1920 et 1930, au lendemain de la première guerre mondiale avec l'avènement du fascisme en Europe. La deuxième onde de choc démocratique est celle qui favorisa le retour de la démocratie en Europe occidentale. Elle se situe entre 1945, après la fin de la seconde guerre mondiale et 1964 juste à l'accession des colonies britanniques et françaises à la souveraineté internationale. Celles-ci, dans leur grande majorité, adoptent l'État de droit et s'approprient, dans leur mode d'organisation politique, les règles et principes de la démocratie *« occidentale »*. Plusieurs pays africains, dont principalement ceux francophones au Sud du Sahara, se retrouvent matériellement dans cette catégorie. La troisième et la dernière onde de choc démocratique a été ouverte par la fin de la dictature au Portugal et a réussi à engloutir en Europe occidentale, la Grèce et l'Espagne, et se serait encore en cours. Huntington estime que le début de la troisième vague correspond à l'Acte final d'Helsinki de 1975, qui a contribué à obtenir des engagements en faveur des droits de l'homme et de la gouvernance démocratique de la part des pays d'Europe. L'effondrement du mur de Berlin et la fin des « démocraties populaires » à la fin des années 1980 n'a fait que relancer un mouvement rendu irrémédiable par la recomposition de l'ordre international. Frédéric Joël Aïvo, *Le Président de la République en Afrique noire francophone. Genève, mutations et avenir de la fonction,* Paris, L'Harmattan, 2007, pp. 372-373.

[64] Mamadou Diouf, *Libéralisations politiques ou transitions démocratiques : perspectives africaines*, CODESRIA, Nouvelles pistes n° 1/98, 1998, pp. 2-43.

[65] Le traité d'unification du 31 août 1990 étend au territoire de l'ancienne RDA le droit en vigueur à l'Ouest.

adoptée en 1981 par l'Organisation de l'Unité Africaine, et ratifiée par le Bénin le 20 janvier 1986, font partie intégrante de la présente Constitution et du droit béninois ».

Pour encore une fois, la Constitution sénégalaise et celles des autres États subsahariens francophones, habituellement mimétiques[66], se sont libérées du corset constitutionnel français ; le dispositif de la Constitution du 4 octobre 1958[67] n'est pas garni en *« droits et libertés »*. Dans ce dernier cas, le Conseil constitutionnel se réfère, à proprement parler, au préambule de la Constitution armé de déclarations de droits [68].

---

[66] Le mimétisme est un procédé de diffusion du constitutionnalisme dans les États contemporains. Le mimétisme d'importation caractérise les États qui sont confrontés à un vide constitutionnel total après une révolution ou une guerre, *« ont adopté un système constitutionnel emprunté à l'étranger »*, notamment la Russie, les États d'Europe de l'Est et d'Europe central après la fin du régime communiste. Quant au mimétisme d'imprégnation, il évoque *« des formes plus ou moins ouvertes de colonialisme et de néocolonialisme ou en exprime l'héritage. Il s'agit d'anciens États colonisés qui, avant d'accéder à l'indépendance, ont été au contact des institutions politiques occidentales. Ils en ont alors soumis à leur influence au moment d'adopter leurs propres constitutions. C'est le cas des États africains »* (Stéphane Caporal-Gréco et *alii*, *Droit constitutionnel*, Paris, Ellipses, pp. 95-101). En Afrique, la question du mimétisme est discutable : certains la relativisent en rapport avec l'œuvre des *« pèlerins constitutionnel »* ; d'autres préfèrent parler plutôt d'héritage commun ou de mimétisme inversé. Voir parmi tant d'autres, Jean du Bois de Gaudusson, « Les nouvelles constitutions africaines et le mimétisme », *in* Dominique Darbon, Jean du Bois de Gaudusson, *La création du droit en Afrique*, Paris, Karthala, 1997, pp. 309-316 ; Mamadou Badji, « Préface », *in* Demba Sy et Alioune Badara Fall, *Cinquante ans de droit administratif en Afrique*, Presses universitaires Toulouse 1 Capitole, 2016, p. 11 ; André Cabanis, « Constitutions africaines et française, mimétisme inverse ou dialogue des constitutionnalistes francophones ? », *in* Mamadou Badji, Saïdou Nourou Tall (dir.), *Les transformations de l'État. Mélanges en l'honneur de Babacar Gueye*, PUT 1 Capitole, 2019, pp. 128-131.

[67] C'est en 2005 seulement que la Charte de l'Environnement, le plus récent des quatre textes du bloc constitutionnel, intégra le préambule de la Constitution française de 1958.

[68] Deux décisions sont particulièrement inaugurales en France. La Décision 44 DC du 16 juillet 1971. *Liberté d'association* : la consécration par le juge constitutionnel de la valeur juridique du préambule de la Constitution. La liberté d'association consacré par l'article 5 de la loi de 1901 figurait au nombre des principes fondamentaux reconnus par la République et solennellement réaffirmés par le préambule de 1958 renvoyant au préambule de la Constitution de 1946, lequel *« réaffirme les principes fondamentaux reconnus par les lois de la République »* et *« proclame, en outre, comme particulièrement nécessaires à notre temps, des principes politiques, économiques et sociaux »*. Les lois de la République étant essentiellement celle de la IIIe République française, figurait naturellement parmi elles la loi du 1er juillet 1901 sur le contrat d'association. La Décision Cons. Const. 27 décembre 1973, *Taxation office* : la déclaration des droits de l'homme et du citoyen érigé en texte de référence destiné à

Pour rappel, la juridiction constitutionnelle est d'une création tardive en France ; elle n'est portée sur les fonts baptismaux qu'en 1958, ainsi postérieurement à l'essentiel des déclarations de droits (la Déclaration de 1789, confirmée et complétée par le préambule de 1946, et plus récemment, les droits et devoirs définis dans la Charte de l'Environnement de 2004[69]).

Sur ces entrefaites, les droits et libertés abondent la Constitution du 22 janvier 2001, en prolongement d'une tradition dérivée de la Constitution du 24 janvier 1959 (articles 2 à 6 du titre 2 intitulé "*Des libertés publiques-La personne humaine*").

Le constituant du 22 janvier 2001 s'est montré prolifique en matière des droits et libertés fondamentales qu'il convient, schématiquement, de distribuer en deux catégories aux frontières relativement étanches :

i) Les droit civils et politiques comme le droit à la vie, à la liberté, à la sécurité, au libre développement de sa personnalité, à l'intégrité corporelle (notamment à la protection contre toutes mutilations physiques), l'égalité devant la loi, les libertés d'opinion, d'expression, de la presse, d'association, de réunion, de déplacement, de manifestation, le droit à l'information plurielle ; les libertés religieuses ;

ii) Les droits et libertés économiques, sociaux et culturels[70] tels que le droit de propriété, la liberté d'entreprendre, droit de la femme d'avoir son patrimoine, droit syndical, droit de grève, le droit de participation, les libertés culturelles, les libertés philosophiques, les libertés syndicales, le droit à l'éducation, le droit de savoir lire et écrire, le droit au travail, le

---

juger de la constitutionnalité d'une loi. Louis Favoreu, Loïc Philip, *Les grandes décisions du Conseil constitutionnel*, 15e édition, Paris, Dalloz, 2009. pp. 183-199 et pp. 218-219.

[69] Simon-Louis Formery, *La Constitution commentée article par article*, 13e éd. 2010-2011, Paris, Hachette, p. 6.

[70] Ibrahima Ly, « Les libertés économiques sociales et culturelles : continuité ou changement ? », *Nouvelles Annales africaines*, n° 1, 2007, pp. 337-352 ; Abdoulaye Sakho, « Droit de grève et survie de l'entreprise », *Nouvelles Annales africaines*, n° 1, 2007, pp. 353-370 ; Abdou Khadre Diop, « La protection des droits économiques et sociaux par le juge constitutionnel africain : entre convergence et divergence » (à paraitre).

droit à la santé ; le droit à un environnement sain[71], le droit du peuple à ses ressources nationales, la préservation du patrimoine foncier[72].

Cet élan de générosité envers la Constitution sociale est manifeste la réforme constitutionnelle de 2016 : *« La Constitution sociale enrichie »*[73].

Parallèlement à cette palette gravée de droits et libertés, tout citoyen est assujetti, aux termes de l'article 25-3 : *i) au respect scrupuleux de la Constitution, des lois et règlements (notamment, l'accomplissement de ses devoirs civiques et le respect des droits d'autrui, l'acquittement de ses obligations fiscales, la participation à l'œuvre de développement économique et social de la Nation) ; ii) au devoir de défendre la patrie contre toute agression et de contribuer à la lutte contre la corruption et la concussion ; iii) au devoir de respecter et de faire respecter le bien public, mais aussi de s'abstenir de tous actes de nature à compromettre l'ordre, la sécurité, la salubrité et la tranquillité publics ; iv) au devoir de préserver les ressources naturelles et l'environnement du pays et d'œuvrer pour le développement durable au profit des générations présentes et futures ; v) au devoir d'inscrire à l'état civil les actes le concernant et ceux qui sont relatifs à sa famille dans les conditions déterminées par la loi.*

---

[71] Moustapha Ngaïdé, « Les vicissitudes du droit à un environnement sain dans la Constitution du 22 janvier 2001 », Mohamed Ali Mekouar, Michel Prieur, *Droit, humanité et environnement. Mélanges en l'honneur de Stéphane Doumbé-Billé*, Bruxelles, Bruylant, 2020, pp. 475-490 ; Geneviève Bremond Sarr, « La protection de l'environnement par le droit de propriété », *Annales africaines. Nouvelle Série*, n° spécial, pp. 213-244.

[72] *« L'obligation de préservation du patrimoine foncier par l'État et les Collectivités territoriales telle qu'édictée par l'article 25-1 al. 2 de la constitution du Sénégal est de nature à améliorer la gouvernance foncière, la productivité des terres, la promotion de moyens d'existence viables pour un développement rural durable en créant les conditions juridiques et politiques propices à la reconnaissance des droits fonciers individuels et ou collectifs. Aujourd'hui, il apparaît clairement que le Sénégal à travers la révision constitutionnelle de 2016, s'engage à donner encore des prérogatives aux collectivités territoriales en matière de gestion du foncier et des ressources naturelles. Il s'agit d'un processus nécessaire, favorisant une meilleure gouvernance et permettant de sortir de la domanialité héritée des colons et d'aller vers une plus grande reconnaissance et une formalisation des droits fonciers locaux »* (Fatou Faye Lecor « Les nouveaux droits dans la constitution du Sénégal », Discours - Audience solennelle de rentrée des Cours et Tribunaux 2016-2017, *in Rapport annuel de la Cour suprême*, 2016 p. 8).

[73] Ismaïla Madior Fall, *La réforme constitutionnelle du 20 mars 2016 au Sénégal*, L'Harmattan-Sénégal, 2017, p. 147.

2. Des renvois exorbitants

Le constituant opère une série de renvois en matière de droits et libertés fondamentaux : *« La loi favorise l'égal accès des femmes et des hommes aux mandats et fonctions » (article 7, alinéa 5) ; « Ces libertés et ces droits s'exercent dans les conditions prévues par la loi » (article 8 dernier alinéa) ; « Le régime de la presse est fixé par la loi » (article 11, dernier alinéa) ; « Ces libertés s'exercent dans les conditions prévues par la loi » (article 14, dernier alinéa) ; « Il (le mariage forcé) est interdit et puni dans les conditions fixées par la loi » (article 18) ; « Les règles de constitution, de suspension et de dissolution des partis politiques, les conditions dans lesquelles ceux-ci exercent leurs activités et bénéficient d'un financement public sont déterminées par la loi » (article 5 dernier alinéa)*[74]. D'ailleurs les plus récentes dispositions relatives aux droits nouveaux concernant les *« ressources naturelles » (article 25-1)* ou *le « droit à un environnement sain » (article 25-2) »* ont bien voulu en faire l'économie.

Les renvois sont d'une abondance telle qu'on a l'impression que les droits et libertés fondamentaux sont somme toute du ressort de la volonté du pouvoir législatif. Ils créent les conditions voulues d'un dessaisissement normatif.

Tirant les conséquences des renvois émanant du pouvoir constituant, le législateur a fixé par des textes subséquents les régimes de différents droits et libertés constitutionnels par des lois. À l'arrivée, les législations prises dans le domaine des droits et libertés réalisent, le plus souvent, des limitations jugées nécessaires et conformes par le Conseil constitutionnel sénégalais. La Décision n° 02/C/21 du 20 juillet 2021 portant contrôle de constitutionnalité de certains articles de la loi modifiant la loi n° 65-60 du 21 juillet portant Code pénal considère *« qu'en dehors des droits dits intangibles, valables en tout temps et en toutes circonstances, comme le droit à la vie, l'interdiction de l'esclavage, les crimes de guerre, les crimes contre l'humanité, les crimes de génocide, l'interdiction de la torture qui sont consacrés dans les conventions internationales, les autres droits et libertés peuvent faire l'objet de restrictions par le*

---

[74] Dans certains cas, la Constitution elle-même pose des bornes à ne pas franchir, comme à l'article 10 : « *pourvu que l'exercice de ces droits ne porte atteinte ni à l'honneur et à la considération d'autrui, ni à l'ordre public* » (Mbissane Ngom, « Les droits de la personnalité et la liberté de la presse au Sénégal », *Droit sénégalais*, n° 9, 2010, pp. 39-71).

législateur, pour des raisons d'ordre public, de sécurité publique et de santé publique lorsqu'il s'agit, sans que cela soit limité à ces exemples, de parer à "un danger ou protéger des personnes en péril de mort" ou encore " pour protéger la jeunesse en danger",

Ce poids législatif est censé avoir des répercussions fortuites sur l'onction constitutionnelle des droits et libertés. Il s'agit d'un aménagement qui fixe des limites à l'exercice sauvage des droits et libertés. Tout de même, il change leur visage libéral, pour refléter l'image d'un *« aménagement dénaturant »*[75].

Les limitations autorisent, dans certaines situations, l'action répressive de la police administrative sur des motifs malséants, sous le contrôle décalé du juge judiciaire. Le risque avéré de voir le législateur muer en plafond de verre intercalé entre le pouvoir constituant et le pouvoir judiciaire.

Outre le caractère programmatique d'entre eux, les droits et libertés fondamentaux peuvent souffrir d'un déficit d'application conjointement dû à l'inertie ou aux aléas du pouvoir réglementaire de l'Exécutif et au contrôle dévolu à l'Assemblée nationale.

En guise d'exemple, la loi n° 91-22 du 16 février 1991 portant orientation de l'Éducation nationale[76], modifiée par la loi n° 2004-37 du 15 décembre 2004[77] en est symptomatique. Cette loi intervient dix (10) ans après les États généraux de l'Éducation et de la Formation tenus du 28 au 31 janvier 1981, dès l'aube de la présidence Diouf[78]. Au fil du temps, le système est périodiquement secoué, jusqu'à une date récente, par des revendications accentuées (garanties statutaires, traitement équitable, déficit criant en équipements et infrastructures dans certaines localités), compte non tenu des velléités de contestation, pour l'instant sourdines, de programmes jugés obsolètes ou démentiels.

Sur le plan juridique, les germes résident dans l'absence ou la désuétude de certains textes. En dépit des trains de programmes et de projets, certes

---

[75] Fara Mbodji, « Réflexions sur la dénaturation de la liberté de manifestation en droit africain », *Nouvelles Annales africaines*, 2011, p. 103.
[76] JORS n° 5401 du 6 avril 1991, pp. 107-111.
[77] JORS n° 6202 du 22 janvier 2005, p. 51.
[78] Meïssa Diakhaté, *L'éducation au Sénégal. Historique et actualité des Réformes pédagogiques*, Dakar, Le Pointilleux, 2005, pp. 27-28.

de grande importance mais en grande partie contingence, le problème reste entier : la loi d'orientation de l'Éducation et de la Formation, initialement structurante (du Préscolaire à l'Université) est aujourd'hui partitionnée voire cloisonnée (loi n° 2015-01 du 06 janvier 2015 portant loi d'orientation de la formation professionnelle et technique ; loi n° 2015-26 relative aux universités du 28 décembre 2015 ; avant-projet de loi d'orientation sur les Instituts supérieurs d'Enseignement professionnel).

Que dire également après plus d'une trentaine d'années ! La loi d'orientation de 1991, produit d'une *« l'École nouvelle »* promue par les États généraux de l'Éducation et de la Formation, n'a jusqu'ici reçu de décret d'application, en l'absence d'interpellations de la Commission des Délégations de l'Assemblée nationale *« chargée de l'évaluation et du suivi de l'exécution des lois votées »*[79]. Pour tout dire, la loi d'orientation n° 91-22 du 16 février 1991 n'est finalement que l'ombre d'elle-même.

Tant de réalités juridiques qui pourraient être interprétées, sous certains rapports, comme étant une source des goulots d'étranglement du système éducatif sénégalais[80].

3. Une parité en politique

Autre progrès, c'est en matière de participation politique des femmes. On pouvait s'y attendre : des stéréotypes ont surgi pour allonger le processus. Une fois la difficulté politique vaincue[81], il restait à surmonter les aspérités juridiques[82].

---

[79] Loi organique n° 2002-20 du 15 mai 2002 portant Règlement intérieur de l'Assemblée nationale, modifiée (article 26 alinéa 2).

[80] Ndèye Astou Ndiaye, « Les politiques éducatives au Sénégal : entre perte de qualité, "injustice" sociale et propositions d'alternatives nouvelles », *Annales africaines, Nouvelle série*, Volume 1, Avril 2020, n° 12, pp. 123-148.

[81] *« Le mouvement essentiellement animé par le COSEF [Conseil sénégalais des Femmes] et l'Association des Femmes juristes pour, avec l'aide de quelques experts juristes, élaborer un avant-projet de loi instituant la parité sur les listes de candidats aux élections législatives »*, Ismaïla Madior Fall, « Observations » sous la Décision 1/C/2007 du 27 avril 2007, *in* Ismaïla Madior Fall (dir.) *Les décisions et avis du Conseil constitutionnel du Sénégal, Dakar*, *op. cit*, p. 412.

[82] Lire la chronologie minutieuse d'une experte engagée, qui a remarquablement évolué en *front office* durant le processus, Fatou Kiné Camara, « La loi sur la parité : historique et état des lieux », *La citoyenneté, Revue de l'Association des juristes sénégalaises*, Juin 2015, pp. 4-5.

Le juge constitutionnel, saisi d'une requête par l'opposition, rend une décision fatale à la loi n°23/2007 du 27 mars 2007 modifiant l'article L 146 du Code électoral qui institue la parité dans la liste des candidats au scrutin de représentation proportionnelle pour les élections législatives, décide : « *« Considérant (...) que la qualité de citoyen qui ouvre le droit d'être candidat aux élections politiques, sous réserve des incapacités prévues par le Code électoral, est indivisible ; que les candidats sont égaux devant le suffrage universel ; que les principes de valeur constitutionnelle ci-dessus rappelés s'opposent à toute division par catégories des citoyens éligibles ; que, dès lors, la loi qui impose une distinction entre candidats en raison de leur sexe est contraire à la Constitution »*[83]. La sentence qui s'en suit est fatale à la loi : *« La loi n° 23/2007 du 27 mars 2007 est déclarée non conforme à la Constitution ».*

À l'analyse, se demande le Professeur, *« le juge a-t-il intégralement lu la nouvelle Constitution sénégalaise qui contrairement à ses devancières, ne se limite pas au texte de 108 articles adopté par référendum le 7 janvier 2001, mais comprend des textes déclarés de valeur constitutionnelle par le préambule que sont la déclaration universelle des droits de l'homme et du citoyen du 26 août 1789, la Déclaration Universelle des Droits de l'Homme du 10 décembre 1948, la Convention sur l'élimination de toutes les formes de discrimination à l'égard des femmes du 18 décembre 1979, la Convention relative aux Droits de l'Enfant du 20 novembre 1989 et la Charte africaine des Droits de l'Homme et des Peuples du 27 juin 1981. Le Constituant sénégalais a d'une part intégrée dans le bloc de constitutionnalité des instruments juridiques qui ne sont pas dans le bloc de constitutionnalité français et déclaré comme ayant valeur constitutionnelle le préambule (...) par le juge ».*

L'objection que la loi rencontre dans la Constitution est anéantie par la révision de la Constitution : *loi constitutionnelle n° 2008-30 du 7 août 2008 modifiant, entre autres, l'article 7 de la Constitution.* Désormais, l'alinéa 4 de l'article 7, de la Constitution dispose : *« la loi favorise l'égal accès des femmes et des hommes aux mandats et fonctions ».* La disposition est salutaire, parce que volontariste et progressiste. Sa finalité est de desserrer les goulots d'étranglement à la pleine participation des femmes à la vie politique et institutionnelle.

---

[83] Décision 1/C/2007 du 27 avril 2007, *Parité sur les listes de candidats aux législatives.*

Par le biais du renvoi à « la loi », il était loisible au législateur *« d'adopter des dispositions revêtant soit un caractère incitatif, soit un caractère contraignant »*[84]. Ce qu'il a fait en adoptant la loi n°2010 du 28 mai 2010 portant parité absolue entre les hommes et les femmes dans les instances électives et semi-électives[85].

La parité est, de cette sorte, formellement codifiée. L'on retiendra que *« la loi sur la parité est une loi comme les autres. Seulement, elle a l'avantage d'être l'aboutissement d'une lutte des organisations de promotion des droits des femmes articulée à la volonté politique et à l'existence d'un cadre juridique favorable à l'égalité de genre en droit sénégalais »*[86].

Fort heureusement, le juge suprême assimile la finalité poursuivie pour la correction de la sous-représentation des femmes au sein des responsabilités de la vie politique (mandats électoraux et fonctions électives), suite aux requêtes en annulation de bureaux non paritaires.

La Chambre administrative de la Cour suprême, dans l'arrêt n° 02 du 8 janvier 2015, *Mme YY et autres c/ Conseil municipal de Kaolack* considère que *« la notion des listes de candidatures figure malencontreusement dans le décret d'application pour l'élection des bureaux et commissions et, dès lors s'en servir pour écarter l'application effective de la parité dans les élections à candidatures individuelles, telles que celles du Maire et de ses Adjoints, c'est méconnaître l'esprit des textes susvisés ;* Considérant que ce bureau [du Conseil municipal de Kaolack, installé le 18 juillet 2014], n'ayant pas respecté la parité à partir de l'élection du 2e Adjoint, il y a lieu, statuant à nouveau, d'ordonner la reprise de l'élection de ses membres, le Maire et le 1er Adjoint n'étant pas concernés par cette mesure ; *Qu'ainsi encourt l'infirmation, l'arrêt entrepris qui pour écarter l'application de la loi et rejeter le recours de Mme YY et autres, a retenu que le texte n'a pas prévu les modalités pratiques du respect de la parité dans les élections à candidatures individuelles et qu'il n'existe pas de législation spéciale sur la parité applicable à ce scrutin. Par ces motifs : Infirme l'arrêt n°14 du 25 juillet 2014 de l'Assemblée générale de la Cour d'appel de Kaolack ; Statuant*

---

[84] Conseil constitutionnel français, Décision n° 2015-465 QPC du 24 avril 2015,

[85] Décret n° 2011-819 du 16 juin 2011 portant application de la Loi instituant la Parité absolue Homme-Femme (J.O. N° 6614 du Samedi 17 Septembre 2011)

[86] Zeinab Kane, « Sens et portée de la loi sur la parité », *La citoyenneté, Revue de l'Association des juristes sénégalaises*, *op. cit.*, p. 6.

à nouveau, ordonne la reprise de l'élection des membres du bureau du Conseil municipal de Kaolack (…) ».

À l'état actuel du droit sénégalais, la parité est cloîtrée dans le champ d'application politique, donc à l'exclusion controversée des emplois et fonctions au sein des institutions du secteur public et du secteur privé, Elle sent un goût d'inachevé car étant limitée aux mandats et fonctions politiques (instances électives et semi-électives).

Plus de dix années après la gloire, l'engagement et l'activisme sont devenus moins audibles. Il reste pourtant à mobiliser plus d'efforts en vue d'une extension de la logique paritaire, actuellement limitée au champ politique, vers les emplois publics et les responsabilités professionnelles, sociales ou sportives telles que l'accès à la fonction publique étatique ou locale, la représentation équilibrée au sein des conseils d'administration et de surveillance et l'égalité professionnelle dans les secteurs comme l'enseignement supérieur et à la recherche, les instances des fédérations sportives, des fondations d'utilité publique et des associations cultuelles et sociales[87].

4. Liberté de manifestation

La liberté de manifestation réside parmi un ensemble les libertés civiles et politiques. Elle est apparue en 2001 alors que les autres libertés étaient, à l'origine, dans le répertoire constitutionnel du 24 janvier 1959.

La liberté de manifestation marque un enrichissement politiquement apprécié. Sa complémentarité avec les droits politiques voisins (liberté d'opinion, liberté d'expression, liberté d'association, liberté de réunion) fait d'elle un puissant levier de propagandes politiques et sociales régulièrement convoité par les associations politiques et les mouvements de la société civile. Trop cadencée, la liberté de manifestation peut transformer une République en Rue-Publique et devenir fatale à ceux qui sont aux commandes des institutions politiques, économiques et sociales. L'autorité administrative distribue cette liberté avec parcimonie, surtout lorsque des itinéraires classés sensibles sont convoités pour des enjeux du moment.

[87] Tambadian Dembélé, *L'égal accès des femmes et des hommes à la vie politique en France et au Sénégal*, Thèse de doctorat de l'Université Sorbonne Paris Cité, 2017, pp. 284- 344.

Un des rédacteurs de la Constitution de 2001 exprime ainsi la satisfaction de son devoir citoyen et académique accompli : « *C'est incontestablement une avancée importante dans la protection des libertés publiques. Ceci est d'autant plus important qu'elle faisait l'objet de multiples et graves atteintes par l'ancien régime. Auparavant, la manifestation, entendue comme une forme particulière de réunion en vue d'exprimer une opinion, était considérée sinon comme une simple tolérance administrative du moins comme une liberté publique moins protégée que les grandes libertés. L'ancien régime faisait de l'interdiction de la marche le principe et de l'autorisation l'exception* »[88].

À la vérité des faits, la liberté de manifestation est, de temps à autre et sous certaines conditions, étouffée par le pouvoir d'appréciation de l'autorité de police administrative.

Toutefois à la vérité des textes, la liberté de manifestation répond légalement du régime de la déclaration. Subséquemment, elle appelle administrativement une autorisation.

Le paravent de la motivation de l'arrêté d'interdiction empêche le juge suprême de scruter et de voir l'horizon constitutionnel, garant fondamental de la liberté de manifestation. Sa modeste vision le confine dans la proche sphère de la loi. Il se sert plus fréquemment de l'alibi des conditions de validité de l'acte la forme ou du fond pour freiner l'arbitraire de l'autorité préfectorale. Comme la Cour suprême du Sénégal sait bien brillamment le dire en s'opposant à l'arbitraire de l'autorité préfectorale *: c*onsidérant qu'en l'espèce, le préfet s'est borné *« à invoquer la difficulté de l'encadrement sécuritaire sans même alléguer l'éventualité de troubles à l'ordre public »* ou *« sans établir une insuffisance de forces de sécurité nécessaires au maintien de l'ordre* »[89].

S'il s'agit de débouter un justiciable de sa présentation en matière de protection d'une liberté de manifestation, le formalisme de la procédure lui sert de tour de vis au juge judiciaire. S'il lui arrive, parfois, de succomber aux charmes envoûtants des libertés constitutionnelles, c'est

---

[88] Demba Sy, « Présentation de la nouvelle Constitution », *Nouvelles Annales africaines*, n° 1, 2007, p. 298.

[89] Voir par exemple, Cour suprême du Sénégal, arrêt n° 35 du 13 octobre 2001, *M. Alioune Tine, Président de la Rencontre africaine des Droits de l'Homme (RADHO) c/ État du Sénégal*) ; arrêt n° 19 du 23 mai 2019, *Assane Bâ et deux (2) autres.*

sans compter avec l'obsession de la Cour suprême pour la loi. Cette jurisprudence en atteste éloquemment : « *Considérant (...) que l'article 10 de la Constitution pose le principe de la liberté d'expression en y apportant des tempéraments, notamment la préservation de l'ordre public qui est suffisamment motivée dans l'arrêt attaqué* », « *Considérant qu'il résulte de l'article 14 de la loi n° 78-02 du 29 janvier 1978 relative aux réunions que l'autorité administrative compétente peut interdire toute réunion publique à la condition...* » (Cour suprême, Arrêt n° 37 du 9 juin 2016, *L'organisation Y, section Sénégal c/ État du Sénégal*). Dans ce cas comme dans bien des cas abondants, l'autorité administrative peine à comprendre que « *désormais la manifestation n'est plus seulement envisagée à travers le prisme de l'ordre public. C'est actuellement une liberté publique de rang constitutionnel dont l'exercice est pénalement garanti* »[90].

Pour fermer cet angle de réflexion, il faut noter que l'autorité administrative célèbre le même culte de la loi que le juge judiciaire, parfois avec impavidité. Ainsi, l'affaire de « *la déclaration, auprès du préfet X, de manifestation publique du parti politique Y dans la localité Z* » est digne d'être étudiée. Cette affaire étale les embarras du système judiciaire : la mécanique administrative conduisant à l'interdiction de la manifestation sur dispositions abrogées du Code pénal depuis 1978) ; l'emmêlement du Conseil (Avocat) avec l'introduction d'une « *Requête en référé aux fins d'une décision administrative* » (ignorant que la requête en référé-suspension, l'accessoire, suit le principal, le recours pour excès de pouvoir intenté contre une décision administrative)[91] ; le pouvoir rédhibitoire d'un juge judiciaire habitué à « *Déclare irrecevable...* ».

---

[90] Demba Sy, « Présentation de la nouvelle Constitution », *Nouvelles Annales africaines*, n° 1, 2007, p. 298.

[91] Que de complexités devant le juge de la Cour suprême ! le requérant devrait préalablement introduire un recours en annulation contre une mesure administrative devant la Cour suprême (recours pour excès de pouvoir) – en vue de satisfaire l'une des conditions de recevabilité - avant de l'assortir d'un référé-suspension. L'autre option présentant plus de commodités procédurales semble être occulté : elle a l'avantage (outre les conditions que sont une demande justifiée par l'urgence, 'une atteinte à une liberté fondamentale, avec une atteinte grave et manifestement illégale), de viser « *un acte* » ou « *un comportement* » et d'obliger le juge de statuer à brefs délais, contrairement au « *référé-suspension* » assujetti à « de meilleurs délais (Articles 85 à 87 de la loi organique n° 2017-09 du 17 janvier 2017 abrogeant et remplaçant la loi organique n° 2008-35 du 08 août 2008 sur la Cour suprême, modifiée par la loi organique n° 2022-16 du 23 mai 2022).

5. La compétence universelle

La forte polarisation des droits et libertés n'a pas laissé en rade la justice des crimes internationaux[92].

La Constitution assure aux personnes une protection contre les crimes internationaux voulue par la loi constitutionnelle n° 2008-33 du 7 août 2008 modifiant, dans les termes qui suivent, l'article 9 de la Constitution : *« Nul ne peut être condamné si ce n'est en vertu d'une loi entrée en vigueur avant l'acte commis. Toutefois, les dispositions de l'alinéa précèdent ne s'opposent pas à la poursuite, au jugement et à la condamnation de tout individu en raison d'actes ou omissions qui, au moment où ils ont été commis, étaient tenus pour criminels d'après les règles du droit international relatives aux faits de génocide, de crimes contre l'humanité et de crimes de guerre ».*

Même si la volonté politique et l'activisme des organisations *de droits de l'homme* en étaient visiblement le rouleau compresseur, cela a été une saga judiciaire, rythmée par des épisodes juridictionnels[93]. En toute

[92] Mamadou Falilou DIOP, *Essai de construction de poursuites d'auteurs de crimes internationaux à travers les mécanismes nationaux et régionaux*, Thèse de doctorat en droit, Aix-Marseille Université, 2012, 539 p.

[93] Quelques repères : inculpation du doyen des juges du Tribunal de Grande instance hors classe de Dakar sur plainte de citoyens tchadiens présumés victimes (3 juin 2000) ; infirmation de la décision par la chambre d'accusation de la Cour d'appel (arrêt du 4 juillet 2000), confirmation de l'arrêt de la Cour d'appel par la Cour de Cassation (20 mars 2002), motif pris d'un défaut de base légale à une telle poursuite. Ensuite, convoquant le principe « *aut dedere aut judicare* » (traduit au sens de juger ou extrader), la Belgique qui a consacré la solution de la compétence universelle intégrale en adoptant la loi d'adaptation du 16 juin 1993) réclame l'extradition sans suite favorable. Devant la Chambre d'accusation de la Cour d'Appel de Dakar, l'immunité d'ancien chef d'État en venait à s'interposer au bénéfice du Président Habré. Enfin, l'implication des juridictions régionale et internationale : la Cour de Justice de la CEDEAO à l'invitation des conseils de l'ancien Chef d'État (arrêt du 18 novembre 2010) ; la Cour internationale de Justice ayant condamné l'État du Sénégal pour cause de manquement à certaines de ses obligations (arrêt du 20 juillet 2012). En dernier ressort, l'héritage du dossier par l'Union africaine avec la signature de l'accord du 22 août 2012, débouchant sur la création des chambres africaines extraordinaires Pour une articulation parfaite de la procédure et des analyses instruites des décisions, voir Alioune Sall, *L'affaire Hissène Habré. Aspects judiciaires nationaux et internationaux,* Paris, L'Harmattan, 2013, 93 p ; Lamine Coulibaly, « Discours d'usage », Cour de Cassation du Sénégal, *La justice pénale internationale, la souveraineté des États, et les droits de l'homme*, (Audience solennelle de rentrée des cours et tribunaux), 2003-2004, pp. 64-78 ; Cheikh Mbacké

logique pour cette affaire aux relents internationaux, l'État du Sénégal n'en était pas moins confronté au dilemme cornélien de la conformité de son dispositif normatif et des règles du droit pénal international faisant obligation aux États parties d'honorer ses engagements afférents à la compétence universelle[94] . L'article 5. 2 de la Convention contre la torture et autres peines ou traitements cruels, inhumains ou dégradants adoptée dans le cadre des Nations Unies en 1984 et ratifiée par le Sénégal, devenu État partie, stipule : *« Tout État partie prend également les mesures nécessaires pour établir sa compétence aux fins de connaître desdites infractions dans le cas où l'auteur présumé de celles-ci se trouve sur tout territoire sous sa juridiction et où ledit État ne l'extrade pas conformément à l'article 8 vers l'un des États visés au paragraphe 1 du présent article »*[95]. En ajustant sa Constitution à l'aune du droit international, le Sénégal venait de trouver la voie légale, une sorte de remise à jour de son système judiciaire, pour se considérer enfin apte à juger des infractions qualifiées de *« crime contre l'humanité, d'actes de*

Ndiaye, « Le principe de la compétence universelle devant le juge sénégalais : l'affaire Habré », *www.ceracle.com*, 21 p.

[94] La Cour internationale de Justice a eu, sur le fondement de la règle de l'immunité, à *« engagé la responsabilité d'un État en raison d'une décision judiciaire contraire aux règles internationales. Il s'agissait d'un juge belge, disposant de la compétence universelle lui permettant de poursuivre des personnes suspectées de crimes contre l'humanité, qui a émis un mandat d'arrêt contre le ministre congolais des Affaires étrangères alors en exercice, pour violations graves au droit humanitaire. Selon la Cour, le juge belge a violé le principe de l'immunité de juridiction attachée à la fonction de M. Yerodia, en délivrant ce mandat d'arrêt, et en procédant à sa diffusion »* Abdou khadre Diop, *La notion d'État en droit international et en droit européen : De l'impossible approche conceptuelle au nécessaire approche fonctionnelle*, Thèse de doctorat, Université de Bordeaux-Université de Laval (cotutelle), 2017, pp. 88-89.

[95] Cette stipulation est le pendant de celle consacrée en droit international humanitaire. Selon les Conventions de Genève de 1949, les États parties ont l'obligation d'établir leur compétence universelle pour les infractions graves qui y sont définies : « *Chaque Partie contractante aura l'obligation de rechercher les personnes prévenues d'avoir commis, ou d'avoir ordonné de commettre, l'une ou l'autre de ces infractions graves, et elle devra les déférer à ses propres tribunaux, quelle que soit leur nationalité. Elle pourra aussi, si elle le préfère, et selon les conditions prévues par sa propre législation, les remettre pour jugement à une autre Partie contractante intéressée à la poursuite, pour autant que cette Partie contractante ait retenu contre lesdites personnes des charges suffisantes »* (Convention XXX). Voir notamment, Saïdou Nourou Tall, *Théories et réalités du droit international humanitaire : contribution à l'étude de l'application du droit des conflits armes en Afrique noire contemporaine*, Thèse de doctorat d'État, Université Cheikh Anta Diop, 2001, p. 309.

torture et de barbarie », en relation avec les prétentions des victimes du régime Habré[96].

La vocation se limitait, tel que délimité par leur Statut, à *« mettre en œuvre la décision de l'Union africaine relative à la poursuite par la République du Sénégal des crimes internationaux commis au Tchad entre le 7 juin 1982 et le 1er décembre 1990, et conformément aux engagements internationaux du Sénégal »*.

L'épilogue a été le jugement devant les Chambres extraordinaires (CAE) au sein des juridictions sénégalaises, faisant suite à ratification de l'accord entre l'État du Sénégal et l'Union africaine. La Chambre d'assises a, prenant en compte plusieurs facteurs dans l'appréciation de la peine, condamné Hissein Habré à *« la peine d'emprisonnement à perpétuité »*. Cette décision sera globalement confirmée par celle de la Chambre africaine extraordinaire d'Assises d'Appel présidée par le Juge Wafi Ougadeye (arrêt du 27 avril 2017, *Situation en République du Tchad le Procureur général c. Hissein Habré,* et, par conséquent, pour les besoins de l'exécution de l'Arrêt, la Chambre d'assises d'appel procède au calcul du montant global des réparations allouées aux parties civiles : *« i) fixe le montant total des réparations allouées aux parties civiles à la somme de quatre-vingt-deux milliards deux cent quatre-vingt-dix millions de francs CFA (82 290 000 000 FCFA) ; ii) Condamne Hissein Habré à payer ledit montant ; iii) Constate, qu'à ce jour, le patrimoine de l'Accusé est insuffisant pour couvrir l'intégralité des réparations individuelles ; iv) enjoint en conséquence au Fonds de mettre en œuvre les réparations individuelles ; v) ordonne à cet effet que le produit des biens confisqués et de tout autre actif de l'Accusé qui viendraient à être découverts soient versés au Fonds (...) »*[97].

---

[96] Souleymane Téliko, *les chambres africaines extraordinaires et la répression des crimes internationaux en Afrique*, L'Harmattan-Sénégal, 2020, p. 493 p. ; Ibrahima Mandiang, *Les États africains et l'obligation de coopération avec les juridictions pénales internationales*, Thèse de doctorat, Université Cheikh Anta Diop, 2017, 489 p ; Mamadou dit Doudou Senghor, *Les réponses judiciaires aux crimes internationaux reprochés à Monsieur Hissein Habré*, Thèse de doctorat, Université Cheikh Anta Diop, 620 p.

[97] L'arrêt qui est rendu sous la présidence du Juge Wafi Ougadeye (Burkina Faso) est insusceptible de recours même extraordinaire. Finalement, Hissène Habré décède en détention au Sénégal, le 24 août 2021 à l'âge de 79 ans.

La création *sui generis* sur la base d'un accord conclu par le Sénégal avec l'Union africaine, et de son ancrage flottant au sein des juridictions nationales [98] fait des CAE une justice *ad hoc* ou de circonstance en rapport avec l'affaire Habré[99], alors que les crimes internationaux restent actés dans la Constitution.

En l'absence d'une institutionnalisation, ce procès historique et retentissant sera plus tard une épopée judiciaire autour d'un personnage mythique aux traits de Hissène Habré. L'histoire sans falsification pourrait être contée aux générations futures, à la condition de relever le défi de la conservation des archives, mémoire vivante infaillible du procès.

6. L'apparence du juge judiciaire

Deux réalités juridiques rendent décisive l'action du juge judiciaire dans la protection des droits et libertés élevés à la dignité constitutionnelle.

Globalement, la Constitution en fait le juge dédié des droits et libertés fondamentaux, comme cela apparaît aux articles 88 et 91 : *« Il [le pouvoir judiciaire] est exercé par le Conseil constitutionnel, la Cour suprême, la Cour des Comptes et les cours et tribunaux. Le pouvoir judiciaire est gardien des droits et libertés définis par la Constitution et la loi »* [100].

---

[98] L*a chambre africaine extraordinaire d'instruction* au sein du tribunal régional hors classe de Dakar, la *chambre africaine extraordinaire d'accusation*, la chambre *extraordinaire d'assises* et la *chambre africaine d'appel au sein de la cour d'appel* de Dakar.

[99] Dans le même sens, la Cour pénale spéciale (CPS) est une juridiction spéciale au sein de la justice centrafricaine créée par la loi n° 15-003 du 3 juin 2015 afin d'enquêter, instruire et juger les violations graves des droits humains et du droit international humanitaire commis sur le territoire de la République Centrafricaine depuis le 1er janvier 2003, telles que définis par le Code pénal centrafricain et le Droit international. La CPS sera composée d'une Chambre d'Instruction, une Chambre d'Accusation spéciale, une Chambre d'Assises et une Chambre d'Appel, ainsi que d'un Parquet du Procureur spécial et d'un Greffe. La composition de la Cour Pénale Spéciale fait cohabiter magistrats et juges nationaux et internationaux. La CPS aspire à remplir un rôle crucial dans le processus de réconciliation nationale qui ne pourra se faire sans justice. Faire justice pour les crimes graves est un impératif pour réussir la transition politique et une paix véritablement durable en RCA (en proie à l'impunité depuis plusieurs décennies).

[100] Au Sénégal, le tribunal d'instance, le tribunal du travail, le tribunal de grande instance, la cour d'appel et la Cour suprême), coiffés par la Cour suprême. Pour une

Le traitement judiciaire comporte, du point de vue des droits et libertés constitutionnels notamment en contentieux de pleine juridiction[101], des stigmates : complexité et l'allongement des procédures[102] (d'une part, juge d'instance, juge d'appel, juge de cassation en matière civile et commerciale, sociale, pénale et, d'autre part, juge de l'excès de pouvoir en matière administrative).

Une embellie substantielle semble être apportée au contentieux de l'égalité ou le recours pour excès de pouvoir : le référé administratif[103], naguère appelé *« sursis à exécution »*. Est juge des référés avec comme juge le Premier Président de la Cour suprême ou le magistrat qu'il désigne à cet effet, contraint, selon les cas (référé-liberté, référé suspension, référé-mesures utiles, référé-constat), de statuer à brefs délais ou à meilleurs délais. Il statue par des mesures qui présentent un caractère provisoire. On a prestement parler, à propos des constances textuelles, d'une procédure *« positivement conditionnée par l'urgence, l'utilité des mesures et leur caractère provisoire »* ainsi que de *« conditions négatives érigées en barrière à l'intervention du juge des référés administratifs [que] sont traditionnellement la proscription de faire préjudice au principal et la prohibition de faire obstacle à l'exécution d'une décision »*[104].

L'ordonnance de référé administratif ne saurait préjudicier ni présager la décision du juge saisi, à titre principal, pour excès de pouvoir administratif.

Au cas où le référé administratif serait infructueux et, dans l'attente du dénouement, le justiciable reste dans les liens du *« pouvoir discrétionnaire anormal »* de l'Administration, le scénario reste similaire à l'issue du procès administratif, du fait que les personnes morales de

---

connaissance approfondie du système judiciaire sénégalais, voir Papa Assane Touré, *La réforme de la composition et de la compétence des juridictions du Sénégal. Commentée et annotée*, Dakar, Abis éditions, 2017, 465 p.

[101] Ndèye Madjiguène Diagne, *Les méthodes et les techniques du juge en droit administratif sénégalais*, Thèse de doctorat d'État, Université Cheikh Anta Diop, 1995, pp. 28-93.

[102] Pour une meilleure compréhension de l'articulation des procédures, Cheikh Diakhoumpa, *Code de procédure civile et voies d'exécution*, Vol. III, 1re édition, 2021, pp. 25-141.

[103] Mouhamadou Moustapha Aidara, « Référé administratif et unité de juridiction », *Afrilex*, 21 p.

[104] Ameth Ndiaye, « Le référé administratif en Afrique », *Afrilex,* pp.13-14.

droit public sont protégées contre le pouvoir d'injonction du juge[105] et qu'elles bénéficient d'immunité d'exécution[106]. Néanmoins dans certaines circonstances, le juge judiciaire puise le pouvoir d'astreinte dans le droit commun pour l'exécution de toute obligation, en condamnant le débiteur au paiement d'une somme d'argent pour chaque jour de retard jusqu'à l'exécution ou pour une période dont il fixe la durée. L'astreinte est provisoire (jusqu'à l'exécution ou pour une période) ou définitive (après l'exécution de l'obligation ou expiration du temps précédemment fixé)[107].

Dans ces deux cas, tant que la contestation circule dans le labyrinthe judiciaire, la décision de l'Administration, qui pourrait être empreinte d'excès de pouvoir, est pourtant présumée légale et exécutoire. Une énième décision témoigne de l'inefficacité, dans certains cas, du système judiciaire : *« Attendu qu'il résulte en l'espèce du jugement N°1020 du 16 mai 2013 que le Tribunal Régional Hors Classe de Dakar a ordonné la réintégration de XY dans ses fonctions et a condamné l'État du Sénégal*

---

105 Injonction (l'ordre intimé à l'Administration de rétablir la légalité : réintégrer un fonctionnaire illégalement révoqué, délivrer un document (Chrystelle Schaegis, *Dictionnaire de droit administratif*, Paris, Ellipses, 2008, p. 160).

106 Il n'existe pas de mesure d'exécution forcée (un pouvoir de contrainte) contre l'Administration. Dans un arrêt rendu le 4 septembre 2013 à propos de l'affaire *Caisse de Dépôts et Consignations,* la Cour d'Appel de Dakar, décide que l'immunité d'exécution est un privilège lié à la personnalité publique de l'établissement public débiteur qui soustrait celui-ci à toute mesure d'exécution forcée et à toute mesure conservatoire sur les biens qui lui appartiennent, s'il n'exécute pas spontanément sa dette, que l'activité de l'établissement public ou du domaine privé ; qu'il n'est admis aucune exclusion de ce privilège (Yaya Bodian, « Réflexions sur la signification et la portée de l'immunité d'exécution des personnes publiques. A propos de décisions de la Cour d'Appel de Dakar », *Annales africaines*, Volume 1, Avril 2016, pp. 89-92). Mais de plus en plus, l'immunité est atténuée par la Cour commune de Justice et d'Arbitrage (CCJA) de l'Organisation pour l'Harmonisation du Droit des Traités en Afrique (OHADA) : la simple présence d'un État ou d'une entité de droit public dans l'actionnariat d'une personne morale ne suffit pas à lui conférer l'immunité (à la suite de l'arrêt CCJA n° 043/2005, 7 juillet 2005, *Aziablévi Yovo et autres c/ Société Togo Telecom*, voir arrêt CCJA, n° 103/2018, 26 avril 2018 : *X. c/ La Société des Grands Hôtels du Congo SA et 10 autres*).

107 Articles 196 à 199 de la loi n° 63-62 du juillet 1963 portant Code des Obligations civiles et commerciales du Sénégal. Exemple : *« Ordonnons à l'Ecole nationale d'Administration dite ENA et à Madame XY, de mettre à disposition de sieurs AA et BB leurs copies aux épreuves d'admissibilité et de note de synthèse ainsi que leurs notes du Concours direct cycle A, le tout astreinte de 100 000 Fcfa par jour de retard à compter de la signification de la présente ordonnance »* (Ordonnance de référé sur placet n° 320 du 20 juin 2022).

à lui payer le rappel de salaire pour la période du 07 avril 2005 au 31 décembre 2012 ; (...) ; Que malgré les correspondances de son conseil des 10 et 14 mars 2014 et 28 juillet 2015 dûment déchargées, adressées respectivement au ministre de l'Éducation nationale, au ministre de la Fonction publique, du Travail, du dialogue social et des organisations professionnelles et à l'agent judiciaire de l'État, ladite décision de justice n'a toujours pas été exécutée ; Condamne l'État du Sénégal à payer à XY la somme de... millions de FCFA (...) à titre de dommages et intérêts pour refus de prêter main-forte à l'exécution d'une décision de justice »[108].

Un praticien avisé des développements récents du droit public a pris le temps de s'appesantir sur les lacunes des garanties institutionnelles relatives au traitement du contentieux, non sans citer *« des imperfections inhérentes à la rédaction des décisions du juge de l'excès de pouvoir, de l'existence d'une formation inadéquate pour le juge de l'excès de pouvoir et de la restriction des voies de recours contre les décisions de ce dernier »*[109].

À l'inverse, des systèmes dotés d'un répertoire des droits et libertés faisant corps avec la Constitution — tels que l'Espagne en Europe ou le Bénin en Afrique[110] — où la juridiction constitutionnelle est le gardien

---

[108] Extrait du jugement du 03 mai 2016 rendu par le Tribunal de Grande Instance Hors Classe de Dakar.

[109] Cheikh Bass Ndongo, « *La protection des droits des administrés au moyen du recours pour excès de pouvoir au Sénégal* », Thèse de doctorat, Université Cheikh Anta Diop, 2019, p. 148. Certes, Gaston Jèze s'exclamait, à l'époque glorieuse de la Haute juridiction administrative française, que le recours pour excès de pouvoir est « *la plus merveilleuse création des juristes, l'arme la plus efficace, la plus pratique, la plus économique qui existe au monde pour défendre les libertés* ». Sa pensée, rapporte l'auteur, est proverbiale sous la plume de Jean Rivero, « Le huron au Palais royal ou réflexions naïves sur le recours pour excès de pouvoir », *Pages de doctrines*, Paris, LGDJ., 1980, II, p.329.

[110] Le Professeur enseigne que *« dans certains États, au passé récent de régime dictatorial ou de faible intensité démocratique, la juridiction constitutionnelle est souvent conçue comme le garant ou la sentinelle contre toute velléité de retour à l'arbitraire. Dans d'autres, où les institutions fonctionnaient tant bien que mal, la juridiction constitutionnelle est plutôt cantonnée à un rôle plus spécifique et limité. L'organisation et le fonctionnement des juridictions constitutionnelles africaines obéissent dès lors à des logiques différentes. Certaines se fixent comme finalité la promotion de la démocratie, alors que d'autres se préoccupent seulement de garantir l'État de droit. Ce critère introduit une différence fondamentale entre ces juridictions et permet de les modéliser. Dans le premier cas, la juridiction constitutionnelle exerce une*

vertueux de la Constitution[111], l'accès au Conseil constitutionnel sénégalais est objet d'un contingentement. L'étroitesse de l'accès au juge constitutionnel sénégalais, associée à l'étendue des renvois, est de nature à engendrer une faiblesse du système de garantie juridictionnelle des droits et libertés constitutionnels.

De manière générale, le contrôle *a priori* des lois et engagements est exclusivement réservé aux autorités politiques (Président de la République et un nombre au moins égal au dixième (1/10e) des membres de l'Assemblée nationale, et dans un délai étriqué de six (6) jours. En général, il s'agit *« du contentieux objectif qui est le lot habituel des juridictions constitutionnelles »*[112]. En particulier, les justiciables ne peuvent envisager de fréquenter le Conseil constitutionnel qu'en cas de recours en exception d'inconstitutionnalité introduit, incidemment, dans le cadre d'un litige devant la cour d'appel[113] ou le Conseil constitutionnel. Même dans ce dernier cas, le renvoi est une prérogative, si certaines conditions sont réunies, de la cour d'appel ou de la Cour suprême. On le comprendrait mieux en s'appropriant cet enseignement : *« Il est un truisme de constater, dans les systèmes juridiques nationaux de "civil law" et de "common law", que les individus peuvent, directement ou indirectement, dénoncer la violation d'une disposition constitutionnelle.*

---

force attractive sur les différents contentieux, alors que dans le deuxième, elle laisse fonctionner le jeu normal des règles de compétence et développe une conception résiduelle de ses propres attributions ». Babacar Kanté, « Préface », *in* Ismaïla Madior Fall (dir.) *Les décisions et avis du Conseil constitutionnel du Sénégal, Dakar*, *op. cit*, p. 14.

[111] Victoria Chiu, Alexis Le Quinio (dir.), *La protection de l'environnement par les juges constitutionnel*, Paris, L'Harmattan, 2021, 284 p.

[112] Frédéric Joël Aïvo, « Radioscopie sommaire de la justice constitutionnelle au Bénin », *Les Nouveaux Cahiers du Conseil constitutionnel, 2015*/2 (N° 47), p.105.

[113] Cette disposition trouve une application satisfaisante dans la jurisprudence du Conseil constitutionnel sénégalais : « *La Chambre d'Accusation de la Cour d'appel de Dakar, saisie d'une exception d'inconstitutionnalité dirigée contre l'article 344 du Code des Douanes, a l'obligation de transmettre au Conseil constitutionnel l'exception ainsi soulevée et de surseoir à statuer jusqu'à ce que le Conseil constitutionnel se soit prononcé, conformément à l'article 22 de la loi organique relative au Conseil constitutionnel. Article 2.- En conséquence, est irrecevable la saisine du Conseil constitutionnel par la Cour suprême de l'exception d'inconstitutionnalité*[113] *dirigée contre l'article 344 du Code des Douanes, soulevée devant la Chambre d'Accusation de la Cour d'Appel de Dakar »* (Décision n° 5-C-2022 du 28 septembre 2022, Cour suprême en l'affaire *Ministère public contre Adama Bou Labeid et Alameer Abdoul Ghani, arrêt n°27 du 19/05/2022*).

(...) En revanche, le droit de saisine est moins généreux dans la plupart des États francophones de la même sous-région »[114].

L'on constatera encore que la procédure devant le juge constitutionnel sénégalais n'admet pas *« le contradictoire »*, contrairement à la plupart des États d'Afrique francophone[115].

En droit comparé, des alternatives juridictionnelles font le bonheur des justiciables. Les exemples du Bénin et de l'Espagne. Au Bénin, il découle de l'article 117, alinéa premier, 3e tiret de la Constitution, que la Cour constitutionnelle statue obligatoirement sur la constitutionnalité des lois et des actes réglementaires censés porter atteinte aux droits fondamentaux de la personne humaine et aux libertés publiques en général, sur la violation des droits de la personne humaine[116]. Concernant les actes juridictionnels, la Cour constitutionnelle du Bénin conteste son incompétence l'affaire mettant en cause arrêt de la Cour suprême, en proclamant, dans la Décision DCC 09-087 du 13 août 2009, *Consorts Sophie Aïdasso, « (...) qu'en matière des droits de l'homme, les décisions de la Cour Constitutionnelle priment celles de toutes les autres juridictions »* et conclut, en effet, que *« l'arrêt n°13/CT-CJ-CT du 24 novembre 2006 de la chambre judiciaire de la Cour suprême (...) est*

---

[114] Alioune Sall, Sidy Alpha Ndiaye (dir.), *Manuel pratique des droits de l'homme*, Presses universitaires de Dakar, pp. 409 -410.

[115] Abdou Khadre Diop, « La particularité de l'exception d'inconstitutionnalité sénégalaise : une analyse à la lumière du contentieux de l'exception d'inconstitutionnalité en Afrique francophone », *Annales africaines*, Volume 2, n° 13, Décembre 2020, pp. 61-94.

[116] *« les métamorphoses du contrôle juridictionnel des actes réglementaires au Gabon sont, d'une part, l'éviction du juge constitutionnel de ce contrôle et, d'autre part, la réhabilitation du juge administratif. L'appétit boulimique de la Cour constitutionnelle gabonaise pour le contrôle des actes réglementaires l'avait conduite à étendre son contrôle à celui de la légalité des actes réglementaires, privant ainsi le juge administratif de sa compétence. Cependant, le 12 janvier 2018, le pouvoir constituant dérivé a retiré au juge constitutionnel le contrôle des actes réglementaires »* à la lumière de la loi constitutionnelle n° 001/2018 du 12 janvier 2018 (Steve Sékoula, « Le renouveau du contrôle juridictionnel des actes réglementaires au Gabon », *www.ceracle.com*, consulté le 25 février 2023). Un point de vue validé par Frédéric Joël Aivo en ces termes : *« Il est à l'origine de l'engorgement feint du rôle de la Cour et de la concurrence fratricide entre cette dernière et les juridictions de droit commun, notamment la Cour suprême »*. Absolument, cela tout à fait inévitable, surtout en l'absence d'un dispositif performant de filtrage des requêtes.

contraire à la constitution »[117]. Ailleurs, en Espagne comme en Amérique latine, l'*amparo* donne au particulier le droit de porter un recours devant le Tribunal constitutionnel, en contestation d'une mesure administrative, une décision de justice ou un acte non législatif des Cortès ou d'une Assemblée d'une communauté autonome.

Les droits et libertés fondamentaux étant confortement hissés au niveau de la Constitution, il serait judicieux moins d'en faire un contentieux de la légalité des actes administratifs qui se réduit à vérifier la conformité des actes de l'Administration à la *« loi »* même comprise au sens large, tant et si bien qu'il faille soutenir le débat sur la question.

Sans contredit, le plaidoyer favorable à un juge détenteur de l'entièreté du contentieux des droits et libertés constitutionnels n'est pas une gageure, non point une simple fascination ou un pouvoir de séduction exercé sur notre jugement par le modèle en question. Mais enfin, nous demeurons acquis à la cause d'une rupture de la dualité juridictionnelle qui n'est que préjudiciable à la protection des droits et libertés fondamentaux. Dans l'absolu, on serait en phase avec cette posture d'esprit : *« Concevoir une autonomie des ordres de juridiction en la matière relève d'un non-sens juridique quand bien même le juge judiciaire se croirait-il réellement investi de cette fonction de gardiennage des libertés »*[118].

---

[117] Naturellement, la Cour a été auréolée de succès jurisprudentiel. Mais victime de son activisme, elle a fini par être abreuvée de critiques par la doctrine : *« en fait-elle de trop ? »* (Dandi Gnamou) ; *« trop active »* (Frédéric Joël Aivo) ; *« une fantaisie de plus ? »* (Joseph Djogbénou).

[118] Sidy Alpha Ndiaye, « Le pouvoir judiciaire dans les systèmes d'inspiration civiliste », *Annales africaines*, Vol. 1, Avril 2022, n° 16, p. 136.

TITRE III. - DU PRÉSIDENT DE LA RÉPUBLIQUE

Article 26. - *Le Président de la République est élu au suffrage universel direct et à la majoritaire absolue des suffrages exprimés.*

Article 27. - *La durée du mandat du Président de la République est de cinq (05) ans.*

Nul ne peut exercer plus de deux (02) mandats consécutifs.

Article 28. - *Tout candidat à la Présidence de la République doit être exclusivement de nationalité sénégalaise, jouir de ses droits civils et politiques, être âgé de trente-cinq (35) ans au moins et de soixante-quinze (75) ans au plus le jour du scrutin. Il doit savoir écrire, lire et parler couramment la langue officielle.*

Article 29.- *Les candidatures sont déposées au greffe du Conseil constitutionnel, soixante jours (60) francs au moins et soixante-quinze (75) jours francs au plus avant le premier tour du scrutin.*

Toutefois, en cas de décès d'un candidat, le dépôt de nouvelles candidatures est possible à tout moment et jusqu'à la veille du scrutin.

Dans ce cas, les élections sont reportées à une nouvelle date par le Conseil constitutionnel.

Les candidatures sont présentées par un parti politique ou une coalition de partis politiques légalement constitué ou par une personne indépendante.

Pour être recevable, toute candidature doit être accompagnée de la signature d'électeurs représentant, au minimum, 0,8% et, au maximum, 1% du fichier électoral général. Ces électeurs doivent être domiciliés dans au moins sept (07) régions à raison de deux mille (2 000) au moins par région.

Un électeur ne peut parrainer qu'un candidat.

Les modalités du contrôle des listes de parrainage sont fixées par la loi.

Les candidats indépendants, comme les partis politiques, sont tenus de se conformer à l'article 4 de la Constitution. Chaque parti ou coalition de partis politiques ne peut présenter qu'une seule candidature.

Article 30. *- Trente-cinq (35) jours francs avant le premier tour du scrutin, le Conseil constitutionnel arrête et publie la liste des candidats.*

Les électeurs sont convoqués par décret.

Article 31. *- Le scrutin pour l'élection du Président de la République a lieu quarante-cinq (45) jours francs au plus et trente jours (30) francs au moins avant la date de l'expiration du mandat du Président de la République en fonction.*

Si la Présidence est vacante, par démission, empêchement définitif ou décès, le scrutin aura lieu dans les soixante (60) jours au moins et quatre-vingt-dix (90) jours au plus, après la constatation de la vacance par le Conseil constitutionnel.

Article 32. *- Les Cours et Tribunaux veillent à la régularité de la campagne électorale et à l'égalité des candidats pour l'utilisation des moyens de propagande, dans les conditions déterminées par une loi organique.*

Article 33. *- Le scrutin a lieu un dimanche dans les conditions déterminées par la loi.*

Nul n'est élu au premier tour s'il n'a obtenu la majorité absolue des suffrages exprimés.

Si aucun candidat n'a obtenu la majorité requise, il est procédé à un second tour de scrutin le deuxième dimanche qui suit la décision du Conseil constitutionnel.

Sont admis à se présenter à ce second tour, les deux candidats arrivés en tête au premier tour.

En cas de contestation, le second tour a lieu le deuxième dimanche suivant le jour du prononcé de la décision du Conseil constitutionnel.

Au second tour, la majorité relative suffit pour être élu.

Article 34. *- En cas d'empêchement définitif ou de retrait d'un des deux candidats entre l'arrêt de publication de la liste des candidats et le premier tour, l'élection est poursuivie avec les autres candidats en lice. Le Conseil constitutionnel modifie en conséquence la liste des candidats. La date du scrutin est maintenue.*

En cas de décès, d'empêchement définitif, ou de retrait d'un des deux candidats entre le scrutin du premier tour et la proclamation provisoire des résultats, ou entre cette proclamation provisoire et la proclamation définitive des résultats du premier tour par le Conseil constitutionnel, le candidat suivant dans l'ordre des suffrages est admis à se présenter au second tour.

En cas de décès, d'empêchement définitif ou de retrait d'un des deux candidats entre la proclamation des résultats définitifs du premier tour et le scrutin du deuxième tour, le candidat suivant sur la liste des résultats du premier tour est admis au deuxième tour.

Dans les deux cas précédents, le Conseil constitutionnel constate le décès, l'empêchement définitif ou le retrait et fixe une nouvelle date du scrutin.

En cas de décès, d'empêchement définitif, ou de retrait d'un des deux candidats arrivés en tête selon les résultats provisoires du deuxième tour, et avant la proclamation des résultats définitifs du deuxième tour par le Conseil constitutionnel, le seul candidat restant est déclaré élu.

***Article 35**. - Les Cours et Tribunaux veillent à la régularité du scrutin dans les conditions déterminées par une loi organique.*

La régularité des opérations électorales peut être contestée par l'un des candidats devant le Conseil constitutionnel dans les soixante-douze (72) heures qui suivent la proclamation provisoire des résultats par une commission nationale de recensement des votes instituée par une loi organique.

Si aucune contestation n'a été déposée dans les délais au greffe du Conseil constitutionnel, le Conseil proclame immédiatement les résultats définitifs du scrutin.

En cas de contestation, le Conseil statue sur la réclamation dans les cinq (05) jours francs du dépôt de celle-ci. Sa décision emporte proclamation définitive du scrutin ou annulation de l'élection.

En cas d'annulation, il est procédé à un nouveau tour du scrutin dans les vingt et un (21) jours francs qui suivent.

***Article 36**. - Le Président de la République élu entre en fonction après la proclamation définitive de son élection et l'expiration du mandat de son prédécesseur.*

Le Président de la République en exercice reste en fonction jusqu'à l'installation de son successeur.

Au cas où le Président de la République élu décède, se trouve définitivement empêché ou renonce au bénéfice de son élection avant son entrée en fonction, il est procédé à de nouvelles élections dans les conditions prévues à l'article 31.

Article 37. - *Le Président de la République est installé dans ses fonctions après avoir prêté serment devant le Conseil constitutionnel en séance publique.*

Le serment est prêté dans les termes suivants :

« Devant Dieu et devant la Nation sénégalaise, je jure de remplir fidèlement la charge de Président de la République du Sénégal, d'observer comme de faire observer scrupuleusement les dispositions de la Constitution et des lois, de consacrer toutes mes forces à défendre les institutions constitutionnelles, l'intégrité du territoire et l'indépendance nationale, de ne ménager enfin aucun effort pour la réalisation de l'unité africaine ».

Le Président de la République nouvellement élu fait une déclaration écrite de patrimoine déposée au Conseil constitutionnel qui la rend publique.

Article 38. - *La charge de Président de la République est incompatible avec l'appartenance à toute assemblée élective, Assemblée nationale ou assemblées locales, et avec l'exercice de toute autre fonction, publique ou privée, rémunérée.*

Toutefois, il a la faculté d'exercer des fonctions dans un parti politique ou d'être membre d'académies dans un des domaines du savoir.

Article 39. - *En cas de démission, d'empêchement ou de décès, le Président de la République est suppléé par le Président de l'Assemblée nationale.*

Au cas où celui-ci serait lui-même dans l'un des cas ci-dessus, la suppléance est assurée par l'un des vice-présidents de l'Assemblée nationale dans l'ordre de préséance.

Article 40. - *Pendant la durée de la suppléance, les dispositions des articles 49, 51, 86 et 103 ne sont pas applicables.*

Article 41. - *La démission, l'empêchement ou le décès du Président de la République sont constatés par le Conseil constitutionnel saisi par le Président de la République en cas de démission, par l'autorité appelée à le suppléer en cas d'empêchement ou de décès.*

Il en est de même de la constatation de la démission, de l'empêchement ou du décès du Président de l'Assemblée nationale ou des personnes appelées à le suppléer.

Article 42*. - Le Président de la République est le gardien de la Constitution. Il est le premier Protecteur des Arts et des Lettres du Sénégal.*
Il incarne l'unité nationale.
Il est le garant du fonctionnement régulier des institutions, de l'indépendance nationale et de l'intégrité du territoire.
Il détermine la politique de la Nation.
Il préside le Conseil des Ministres.

Article 43*. - Le Président de la République signe les ordonnances et les décrets.*

Les actes du Président de la République, à l'exception de ceux qu'il accomplit en vertu des articles 45, 46, 47, 48, 49 alinéas 1, 52, 74, 76 alinéas 2, 79, 83, 89 et 90, sont contresignés par le Premier ministre.

Article 44*. - Le Président de la République nomme aux emplois civils.*

Article 45*. - Le Président de la République est responsable de la Défense nationale. Il préside le Conseil supérieur de la Défense nationale et le Conseil national de Sécurité.*

Il est le Chef suprême des Armées ; il nomme à tous les emplois militaires et dispose de la force armée.

Article 46*. - Le Président de la République accrédite les ambassadeurs et les envoyés extraordinaires auprès des puissances étrangères. Les ambassadeurs et les envoyés extraordinaires des puissances étrangères sont accrédités auprès de lui.*

Article 47*. - Le Président de la République a le droit de faire grâce.*

Article 48*. -. - Le Président de la République peut adresser des messages à la Nation.*

Article 49*. - Le Président de la République nomme le Premier ministre et met fin à ses fonctions.*

Sur proposition du Premier ministre, le Président de la République nomme les ministres et secrétaires d'État, fixe leurs attributions et met fin à leurs fonctions.

Article 50*. – Le Président de la République peut déléguer par décret certains pouvoirs au Premier ministre ou aux autres membres du*

Gouvernement, à l'exception des pouvoirs prévus aux articles 42, 46, 47, 49, 51, 52, 72, 73, 89 et 90.

Il peut en outre autoriser le Premier ministre à prendre des décisions par décret.

Article 51.- *Le Président de la République peut, après avoir recueilli l'avis du Président de l'Assemblée nationale et du Conseil constitutionnel, soumettre tout projet de loi constitutionnelle au référendum.*

Il peut, sur proposition du Premier ministre et après avoir recueilli l'avis des autorités indiquées ci-dessus, soumettre tout projet de loi au référendum.

Les Cours et Tribunaux veillent à la régularité des opérations de référendum. Le Conseil constitutionnel en proclame les résultats.

Article 52.- *Lorsque les institutions de la République, l'indépendance de la Nation, l'intégrité du territoire national ou l'exécution des engagements internationaux sont menacées d'une manière grave et immédiate, et que le fonctionnement régulier des pouvoirs publics ou des institutions est interrompu, le Président de la République dispose de pouvoirs exceptionnels.*

Il peut, après en avoir informé la Nation par un message, prendre toute mesure tendant à rétablir le fonctionnement régulier des pouvoirs publics et des institutions et à assurer la sauvegarde de la Nation.

Il ne peut, en vertu des pouvoirs exceptionnels, procéder à une révision constitutionnelle.

L'Assemblée nationale se réunit de plein droit.

Elle est saisie pour ratification, dans les quinze jours de leur promulgation, des mesures de nature législative mises en vigueur par le Président. L'Assemblée peut les amender ou les rejeter à l'occasion du vote de la loi de ratification. Ces mesures deviennent caduques si le projet de loi de ratification n'est pas déposé sur le bureau de l'Assemblée nationale dans ledit délai.

Elle ne peut être dissoute pendant l'exercice des pouvoirs exceptionnels. Lorsque ceux-ci sont exercés après la dissolution de l'Assemblée nationale, la date des scrutins fixée par le décret de dissolution ne peut être reportée, sauf cas de force majeure constaté par le Conseil constitutionnel.

Note n° 4. Le Président de la République, entre suprématie et controverse

La proéminence de la fonction présidentielle se présente comme étant le facteur commun des régimes politiques en Afrique subsaharienne. Cette situation générique s'explique par le mode de sélection politique du Président de la République et la stabilité de l'institution présidentielle.

Depuis l'indépendance du Sénégal, la centralité de l'institution est irréductible, L'expérience de tous les temps a montré que le Chef d'État, Monarque ou Président de la République, rayonne sur toutes les autres institutions politiques, militaires ou culturelles. Cependant, à la faveur du constitutionnalisme contemporain, le Président de la République se trouve partout entre le marteau d'un juge, gardien de la Constitution, et l'enclume d'un peuple, maître de son destin.

1. Une légitimité démocratique

Par l'élection, le peuple se donne les représentants de son choix et donc se gouverne. Admettre cela, c'est bien réaffirmer l'idéal démocratique : *« Nous tenons pour évidentes pour elles-mêmes les vérités suivantes : tous les hommes sont créés égaux ; ils sont doués par le Créateur de certains droits inaliénables ; parmi ces droits se trouvent la vie, la liberté et la recherche du bonheur. Les gouvernements sont établis parmi les hommes pour garantir ces droits, et leur juste pouvoir émane du consentement des gouvernés »*[119].

En système démocratique, le Président de la République est la substance institutionnelle d'une addition de volontés, en vue de produire dans un intervalle de temps un effet de droit[120]. Il doit, pour être légitime, procéder d'une élection aux caractères sincères, libres, honnêtes et transparents. *In fine*, l'élection est un gage de la légitimité qui confère l'institution présidentielle sa splendeur et sa stabilité.

---

[119] Un extrait de la Déclaration d'indépendance du 4 juillet 1776 des États-Unis.

[120] Pierre Avril, Jean Gicquel cités par Meïssa Diakhaté, L*'émergence du droit électoral dans les États de l'Afrique subsaharienne francophone. Les cas du Bénin, du Mali et du Sénégal*, Thèse de doctorat, Université Cheikh Anta Diop, 2012, p. 42.

Jamais dans l'histoire du Sénégal indépendant, la candidature à l'élection présidentielle n'a été libre. Elle a été, à travers les régimes politiques, tributaire des rapports de force entre les politiques, qui sont déterminés par la conjoncture politique. Chaque condition à remplir pour être éligible à la fonction présidentielle correspond à un subterfuge politique dressé dans la Constitution. La candidature à l'élection présidentielle a été toujours politiquement assujettie à une certaine légitimité.

En 1959, la Constitution passait sous silence le Président de la République en tant qu'institution constitutionnelle. Le Président français incarnait l'institution dans le contexte de la Communauté française[121].

Sous l'égide de la Constitution du 24 juin 1959, le scrutin était indirect pour l'élection du Président du Conseil des Ministres, faisant office de *« Chef de l'État »*[122]. L'article 18 de cette première Constitution sénégalaise en dit plus clair : *« (...) Le Président du Conseil est élu par l'Assemblée législative à la majorité des membres composant l'Assemblée. Si, aux deux premiers tours de scrutin, aucun candidat n'obtient la majorité des membres composant l'Assemblée, le troisième tour à lieu à la majorité relative. Les candidatures sont déposées, par les groupes, sur le bureau de l'Assemblée, au plus tard l'avant-veille du jour fixé pour le premier tour de scrutin. Des candidatures nouvelles peuvent être déposées après chaque tour de scrutin. Elles sont remises au Président de l'Assemblée Législative au plus tard, trois heures avant l'ouverture de la séance fixée pour le deuxième ou le troisième tour de scrutin. Lecture est donnée des candidatures en présence avant l'ouverture de chaque tour de scrutin. Les candidats qui ne sont pas membres de l'Assemblée législative doivent remplir les conditions*

[121] Quelques dispositions de la Constitution française du 4 octobre 1958, abrogées, organisèrent les rapports politiques entre la Communauté et ses États membres. Le Président de la République est élu pour sept ans par un collège électoral La participation des États membres de la Communauté au collège électoral du Président de la République est fixée par accord entre la République et les États membres de la Communauté (article 6). Le Président de la République préside et représente la Communauté. Le Conseil exécutif de la Communauté est présidé par le Président de la Communauté. Il est constitué par le Premier Ministre de la République, les chefs du Gouvernement de chacun des États membres de la Communauté et par les ministres chargés, pour la Communauté, des affaires communes (article 80).

[122] La Constitution du 24 janvier 1959, en son article 17, dispose : *« Le Président du Conseil est Chef de l'État. Il préside le Conseil des ministres. Il nomme les ministres, les démet de leurs fonctions et les remplace. Le Président du Conseil détermine et conduit la politique de la République du Sénégal »*.

d'éligibilité fixées pour l'élection des Députés. Les mêmes conditions d'inéligibilité et d'incompatibilité leur sont applicables ».

Entre 1960 et 1962, l'élection présidentielle était le domaine réservé des institutions représentatives : *« Le Président de la République est élu pour sept ans par un collège électoral comprenant, d'une part les membres de l'Assemblée nationale, d'autre part, un délégué par assemblée régionale et un délégué par conseil municipal, réunies en congrès »*[123]. Sous ce prétexte politique, les citoyens, mis à l'écart du processus de vote, ne participaient pas directement à l'élection présidentielle. La volonté populaire s'exprimait indirectement à travers un collègue électoral : une désignation de *« seconde main »*, puis-je dire.

En 1963, tirant les conséquences de la crise institutionnelle du 17 décembre 1962 et émoustillé par le référendum du 28 octobre 1962, le Président Senghor fait inscrire, lors du référendum constitutionnel du 3 mars 1963, le principe du suffrage universel direct dans l'élection du président de la République. Cette inoculation du suffrage universel dans le régime électoral au suffrage universel direct en 1963, une année à la suite de la France en 1962, n'est pas sans impact sur le statut du Président de la République qui devient un *« représentant de la nation »*[124] (légitimation populaire, participation au pouvoir législatif).

Une question délicate qui stimule l'esprit critique du constitutionnaliste jaillit de cette réforme : le Président Senghor avait-il la faveur du droit en recourant au référendum du 3 mars 1963 ? Évidemment que oui, si l'on se réfère à la modification constitutionnelle du 18 décembre 1962 : *« Il est ajouté à la Constitution de la République du Sénégal un article 66 bis ainsi libellé : Par dérogation aux dispositions des articles 25, 53 et 66 de la Constitution fixant les pouvoirs et les attributions du Président du Conseil, le Chef de l'État*[125] *devient Chef de l'Exécutif. Il peut soumettre au référendum un projet de révision constitutionnelle, après avis du*

---

[123] Article 21 de la loi n° 60-045 A.N. du 26 août 1960 portant révision de la Constitution.

[124] Pierre Avril, « Le Président de la République, représentant de la nation », Louis Favoreu, Robert Hertzog, André Roux (dir.), *Constitution et finances publiques. Etudes en l'honneur de Loïc Philip*, Paris, Economica, 2005, p. 31.

[125] Cette expression existait à titre honorifique ; elle était inconnue de la loi n° 60-0545 du 26 août 1960 portant révision de la Constitution, laquelle mentionnait plus exactement celles de *« Président de la République »*.

Président de l'Assemblée nationale, du Conseil des ministres et d'une commission spéciale de l'Assemblée »[126].

Sans cette modification, seuls le Gouvernement et l'Assemblée nationale disposaient de l'initiative de la révision constitutionnelle, dans les conditions définies à l'article 66 de la loi constitutionnelle du 26 août 1960[127]. Le Président ne disposait même pas le droit d'initier une loi ordinaire ou simple, *a fortiori* l'initiative des lois appartenant concurremment au Président du Conseil, en Conseil des ministres, et aux députés de l'Assemblée nationale.

À y regarder de plus près, c'est par une réforme cavalière le lendemain, exactement le 18 décembre que la Constitution est révisée pour trouver une base constitutionnelle à ce qui allait devenir la nouvelle Constitution, concentrant le pouvoir exécutif dans les mains du Président de la République.

L'hypothèse de l'empressement est vérifiée par l'enchaînement éclair des procédures *: « L'Assemblée nationale, après en avoir délibéré, a adopté en sa séance du 18 décembre 1962 à la majorité qualifiée des 3/5 », « Décret n° 62-193/PR du 18 décembre 1962 portant promulgation selon la procédure d'urgence de la loi n° 62-62 portant modification de la Constitution »*. N'est-ce pas là le début d'une centralisation par le Président de la République de tous les pouvoirs exécutifs.

Cette révision de la Constitution, fut-elle motivée par la crise du 17 décembre 1962 ou préméditée pour l'anticiper ?

Notamment au-delà des controverses juridico-politiques (notamment sur la primauté entre le Parti politique et les Institutions de l'État) et des

---

[126] Loi n° 62-62 du 18 décembre 1962 portant modification de la Constitution.

[127] Article 66 de la loi n° 60-045 portant révision de la Constitution : *« L'initiative de la révision constitutionnelle appartient concurremment au Gouvernement et à l'Assemblée nationale. Tout projet de révision présenté par le Président du Conseil doit avoir été approuvé en Conseil des ministres. Toute proposition de révision présentée par les députés doit être signée par un tiers au moins des membres composant l'Assemblée nationale. La révision doit être votée à la majorité des 3/5 des membres composant l'Assemblée nationale. Si la majorité absolue des membres composant l'Assemblée approuve la révision et si les 3/5 des voix ne sont pas obtenues, celle-ci sera soumise au référendum ».*

divergences de vue en matière d'orientions économique et sociale ainsi que des préférences diplomatiques (relation avec la France), les évènements de 1962 sont précipités, au point de vue strictement constitutionnel, par l'affiliation au régime parlementaire français[128] et sa greffe crisogène du bicéphalisme[129]. Toutes ces considérations qui porteraient à croire que le dénouement conflictuel du *« protagonisme »* politico-institutionnel entre Mamadou Dia et Léopold Sédar Senghor était prévisible et inévitable.

La simultanéité des agendas constitutionnels en France et au Sénégal est troublante : organisation du référendum 28 octobre 1962 en France pour consacrer l'élection du Président de la République au suffrage universel direct et survenance des évènements de décembre 1962 au Sénégal qui aboutit au référendum constitutionnel du 3 mars 1963 consacrant aussi la même cause politique. Cela peut légitimement déclencher des suspicions sur la romance politique des évènements de 1962.

Comment pouvons-nous comprendre que cette ingénieure constitutionnelle modélisée et réalisée dans une situation de crise politique opposant le Chef du Gouvernement et le Président de la République sous l'arbitrage de la Gendarmerie chargée de la Sécurité des Institutions et l'Armée appelée à marcher sur Dakar, et que tout cela advienne le 18 décembre 1962, si tôt le lendemain de l'arrestation de Mamadou Dia le 17 décembre 1962[130].

---

[128] Jean-Claude Gautron, Michel Rougevin-Baville, *Droit public du Sénégal*, *op. cit.*, p. 60.

[129] Le Président du Conseil cumulait quasiment toutes les prérogatives constitutionnelles. Les fonctions du Président de la République étaient non seulement étriquées et honorifique : gardien de la Constitution, continuité de la République et le fonctionnement régulier de ses institutions, présidence du Conseil des Ministre, chef des armées ; présidence du conseil supérieur de la Défense, présidence du conseil supérieur de la Magistrature, nomination des magistrats du siège, nominations à de hautes fonctions ou emplois supérieurs, accréditation des ambassadeurs et les envoyés extraordinaires, l'exercice du droit de grâce, promulgation des lois, négociation, ratification ou approbation des engagements, communication avec l'Assemblée nationale par des messages qu'il fait lire, adresse au Peuple de la République, saisine en matière de contrôle de constitutionnalité *a priori* des lois et engagements internationaux, garant de l'indépendance de l'autorité judiciaire (articles 24, 60, 62 de la loi constitutionnelle du 26 août 1960).

[130] Pour un témoignage de haute portée historique, lire Ousmane Camara, *Mémoires d'un juge africain. Itinéraire d'un homme libre*, Dakar-Paris, Karthala-CREPOS, 2010, pp. 122-150.

L'ancien Haut-Commandant de la Gendarmerie nationale, Directeur de la Justice militaire, magnifie la républicaine des Forces de Défense et de Sécurité. Dans un narratif à la hauteur de la réserve propre à un officier général, il revient sur les faits dans sa thèse de doctorat dont j'étais l'un des rapporteurs désignés. Il porte ainsi qu'il suit le témoignage d'une voix autorisée : *« Le 14 décembre 1962, trente-neuf (39) députés déposent une motion de censure contre le gouvernement. Toutefois, le 17 décembre lors du vote de la motion, le Président DIA fait évacuer l'Assemblée nationale par la garde républicaine et la gendarmerie ; 4 députés seront arrêtés. Précisons d'emblée que même durant cette arrestation, le directeur de la gendarmerie de l'époque le lieutenant Ameth Fall a refusé d'exécuter cet ordre sans réquisition ; "c'est le commandant de la garde républicaine, le commandant Tamsir Bâ qui se chargera de l'exécuter". Ce qui était compréhensible puisque la mise en mouvement de cette dernière n'était pas subordonnée à un formalisme préalable. Mais les militaires sénégalais, bien que visiblement divisés, se rangeront finalement du côté de celui que la Constitution a désigné comme leur chef : le Président de la République. Ainsi, les 4 députés seront libérés par les commandos avec le capitaine Pereira ; et le 17 décembre les parachutistes procéderont à l'arrestation du Président du conseil, mettant définitivement fin à 48 heures de crises qui auraient pu, sans la pondération des FDS, plonger le Sénégal dans le chaos »*[131].

Le drame politique était-il prévisible réfléchi au service ? Le scénario ne saurait me rappeler le monologue du chœur dans *Antigone*, par Jean Anouilh : *« Et voilà. Maintenant le ressort est bandé. Cela n'a plus qu'à se dérouler tout seul. (...) On donne le petit coup de pouce pour que cela démarre, rien, un regard pendant une seconde à une fille qui passe et lève les bras dans la rue, une envie d'honneur un beau matin, au réveil, comme de quelque chose qui se mange, une question de trop qu'on se pose un soir... C'est tout. Après, on n'a plus qu'à laisser faire. On est tranquille. Cela roule tout seul ».*

La promulgation de la loi constitutionnelle du 7 mars 1963 inaugure l'ère de l'élection du Président de la République par les citoyens, sans corps intermédiaires. Cet alignement du pouvoir sur la reconnaissance sociale

[131] Cheikh Sène, *L'implication des forces de sécurité et de défense dans le processus de démocratisation de l'État au Sénégal*, Thèse de doctorat (sous la direction du Pr Ismaïla Madior Fall), Université Cheikh Anta Diop, 2019, p. 82. Le jury après en avoir délibéré a élevé le général au prestigieux grade de Docteur en droit.

affermit la stabilité de l'institution présidentielle et, par ricochet, rend plus légitime la figure présidentielle. D'où l'aphorisme gaullien : *« L'élection présidentielle est la rencontre d'un homme »*.

Depuis ce tournant politique, le Président de la République du Sénégal est revêtu d'une légitimité démocratique. À bon droit, les électeurs sénégalais sont régulièrement appelés à voter pour l'élection du Président de la République au suffrage universel direct. Le 24 février 2019, le Sénégal en était à sa 11e élection présidentielle. Tout n'est pas parfait, mais la fierté se lit dans le jugement des observateurs internationaux. Comme c'est le cas dans le rapport de la Mission européenne 2019 : *« Le scrutin s'est déroulé dans le calme et de manière globalement transparente. Il s'est caractérisé par une forte participation des électeurs. Le vote a été évalué positivement par les observateurs. Les procédures ont été généralement respectées dans les bureaux de votes observés, et la compilation des résultats a été effectuée de manière efficace. L'élection s'est néanmoins déroulée dans un climat pré-électoral caractérisé par un manque de confiance dans le processus de la part des candidats de l'opposition et de certains interlocuteurs de la société civile, qui trouve en partie son origine dans des défaillances advenues lors des élections législatives de juillet 2017 ; ce manque de confiance a été accru du fait d'une déclaration en février 2018 du Ministre de l'intérieur, chargé de l'organisation des élections, en faveur de la réélection du Président sortant dès le premier tour. L'élection s'est également déroulée sur fond de désaccord entre forces politiques sur une réforme électorale mettant en place un système de parrainage-citoyen pour tous les candidats. Ce climat a été préjudiciable à la sérénité du processus »*[132].

2. Des prérogatives proéminentes

L'institution présidentielle tire de sa légitimité démocratique des pouvoirs exorbitants.

L'exorbitance des pouvoirs présidentiels représente l'identité remarquable des régimes politiques contemporains dans le monde, en général, et en Afrique, en particulier. Elle se manifeste généralement par l'amplification de l'autorité exercée sur les institutions politiques

---

[132] Union européenne, Mission d'observation électorale Sénégal 2019, *Rapport final. Élection présidentielle 24 février 2019*, *www.eeas.europa.eu*, consulté le 27 février 2023, p. 7.

(Gouvernement Assemblée nationale) et la compagnie judiciaire (présidence du Conseil supérieur de la Magistrature, nomination des membres du Conseil constitutionnel).

Au Sénégal, les prérogatives du Président de la République se sont affirmées dès 1963 et se sont, graduellement, amoncelées au battement des réformes. Il s'en est suivi plusieurs modifications ayant permis *« de passer progressivement d'un système de parti unique à un régime de multipartisme par un amendement constitutionnel promulgué par la loi n° 63/22 du 7 mars 1963 établissant un système présidentiel aux pouvoirs exécutifs renforcés »*[133].

Dans la loi constitutionnelle du 7 mars 1963, l'éventail de prérogatives est ainsi étendu : *« désigner la personnalité chargée de le suppléer, en cas d'empêchement provisoire »* (article 33) ; *« gardien de la Constitution »*, *« détenteur du pouvoir exécutif »*, *"détermine et conduit la politique de la Nation »* (article 36), *« assure l'exécution des lois ; il dispose du pouvoir réglementaire »*, *« assure l'exécution des lois* (article 37) ; *« est le chef de l'Administration et des Armées »*, *« nomme à tous les emplois civils et militaires », « dispose de la force armée »* (article 38) ; *« responsable de la Défense nationale »* (article 39) ; *« accrédite les ambassadeurs et les envoyés extraordinaires »* (article 40) ; *« le droit de faire grâce »* (article 41) ; *« adresser des messages à la Nation »* (article 42) ; *« assisté par des ministres et secrétaires d'État, responsables devant [lui] »* (article 43) ; « *après avis du Président de l'Assemblée nationale et de la Cour suprême, soumettre tout projet de loi au référendum »* (article 46) ; *« peut, après avis du Président de l'Assemblée nationale et de la Cour suprême, soumettre tout projet de loi au référendum » ; « peut, après en avoir informé la Nation par un message, prendre toute mesure tendant à rétablir le fonctionnement régulier des pouvoirs publics et à assurer la sauvegarde de la Nation, à l'exclusion d'une révision constitutionnelle »* (article 47) ; « *le Président de la République et l'Assemblée nationale assisté par la Cour suprême dans le contrôle de l'exécution des lois de finances »* (article 57) ; *« décrète l'état de siège, comme l'état d'urgence »* (article 58) ; *« promulgue les lois »* (article 61) ; *« prend des ordonnances »* (article 66) *; « communique avec l'Assemblée nationale par des messages qu'il prononce ou faire lire... »* (article 68) ; *« l'initiative des lois »* (article 69) ; *« négocie les engagements*

---

133 Fatou Faye Lecor, « Les nouveaux droits dans la constitution du Sénégal », *Discours - Audience solennelle de rentrée des Cours et Tribunaux 2016-2017, op. cit.*, p. 2.

internationaux », « les ratifie ou les approuve » (article 76) ; *« n'est responsable des actes accomplis dans l'exercice de ses fonctions qu'en cas de haute trahison »* (article 87) ; *« l'initiative de la révision de la Constitution »* (article 89) ; *« pourra être abrégée par décret » le mandat de l'Assemblée nationale en fonction »* (article 91).

En plus des prérogatives en partage[134] avec la loi constitutionnelle du 7 mars 1963, la Constitution du 21 janvier 2001 s'enrichit d'avec ces prérogatives : *« le premier Protecteur des Arts et des Lettres du Sénégal »* (article 42) ; « *soumettre tout projet de loi constitutionnelle au référendum* » (article 51).

À l'analyse, on comprendrait la source congénitale de l'exorbitance des prérogatives présidentielles qui, en définitive, est préjudiciable à la séparation et à l'équilibre des pouvoirs.

---

[134] C'est l'exemple de la Circulaire n° 00246/MJ/DACG/MN du 14 janvier 2019 relative à la politique pénale générale de Monsieur le Garde des Sceaux : *« 4.3- La rationalisation des grâces collectives : L'octroi de la grâce est une prérogative constitutionnelle du Président de la République. Il choisit de l'exercer individuellement ou collectivement. Dans ce dernier cas il existe une tradition. A l'occasion des grandes fêtes nationales ou religieuses, les maisons d'arrêt et de correction du pays confectionnent des listes de personnes susceptibles de bénéficier du pardon présidentiel. Avec les limitations légales que comportent les mécanismes d'aménagement des peines, avec notamment leurs régimes d'exclusion ou de restriction, les grâces collectives sont devenues un instrument précieux de politique pénale et de régulation d'une population carcérale de plus en plus importante. Avec cette nouvelle fonction dévolue aux grâces collectives, il est devenu urgent, sans conditionner ni restreindre les prérogatives du Président de la République, de rationaliser la démarche en amont. Il est particulièrement important que les informations pertinentes relatives à la personne proposée à la grâce soient fournies et que l'on s'assure que la peine qui lui est infligée est définitive. Une directive précisera les critères d'inclusion ou d'exclusion ainsi que les autres modalités de confection desdites listes. J'exhorte les Procureurs à participer aux CPCAP qui doivent confectionner les listes des personnes à proposer à la grâce, sous la direction des juges d'application des peines (JAP) ».* En attendant d'accéder à la circulaire prédite, nous pensons que, dans le sens de la doctrine indiquée par la politique pénale générale et les discours officiels, le crime de sang, le trafic de drogue, le vol de bétail et le viol pourraient être écartés de la grâce collective. La durée de la détention devrait aussi entrer en ligne de compte afin de ne point précariser la dignité de l'office du juge et remettre en cause le principe fondamental de la séparation des pouvoirs. En tout état de cause, il convient de retenir que le droit de grâce fait partie des prérogatives constitutionnellement dévolues à la libre appréciation du Chef de l'État, donc sans limitation aucune.

3. Un régime électoral fluctuant

Depuis 1963, le Constituant sénégalais s'est saisi de la limitation des mandats, sans succès. S'il y a une constance, c'est réellement l'inconstance de la durée et du nombre de mandats présidentiels. Si nombreuses, il s'agit des modifications ci-après.

i) Loi n° 63-22 du *7 mars 1963* portant révision de la Constitution : mandant *de 4 ans*, *rééligibilité* illimitée, recevabilité soumise à la signature de *cinquante électeurs dont dix députés au moins* et le *tiers des électeurs inscrits ;*

ii) Loi n° 67-32 du *20 juin 1967* portant révision constitutionnelle : mandat de *5 ans* et le parrainage partisan (*par un parti politique* légalement constitué) ou citoyen (*signature de cinquante électeurs dont dix députés au moins* »[135] ;

iii) Loi n° 70-15 du *26 février 1970* portant révision de la Constitution : mandat de *5 ans* (1967), élection au suffrage universel direct et au *scrutin majoritaire à deux tours*, *rééligibilité qu'une seule fois* comme première limitation des mandats ;

iv) Loi n° 76-01 du *19 mars 1976* portant révision de la Constitution : limitation des partis à trois représentant des *courants de pensée différents*[136] ;

v) Loi n° 76-27 du *6 avril 1976* portant révision constitutionnelle : élection au *suffrage universel direct* et au scrutin *majoritaire à deux tours* (suppression de la limitation des mandats), *suppléance par le Premier ministre en cas d'empêchement* [137] ;

---

[135] La pluralité des candidatures était illusoire dans ce contexte de parti unifié.

[136] Un multipartisme limité à trois partis respectivement représentatifs de l'idéologie libérale et démocratique, socialiste et démocratique, marxiste-léniniste ou communiste (Seydou Madani Sy, « La démocratie multipartisane au Sénégal à la lumière de la révision constitutionnelle de 1976 », *Annales africaines*, 1976, pp. 9-11).

[137] « *L'Opposition et le PDS (Parti démocratique du Sénégal), sa principale force, avaient contesté la mise en œuvre de l'article 35 de la Constitution issu de la révision de 1976 qui faisait du Premier ministre le dauphin constitutionnel. Un procédé qui a finalement légitimité l'accession de Abdou Diouf au pouvoir, à la suite de la démission du Président Léopold Sédar Senghor (chef de l'État de 1960 à 1980). Dans ce contexte bien particulier, la Cour suprême est dénoncée comme complice de la "la forfaiture"* »

vi) Loi n° 78-60 du *28 décembre 1978* modifiant la Constitution : instauration du multipartisme limité à quatre (04) partis[138], contrôle par la Cour suprême de la régularité de campagne électorale et à l'égalité des candidats pour *l'utilisation des moyens de propagande,* restauration du *tiers* des électeurs *inscrits* au premier tour (tiers bloquant), *centralisation des résultats par la Cour suprême* (1978) ;

vii) Loi n° 81-16 du *6 mai 1981* portant révision constitutionnelle : tenue d'un *second tour de scrutin* le *deuxième dimanche*[139] qui suit celui du premier tour (1981) ;

viii) Loi n° 83-55 du *1er mai 1983* portant révision de la Constitution : *multipartisme intégral* avec des partis politiques concourant à l'expression du suffrage[140], *suppression du tiers bloquant* avec l'élection au premier tour à la *majorité absolue* des suffrages exprimés[141], et proclamation et contestation des résultats dans des *cinq* jours *francs* (1983) ;

ix) Loi constitutionnelle n° 91-46 du *6 octobre 1991* : le suffrage direct ou *indirect*, abaissement de l'âge électoral à 18 ans, présentation de la candidature par un *parti politique* légalement constitué ou être

---

(Serigne Diop, « Justice du politique au Sénégal », Jean du Bois de Gaudusson, Gérard Conac, *La justice en Afrique,* La documentation française, 1990, pp. 186-187. Un témoin et acteur de la vie politique sénégalaise utilise l'expression *« l'alternance par la Constitution »* par opposition à, en 2000, *« l'alternance par les urnes »* (El Hadji Ibrahima Ndao, *Sénégal, histoire des conquêtes démocratiques*, Dakar, NEAS, 2016, pp. 381 et 441).

[138] Max Gounelle, « Les effets pervers du multipartisme constitutionnellement limité », *Penant*, n° 774, Octobre-Décembre 1981, pp. 46-52.

[139] L'objet de la modification de l'article 28 est d'allonger le délai entre les 2 tours de scrutin pour l'élection du Président de la République. Le délai séparant les 2 tours est allongé pour prévenir les conséquences d'un éventuel ballottage. Entre, les nouvelles de l'article 29, permettent aux candidats d'exercer un recours contre les opérations du premier tour.

[140] Le présent projet de loi constitutionnelle institue donc un régime de multipartisme total pour permettre à tous les courants politiques d'exercer leurs activités dans le cadre de la légalité, sans obligation de se réclamer nécessairement d'une idéologie définie a priori par le législateur.

[141] Il s'agit de supprimer la condition selon laquelle nul ne peut être élu au premier tour s'il n'a obtenu les suffrages du tiers des électeurs inscrits. Cette disposition très inhabituelle pour l'élection présidentielle risque d'encourager l'abstentionnisme au premier tour et d'affaiblir l'autorité du Président de la République contraint à subir un second tour bien qu'il ait obtenu la majorité absolue des suffrages au premier tour.

accompagnée de la *signature d'électeurs représentant au moins dix mille inscrits domiciliés dans six régions à raison de cinq cents au moins par région ; restauration de la limitation des mandats avec la* rééligibilité qu'une seule fois ; consécration de la notion de "coalition"[142] *majorité absolue* des suffrages exprimés représentant au moins le *quart* des électeurs *inscrits* ; *proclamation provisoire* des résultats par la *Commission nationale de Recensement des Votes*[143] (1991)[144] ;

x) Loi n° 92-14 du *15 janvier 1992* portant révision de la Constitution : candidat *exclusivement* de *nationalité sénégalaise* ;

xi) Loi n° 92-22 du 30 mai 1992 portant révision de la Constitution : compétence du *Conseil constitutionnel* en matière d'élection présidentielle (1992) ;

xii) Loi n° 98-43 du *10 octobre 1998* portant révision des articles 21 et 28 de la Constitution : réintroduction du nombre de mandats illimité ;

xiii) Loi n° 2001-03 du *22 janvier 2001* portant Constitution : appel à l'orthodoxie démocratique un mandat *cinq ans renouvelable une seule fois (une disposition révisable seulement par voie référendaire)*, candidat exclusivement de nationalité sénégalaise, exigence de *savoir écrire, lire et parler couramment la langue officielle*, candidature présentée par un parti politique ou une coalition de partis politiques légalement constitués ou être accompagnée de la signature d'électeurs représentant au moins dix mille inscrits domiciliés dans six régions à raison de cinq cents au moins par région ; au premier tour s'il n'a obtenu la *majorité absolue* des suffrages exprimés représentant au moins le *quart* des électeurs *inscrits* appelé quart bloquant ; *déclaration écrite de patrimoine* du Président de la République nouvellement élu déposée au Conseil constitutionnel qui la rend *publique*,

---

[142] Une nouveauté qui s'empare de la réalité du jeu électoral animé par la formation de coalitions, seule issue dans un univers de libération politique absolue (multipartisme).

[143] Il est opéré une disjonction de la fonction de recensement et celle du contentieux.

[144] Cette loi constitutionnelle s'inspire des travaux de la Commission nationale de Réforme du Code électoral.

ivx) Loi n° 2006-37 du *15 novembre 2006* : vote des *corps militaires et paramilitaires*[145], *majorité absolue* des *suffrages exprimés*[146] pour être élu au premier tour ;

xv) Loi constitutionnelle n° 2008-66 du *21 octobre 2008* : extension du mandat à 7 ans, en déconnexion avec le nombre de mandats, sans effet rétroactif ;

xvi) Loi constitutionnelle n° 2009-22 du 19 juin 2009 instituant un poste de Vice-président de la République[147], nommé par *décret* (ce poste sera supprimé au lendemain de la seconde alternance par la loi n° 2012-16 du 28 septembre 2012 portant révision de la Constitution)[148].

---

[145] Comme suite au cantonnement géographique de l'armée dans les casernes et au cantonnement juridique par l'affirmation du principe de sa subordination au pouvoir civil, les membres des forces de défense nationale et de sécurité publique sont traditionnellement privés de leur droit de vote, les condamnant de droit à faire figure de citoyens à part. Au Sénégal, c'est depuis la crise au sommet de l'État en 1962, entre le Président de la République, Léopold Sédar Senghor, et le Président du Conseil des Ministres, Mamadou Dia, que l'armée sénégalaise ayant souffert du malaise politique est éloignée du spectre des divisions politiques et des querelles partisanes. Il était désormais interdit aux militaires de participer aux opérations électorales. A la suite de la première Alternance démocratique, le renforcement de l'institutionnalisation du pouvoir consécutif a motivé l'élargissement du droit de vote à cette catégorie de citoyens. Les soupçons étant levés, les militaires recouvrent un droit fondamental en soi et indispensable à la plénitude de leur existence citoyenne car étant une des clefs de l'épanouissement des autres droits attachés à la personne humaine. Par cette loi constitutionnelle n° 2006-37 du 15 novembre 2006, les membres des corps militaires et paramilitaires recouvre leur droit de vote, exclusivement, pour l'élection présidentielle. Cependant, la prise en compte des impératifs de sécurité fait que ce vote s'effectue avant le scrutin général et sur plusieurs jours. Meïssa Diakhaté, L*'émergence du droit électoral dans les États de l'Afrique subsaharienne francophone. Les cas du Bénin, du Mali et du Sénégal*, *op. cit.*, 171.

[146] Le constituant venait de se rendre à l'évidente vérité que l'exigence d'un quart (1/4) des inscrits communément appelé ¼ bloquant en plus de la majorité absolue des votants pour l'élection du Président de la République au premier tour. Par conséquent, le choix des électeurs votants ne devrait pas être corrompus par l'abstention d'autres citoyens abstentionnistes.

[147] JORS du 6475 du 19 juin 2009, p. 651.

[148] On assiste à la résurgence du poste de vice-président en Afrique dans certains régimes dits présidentiels consacrant la nomination du Vice-président par le Président de la République, notamment la Côte d'Ivoire et le Bénin. Il s'agit d'une nouvelle variante différente de celle des régimes anglophones (comme c'est le cas au Nigéria) caractérisés par une dyarchie fondée sur l'élection du Vice-président en même temps que l'élection

xvii) Loi constitutionnelle n° 2016-10 du *05 avril 2016* : participation des *candidats indépendants à tous les types d'élection*, plafonnement de l'âge à *75 ans* ; retour au mandat de *5 ans*, interdiction absolue d'*exercer plus de deux mandats consécutifs* (2016) ;

xviii) Loi constitutionnelle n° 2018-14 du 11 mai 2018 portant révision de la Constitution : institution du parrainage des citoyens inscrits sur les listes électorales, à raison de, *au minimum, 0,8% et, au maximum, 1% du fichier électoral général*, électeurs *domiciliés* dans au moins *sept régions* à raison de *deux mille au moins par région.*

Les pouvoirs publics ont réalisé, entre 1960 à 2018, la prouesse de réviser, de façon aussi intempestive, les dispositions constitutionnelles relatives à l'élection du Président de la République. Celles-ci ont valsé plus que les trois régimes (Parti socialiste, Parti démocratique sénégalais, Alliance pour la République) qui se sont succédé aux commandes de la République.

On peut objecter en mettant en avant la fonction anticipative des crises politiques par l'ajustement permanent du régime électoral. En toile de fond, il pourrait être encore une exception de la démocratie sénégalaise qui a le génie de résoudre des problèmes politiques, non pas par des méthodes fatales à la démocratie, notamment le coup d'État militaire ou le soulèvement populaire très en vogue dans la sous-région ouest-africaine.

Il est donné à l'esprit citoyen d'en tirer l'évidente conclusion : une sorte d'acharnement du politique s'abat sur les conditions d'éligibilité du Président de la République. À la veille de chaque élection des dispositions dirimantes viennent rétrécir l'accès à la candidature, une manière démocratisée de *« neutraliser l'élection par les procédures »*[149]. À la limite, les modifications intempestives en font de précieux instruments de conservation du pouvoir aux mains des Présidents en fonction. Par des procédures démocratiques (référendum constitutionnel, parlement constituant), ils parviennent à parsemer le terrain politique

du Président de la République (Luc Sindjoun, *Les grandes décisions de la justice constitutionnelle africaine*, Bruxelles, Bruylant, 2009, p. 88).

[149] Ibrahima Silla, « Neutraliser l'opposition. L'économie présidentielle de la neutralisation politique », *Annales africaines,* Volume 2, Décembre 2020, n° 13, p. 198.

d'obstacles juridiques. Le droit deviendrait une arme ambivalente : il sert à combattre l'arbitraire, tout en étant au service de la politique.

N'était-il pas illusoire de soumettre la recevabilité de la candidature conditionnée à la signature de *cinquante électeurs dont dix députés au moins* dans un contexte de parti dominant ou unifié en 1963 ou un *parti politique* légalement constitué au moment où les partis d'opposition représentatifs s'activaient dans la clandestinité[150] ? Quelles étaient les intentions qui animent, depuis 1992, l'impératif d'être *« exclusivement de nationalité sénégalaise »*, pour accéder aux hautes fonctions régaliennes, sans distinguer la double nationalité et la bi-nationalité dans une compétition censée intéresser des Sénégalais qui, par les circonstances de leur naissance ou les contraintes de leur profession, ont acquis une autre nationalité ?[151]

Qu'est-ce qui justifie dans un système où le vote n'est pas obligatoire, pour être admis au second tour, l'instauration et la suppression alternative du tiers des élections inscrits ou tiers bloquants (en 1963 et en 1981) ou du quart des électeurs inscrits ou quart bloquant (en 1991 et en 2001) ? Inversement, pourquoi ne fallait-il pas, en considération de la maturité

---

[150] Ismaïla Madior Fall, *Les élections présidentielles au Sénégal*, L'Harmattan-Sénégal, 2018, pp. 63-73

[151] *« Le Sénégalais fils d'émigrés doit d'abord renoncer à la nationalité française pour être candidat. S'il échoue, ses chances étant minimes, il aura perdu sa nationalité française qui lui était très utile. Autrement dit la loi actuelle est plus exigeante pour le Sénégalais de l'extérieur que pour le Sénégalais de l'intérieur et c'est là que réside la discrimination qui, pourtant, est interdite par notre Constitution. Il y a une autre injustice. Personne ne peut prouver qu'il est de nationalité exclusivement sénégalaise car cela supposerait que l'on apportât la preuve qu'on n'a aucune autre nationalité, donc présenter autant de documents de sa nationalité qu'il y a d'États membres des Nations-Unies, ce qui est impossible. Le terme « exclusivement » introduit une impossibilité car si on peut prouver qu'on n'est pas français, belge ou autre, on ne peut pas prouver qu'on est exclusivement belge, allemand, sénégalais ou français. Pour lever cette discrimination, le Professeur Serigne Babacar Guèye propose de distinguer entre l'admissibilité à la candidature qui devrait se limiter à exiger la preuve de la nationalité sénégalaise et l'installation aux fonctions de Président de la République, un étranger ne pouvant pas être Président de la République du Sénégal ».* Contribution de presse de Me Abdoulaye Wade, Agrégé des Faculté de Droit et des Sciences Economiques, Paris, Ancien Doyen de la Faculté de Droit et des Sciences Economiques de l'Université de Dakar, Sénégal.

électorale des citoyens sénégalais toujours disposés à accomplir leurs devoirs de vote, requalifier le projet de réforme du quart bloquant ? [152]

Quel est le sens de la limitation de l'âge d'éligibilité compris entre la borne inférieure de 35 ans et la borne supérieure de 75 ans ? Les citoyens qui en sont exclus n'ont-ils pas le droit de devenir Président de la République en deçà ou au-delà ? Cette politique électorale s'avère rédhibitoire à une participation souhaitée de la jeunesse et de la gérontocratie dans la gouvernance de l'État. Sans comparer pour prétendre convaincre, c'est à l'âge de 78 que Joseph Robinette Biden, Jr, qui répond familièrement au nom de Joe Biden, est promu chef de l'Exécutif des États-Unis, une puissance économique et militaire sans commune mesure.

Enfin, qu'en est-il du système de parrainage citoyen ? Ce système de filtrage, institué en 2018 et appliqué à la présidentielle de 2019, répond sans doute à des nécessités démocratiques ou *« des finalités vertueuses »*[153]. Un candidat à l'élection présidentielle est obligé de cumuler la représentativité numérique (atteindre, au minimum, 0,8% et, au maximum, 1% du fichier électoral général) et la représentativité nationale (être parrainé dans au moins 7 régions à raison de 2 000 *« électeurs »*[154] au moins par région). Ce système a été plus favorable à l'appréciation de la plus haute autorité plus que les recommandations expertes, à savoir *« rendre plus corset la création des partis politiques avec l'exigence d'un nombre déterminé de signatures pour assurer la représentativité et le paiement de droit d'enregistrement ; Obligation pour le parti politique de disposer d'un local approprié devant servir exclusivement de siège et d'un compte bancaire pour les besoins du contrôle financier ; Participation obligatoire aux élections, seuls ou en*

---

[152] L'ardeur des manifestants a eu raison du projet de loi soumis à l'examen de l'Assemblée nationale qui visait à abaisser à 25% le seuil minimum des voix nécessaires au premier tour pour être élu en *« ticket présidentiel »* (composé d'un président et d'un vice-président). Certains acteurs politiques avaient qualifié la réforme de quart réellement débloquant pour ne plus hypothéquer le premier tour par des électeurs abstentionnistes dans un régime de vote facultatif. A rebours, d'autres avait jugé le *« procédé pernicieux »* et le *« projet déstabilisateur »* Maître Mamadou Diop, *Propos d'un député : Réflexion sur le fonctionnement de l'État sous le régime de l'alternance*, Dakar, Clairafrique, 2012, p. 95 et p. 98.

[153] Ahmzat Gounou Kora, « Le parrainage électoral en Afrique noire francophone », *Annales Africaines, Nouvelle Série*, Volume 2, 2022, n° 17, p. 98.

[154] Le parrain doit figurer sur le registre électoral national et ne parrainer qu'un candidat.

coalition, pour les partis ; Instauration du financement public direct des partis politiques, avec des critères d'éligibilité basés sur la représentativité et l'élargissement de la fonction de contrôle financier des partis politiques à la Cour des Comptes ; Plafonnement des dépenses pour les campagnes électorales ; Adoption du statut de l'Opposition, avec désignation du chef de l'opposition »[155].

La configuration actuelle du système de parrainage[156] n'est-elle pas éliminatoire surtout pour les partis politiques en panne de popularité et sans envergure nationale ? D'une part, elle réalise l'effectivité de cette disposition de l'article 4 de la Constitution : *« Les partis politiques et coalitions de partis politiques, de même que les candidats indépendants, sont tenus de respecter la Constitution ainsi que les principes de la souveraineté nationale et de la démocratie. Il leur est interdit de s'identifier à une race, à une ethnie, à un sexe, à une religion, à une secte, à une langue ou à une partie du territoire »*. D'autre part, elle sert à purger la campagne électorale et le scrutin de candidatures fantaisistes. Lors de l'élection précédente, en 2012, sur les 14 candidats, les 7 soit la moitié, n'ont pas atteint la barre d'un 1% des suffrages exprimés au premier tour (cheikh Tidiane Gadio 0,98%, Mor Dieng 0,42%, Djibril Ngom 0,38%, Oumar Khasimou Dia 0,24%, Amsatou Sow Sidibé 0,19%, Doudou Ndoye 0,7%, Diouma Dieng Diakhaté 0,12%). Les meilleurs mauvais scores réalisés par Ibrahima Fall 1,81% et cheikh Bamba Dièye 1,93%. On penserait élection olympique : *« Le plus important aux jeux Olympiques n'est pas de gagner mais de participer, car l'important dans la vie ce n'est point le triomphe mais le combat ; l'essentiel, ce n'est pas d'avoir vaincu mais de s'être bien battu »*[157].

À l'épreuve de la pratique, le système de parrainage apporte-t-il un *bonus* ou un *malus* à la démocratie sénégalaise ? À ce propos, il est important aussi de questionner sous plusieurs angles *« la pertinence limitée du*

---

[155] Mouhamadou Moustapha Thioune, « La rationalisation des partis politiques au Sénégal », *in* Mamadou Badji, El Hadji Omar Diop, *Administrer la justice, Transcender les frontières... op. cit.*, p. 703.

[156] El hadji Omar Diop, *La candidature à l'élection présidentielle en Afrique*, Dakar, OVIPA/CREDILA, 2022, 441 p.

[157] Pierre de Coubertin à l'occasion d'une allocution durant les Jeux de Stockholm, en 1912.

dispositif de parrainage »[158] : l'accessibilité du fichier électoral général aux partis politiques, le traitement des doublons externes[159] simplement favorisés par l'ordre de passage au moment du dépôt des parrainages et la sécurisation au moment du stockage des données personnelles des électeurs par des associations politiques ?[160]

L'entrée en scène de la Cour de Justice de la Communauté des États de l'Afrique de l'Ouest (CEDEAO) siégeant à Abuja (Nigéria) a amplifié la polémique autour du système de parrainage. La Cour ne venait-elle pas de se suicider ?[161] Cette question mérite d'être posée car, chaque fois qu'elle compromet la souveraineté des États membres sur les questions éminemment politiques, la Cour de Justice de la CEDEAO, comme la Cour africaine des Droits de l'Homme et des Peuples, est véhément désavouée par l'État mis en cause. Le bien vouloir des juges internationaux africains de dialoguer avec les juges constitutionnels nationaux se transforme en mésintelligence juridique.

À la chute de Blaise Compaoré, le Burkina Faso s'est mis frontalement en désaccord avec la Cour de Justice de la Communauté économique des États de l'Afrique de l'Ouest (Arrêt de la Cour de justice de la CEDEAO du 13 juillet2015, *CDP et autres c/ l'État du Burkina*) sur la participation du parti de ce dernier aux élections[162]. La réalité de l'articulation des

---

158 Mamadou Moustapha Aïdara, « Election présidentielle et parrainage au Sénégal », Oumarou Narey (dir.), *L'Election présidentielle*, L'Harmattan-Sénégal, 2020, pp. 164-169.

159 Le doublon est dit externe lorsqu'un électeur figure simultanément dans deux listes différentes de parrainage. Ce parrainage externe est comptabilisé au profit de la liste déposée en premier lieu. Un doublon par contre dit interne quand un électeur figure deux fois dans la même liste (parrainer deux fois un même candidat ; dans ce cas un seul parrainage est valablement comptabilisé alors que l'autre parrainage est simplement écarté, parce que considéré comme manifestement surabondant.

160 Le pilotage du fichier électoral, support du dispositif de parrainage, a également soulevé des griefs : *« Le fichier a toujours constitué un point nodal de divergences entre le pouvoir et l'opposition. Sa mise en place, son gonflement artificiel, les transferts massifs d'électeurs, les révisions bâclées, les incohérences de tout ordre, le sort réservé aux primo votants sont autant de manquements que les recommandations des divers audits n'ont pas ignorés. »* (Boubacar Camara, *Construire le Sénégal du futur*, L'Harmattan-Sénégal, 2022, p. 210).

161 Ainsi s'exclamait Gaston Monnerville à propos de la décision du Conseil constitutionnel français 20 DC du 6 novembre 1962, *Loi référendaire*.

162 En perspective des échéances électorales, le Conseil national de Transition (CNT), organe législatif de la transition, avait modifié le Code électoral dans ce sens : *« Sont inéligibles comme président du Faso, « toutes les personnes ayant soutenu un*

ordres juridiques national et communautaire a donné lieu à cette lecture très instructive : *« L'intervention du juge international ou régional dans l'exercice du droit de participer aux élections pose un problème de légitimité. Les élections constituant un mode de désignation des gouvernants, elles intéressent l'organisation constitutionnelle des États, un des domaines de leur souveraineté. Les constitutions et les lois électorales attribuent le contentieux électoral aux juridictions constitutionnelles pour les élections nationales (présidentielle, législatives et référendaire) et aux juridictions administratives pour les élections locales. C'est ce qui explique sans doute l'appel de la Cour de justice à un dialogue des juges. Cet appel fut décliné ou ignoré par le juge constitutionnel burkinabé »*[163].

La réaction de l'État béninois à l'égard de la Cour de Justice de l'Union économique et monétaire ouest-africaine (CJ-UEMOA) siégeant à Ouagadougou (Burkina Faso) et celle de l'État ivoirien vis-à-vis de Cour de Justice de la Communauté économique des États de l'Afrique de l'Ouest (CEDEAO) ne sont pas, non plus, diplomatiquement conviviales. Sa Cour constitutionnelle a substantiellement jugé, dans une décision intervenue le 30 avril 2020 que *« l'amendement normatif ainsi intervenu, substantiel et modificatif des lois internes de l'État en ce qu'il étend le champ d'abdication par l'État de sa souveraineté ne peut être ratifié et, par suite engager l'État béninois que sur autorisation de l'Assemblée nationale, promulguée et publiée au journal officiel dans les mêmes termes et suivant les formes que le Protocole amendé »*. L'exemple de la Côte d'Ivoire en discorde avec la Cour africaine des Droits de l'Homme et des Peuples en est également patent[164]. Ces États en avaient-ils le droit

---

changement anticonstitutionnel qui porte atteinte au principe de l'alternance démocratique, notamment au principe de la limitation du nombre de mandats présidentiels ayant conduit à une insurrection ou toute autre forme de soulèvement ».

[163] Yakouba Ouédraogo, « Retour sur une décision controversée : l'arrêt de la Cour de justice de la CEDEAO du 13 juillet 2015, *CDP et autres c/ État du Burkina », Les Annales du Droit*, 10-2016, p. 202.

[164] L'arrêt de la Cour africaine rendu le 22 avril ordonnait la suspension du mandat d'arrêt contre Guillaume Soro et la remise en liberté provisoire de ses 19 partisans. La Cour avait notamment estimé qu'à six mois de la présidentielle, « *l'exécution des mandats d'arrêt et de dépôt contre des personnalités politiques [...] risque de compromettre gravement l'exercice des libertés et droits politiques des requérants* ». La décision ainsi rendue est lourde de conséquence : *« Dans une lettre datée du 28 avril 2020, le ministre ivoirien des Affaires étrangères informait la Cour africaine des droits de l'homme et des peuples (...) de la ferme décision de l'État de Côte d'Ivoire de retirer sa déclaration facultative d'acceptation de sa juridiction* (Koffi Kouame et Elisée

de répliquer aussi sismiquement ? La réalité est que, quelle que soit l'autorité proclamée du droit international, la souveraineté des États s'exprimera toujours sur fond de nécessités politiques internes.

Ce qui est le cas dans l'arrêt ECW/CCJ/JUD/10/21 du 28 avril 2021, *l'Union sociale libérale (USL) contre l'État du Sénégal*[165] par lequel la Cour d'Abuja semble ignorer le tracé marquant les limites de sa compétence. Dans cet arrêt elle déclare : *« La loi n° 2018-22 du 04 février 2018 n'a pas un caractère discriminatoire ; Dit par ailleurs que cette loi ne viole pas le statut des partis politiques ; Dit cependant que le Code électoral sénégalais, tel que modifié par la loi n° 2018-22 du 04 février 2018 viole le droit de libre participation aux élections ; Ordonne en conséquence l'État du Sénégal de lever tous les obstacles à une libre participation aux élections consécutifs à cette modification par la suppression du système de parrainage électoral. Lui impartit un délai de six (06) mois à compter de la notification qui lui en sera faite pour soumettre à la Cour un rapport concernant l'exécution de la présente décision* ». Ainsi prononcée, une telle décision se montre généralement contre-productive.

Les saisines successives des Hautes juridictions nationales n'ont pas pu prospérer dans le sens de faire prévaloir la suprématie du droit communautaire sur le droit national.

L'USL dispose-t-elle de voies de droit pour contraindre l'État sénégalais à aligner son code électoral sur les préconisations injonctives de la Cour de Justice de la CEDEAO ? Elle en a au moins deux, mais toutes sont probablement inopérantes. La première possibilité consiste à saisir, à

Judicaël Tieh « Le Civexit ou le retrait par la Côte d'Ivoire de sa déclaration d'acceptation de la compétence de la Cour africaine des droits de l'homme et des peuples : un pas en avant, deux pas en arrière » *Revue des droits de l'homme*, n° 21-2022, p. 1).

[165] Dans les conditions fixées par la loi *« ni les parrains ni les partis politiques n'avaient le moindre contrôle sur la validité des signatures et sur leur contrôle a posteriori par le Conseil constitutionnel. En conséquence, de pareils instrument étaient assimilables à une restriction à caractère vague et expéditif violant le protocole de la CEDEAO ainsi que la Déclaration universelle des droits de l'homme ou encore le Pacte sur les droits civils et politiques – des instruments qui établissent le principe de libre participation aux élections et garantissent que ces dernières doivent être sincères, transparentes et loyales »* (Me Abdoulaye Tine « Interview », *Jeune Afrique* n° 3040 du 14 au 20 avril 2019).

nouveau, la Cour de Justice de la CEDEAO aux fins de l'exécution par l'État sénégalais de l'arrêt du 28 avril 2021 lui intimant l'ordre de supprimer le système de parrainage. Dans le cas d'espèce impliquant l'État du Sénégal, la CEDEOA aura également les moyens politiques d'activer le mécanisme du recours en manquement[166] contre l'État sénégalais dans l'affaire le mettant en mésentente avec l'Union sociale libérale (USL). Si oui, cette action devant la Cour de Justice aura-t-elle des chances de succès ? La réponse négative est probablement envisageable, si l'on se réfère à la frilosité de la Cour à s'engager dans cette voie hasardeuse. Pour ne citer que l'arrêt n° ECW/CJ/JUD/29/16 du 06 décembre 2016, elle fait savoir aux requérants que *« (...) La Cour n'a pas reçu pour compétence de procéder ou faire procéder à l'exécution des arrêts qu'il rend »* et *« qu'il y a lieu pour elle de se déclarer incompétence pour connaître de cette requête »*. Ces requérants priaient la Cour de faire procéder à l'exécution de son arrêt N° ECW/CJ/JUD/07/13 du 03 juillet 2013[167], par l'État du Togo. Aux termes de l'article 24.2 du Protocole additionnel A/SP.1/01/05 du 9 janvier 2005, rappelle la Cour, *« l'exécution forcée (...) est régie par les règles de procédure civile en vigueur dans ledit État membre »*. Cette disposition peut être interprétée comme pouvant s'appliquer aux droits subjectifs violés par un État membre et à la révision par un État de son droit régissant les règles de dévolution démocratique du pouvoir. Ce qui apparaît dans l'arrêt rendu contre le Sénégal à propos du parrainage dans lequel la Cour d'Abuja semble déborder les limites de sa compétence. Nous comprenons sa bonne volonté de prêcher la bonne parole démocratique mais les États sont, pour l'instant, peu accueillants à

---

166 Saïdou Nourou Tall, *Droit du contentieux international africain*, Dakar, L'Harmattan-Sénégal, 2018, p. 226.

167 Dans l'arrêt N° ECW/CJ/JUD/07/13 du 03 juillet 2013, la Cour de Justice de la CEDEAO, saisie par les requérants relativement à des violations massives des droits de l'homme pendant, avant et après la période de l'élection présidentielle de 2005 au Togo, a dit en substance *« que leur demande aux fins de constatations de la violation du droit à la vie, à la sûreté de la personne humaine et des actes de torture résultant des actes de violence, droits consacrés par les articles 4 et 5 de la Charte africaine des Droits de l'Homme, est en l'état prématurée et non recevable (..) que (...), elle a ordonné l'État togolais d'inviter les juridictions nationales à instruire instamment les plaintes des requérants de façon à rendre effectif leur droit consacré par l'article 7. 1 (d) de la charte. Que depuis le prononcé de ladite décision l'État togolais n'a pas daigné s'exécuter »*.

l'égard de certains préceptes qui peuvent porter atteinte à leur foi en la souveraineté souveraine.

La seconde possibilité suppose que le requérant introduise un recours[168] contre l'État du Sénégal[169] devant l'autorité compétente de la Communauté pour un manquement à ses obligations. *« Constituent des obligations pour les États membres, l'application et le respect des Actes de la Conférence et du Conseil des Ministres que sont le Traité de la CEDEAO, les Conventions, les Protocoles et Actes Additionnels, les Règlements, les Décisions et les Directives de la Communauté, "ainsi que des décisions de la Cour de Justice de la Communauté" »*[170]. Les sanctions peuvent être de deux ordres : des sanctions judiciaires prononcées par la Cour de Justice de la CEDEAO ou des sanctions politiques (la suspension de l'octroi de tout nouveau prêt ou de toute nouvelle assistance par la Communauté ; la suspension de décaissement pour tous les prêts, pour tous les projets ou les programmes d'assistance communautaires en cours ; le rejet de la présentation de candidature au poste statutaire et professionnel ; la suspension du droit de vote ; la suspension de la participation aux activités de la Communauté, etc.). Le non-respect ou de la non-application par un État membre de ses obligations peut être dénoncée par toute personne physique ou morale d'un État membre, toute institution de la Communauté, tout État membre ou constaté par le Conseil des Ministres ou la Conférence des Chefs d'État et de Gouvernement. Le Président de la Commission doit notifier la dénonciation à l'État membre en cause, lui accorde un délai de trente jours pour honorer des obligations ou présenter ses observations en défense et fait rapport au moyen d'un mémorandum adressé au Conseil des Ministres. Le cas échéant, la Conférence des Chefs d'État et de Gouvernement a la charge de prononcer la sanction appropriée.

---

[168] *« Tout refus ou résistance d'un État face à une exécution d'une décision de la Cour rendue à son encontre dans le cadre d'une violation des droits de l'homme, constitue un manquement à une obligation découlant du Traité et d'autres normes régissant la CEDEAO et l'expose à des sanctions judiciaires et politiques telles que prévues par les articles 5 à 21 de l'acte additionnel A/SA en date du 13 février 2012 portant régime des sanctions à l'encontre des États membres de ladite Communauté ».*

[169] Protocole additionnel (A/SP. 1/01/05) portant amendement du protocole (A/P1/7/91) relatif à la Cour de Justice de la CEDEAO, article 9. 1(d).

[170] Article premier de l'Acte Additionnel A/S.A. 13/02/12 portant régime des sanctions à l'encontre des États membres qui n'honorent pas leurs obligations vis-à-vis de la CEDEAO)

La soumission du Président de la Commission à l'autorité de la Conférence des Chefs d'État et Gouvernement[171] et la nature politique de ses fonctions amenuisent l'éventualité d'un dénouement réussi de l'affaire, notamment en matière de la législation électorale, expression d'une volonté souveraine des États membres[172].

Un praticien chevronné du droit communautaire ouest-africain fait constater que *« les voies d'exécution ainsi envisagées semblent inefficaces en matière de violations des droits de l'homme, au moins pour deux raisons. D'abord, les dispositions ne s'appliquent qu'aux condamnations comportant une obligation pécuniaire, alors que très souvent la Cour prononce contre les États des sentences assorties d'une obligation de faire ou de ne pas faire. Ensuite, le protocole renvoie au droit interne pour déterminer le régime d'exécution forcée des arrêts de la Cour, alors qu'il n'existe pas de voie d'exécution forcée contre les États. Il s'ensuit que l'exécution par les États des décisions de condamnation prononcées à leur encontre ne dépendra que de leur bonne volonté. À l'épreuve de la pratique, il est apparu que les sanctions politiques et économiques préconisées ne sont pas suffisamment mises en œuvre »*[173].

Toutes ces difficultés ne sauraient échapper pas au requérant, juriste internationaliste, qui est logiquement d'avis que *« la question, aujourd'hui, n'est pas juridique : c'est une question politique, portant sur l'application des décisions de la Cour »*[174]. Elles expliqueraient, pour

---

[171] Le consensus reste l'empreinte tenace de l'interétatisme : *« Tout comme le principe d'unanimité qui pour sa part intègre le vote, le consensus semble être le procédé le plus apte à ménager les souverainetés étatiques »* (Moustapha Diouf, *La CEDEAO, entre interétatisme et supranationalité*, Dakar, CREDILA, 2016, p. 146).

[172] Cette voie est en train d'être explorée par lettre portant *« dénonciation et demande de sanctions contre les dirigeants de la République du Sénégal pour manquement aux obligations communautaires : violation grave des droits humains, maintien d'une législation antidémocratique »,* adressé par l'Union sociale libérale à Son Excellence, Monsieur S.E. Jean Claude Kassi BROU, Président de la Commission de la Communauté des États de l'Afrique de l'Ouest (CEDEAO).

[173] Idrissa Sow, *La fonction judiciaire dans les systèmes communautaires de l'UEMOA et de la CEDEAO*, L'Harmattan-Sénégal, 2021, pp. 285-286.

[174] Me Abdoulaye Tine « Interview », *Jeune Afrique* n° 3040 du 14 au 20 avril 2019. A propos de l'incertitude de sanctions judiciaires contre l'inexécution des arrêts, voir Moustapha Fall, *Les cours de justice africaines et l'intégration*, L'Harmattan-Sénégal, 2021, pp. 424-430.

le moment, le *statu quo* qui continue de profiter aux partis politiques et coalition les plus représentatifs.

Tout cela se réalise, sans préjudice des dispositions ci-après loi n° 2021-35 du 23 juillet 2021 portant Code électoral.

« Article L. 29. -Ne doivent pas être inscrits sur la liste électorale : 1° les individus condamnés pour crime ; 2° ceux condamnés à une peine d'emprisonnement sans sursis ou à une peine d'emprisonnement avec sursis d'une durée supérieure à un mois, assortie ou non d'une amende, pour l'un des délits suivants : vol, escroquerie, abus de confiance, trafic de stupéfiants, détournement et soustraction commis par les agents publics, corruption et trafic d'influence, contrefaçon et en général pour l'un des délits passibles d'une peine supérieure à cinq ans d'emprisonnement ; 3° ceux condamnés à plus de trois mois d'emprisonnement sans sursis ou à une peine d'emprisonnement d'une durée supérieure à six mois avec sursis, pour un délit autre que ceux énumérés au deuxièmement ci-dessus sous réserve des dispositions de l'article L.28 ; 4° ceux qui sont en état de contumace ; 5° les faillis non réhabilités dont la faillite a été déclarée soit par les tribunaux sénégalais, soit par un jugement rendu à l'étranger et exécutoire au Sénégal ; 6° ceux contre qui l'Interdiction du droit de voter a été prononcée par une juridiction pénale de droit commun ; 7° les incapables majeurs » ;

« Article L. 30. - Ne doivent pas être inscrits sur la liste électorale pendant un délai de cinq ans à compter de la date à laquelle la condamnation est devenue définitive, les condamnés soit pour un délit visé à l'article L.29, troisième tiret, à une peine d'emprisonnement sans sursis égale ou supérieure à un mois et inférieure ou égale à trois mois ou à une peine d'emprisonnement avec sursis égale ou supérieure à trois mois et inférieure ou égale à six mois, soit pour un délit quelconque à une amende sans sursis supérieure à 200.000 FCFA, sous réserve des dispositions de l'article L.28. Toutefois, les tribunaux, en prononçant les condamnations visées au précédent alinéa, peuvent relever les condamnés de cette privation temporaire du droit de vote et d'élection. Sans préjudice des dispositions de l'article L.29 et du premier alinéa du présent article, ne doivent pas être inscrits sur la liste électorale pendant un délai fixé par le jugement, ceux auxquels les tribunaux ont interdit le droit de vote et d'élection par application des lois qui autorisent cette interdiction ».

Une autre subtilité juridique loge dans la disposition prescrivant que « *les tribunaux peuvent relever les condamnés de cette privation temporaire du droit de vote et d'élection* ». Autrement dit, le tribunal a la faculté, en prononçant, une peine susceptible d'entraîner l'inéligibilité de signifier au condamné que cette condamnation ne porte pas obstacle à son inscription sur les listes électorales, et donc être candidat à l'élection présidentielle[175], mais encore faudrait-il qu'il le dise *« expressément »*.

4. L'article 27, un dilemme juridique

La candidature des présidents sortants serait un serpent de mer en démocratie sénégalaise. Le sujet revient en boucle dans l'actualité politique et juridique depuis 2000. À ce titre, on ne peut pas questionner objectivement l'article 27 sans, au préalable, s'entourer de certaines considérations éthiques. Un chercheur doit veiller à ce que ses idées ne soient ni perverties ni controversées, mais qu'elles soient plutôt discutées. Tout raisonnement qui aspire à la scientificité doit remplir une fonction heuristique, c'est-à-dire être le point de départ d'un autre raisonnement faisant reculer, de plus, les bornes épistémologiques. Sous ce rapport, la nécessité s'impose d'organiser un dialogue démocratiquement conciliant mais juridiquement fécond *« entre la politique et la justice »*[176] afin de les confronter sans confondre l'interprétation de l'article 27 de la Constitution.

Tout en s'efforçant d'être fidèle à notre trajectoire de constitutionnaliste, nous accordons le respect mérité à tous les choix méthodologiques qui sont appliqués d'égale dignité scientifique à l'article 27 de la Constitution, notamment par les politiques, les pénalistes, les polistes, les sémanticiens, les linguistiques, les moralistes ou les citoyens. Peu importe que les analyses soient concordantes ou discordantes, sous réserve de réciprocité à l'égard des constitutionnalistes.

---

[175] En a ainsi disposé l'article L. 57, alinéa premier du Code électoral : *« Tout sénégalais électeur peut faire acte de candidature et être élu, sous réserve des conditions d'âge et des cas d'incapacité ou d'inéligibilité prévus par la loi. Tel que formulé, cet alinéa abroge celle qui disposait que « tout sénégalais peut faire acte de candidature et être élu (...) »*.

[176] Serigne Ahmadou Gaye, « Le juge constitutionnel en Afrique francophone à l'épreuve des mobilisations politiques : l'inévitable reconversion d'un régulateur politique et social », *Revue africaine de sciences politique et sociales*, n° 16, Janvier 2018, p. 56.

Investir la question du nombre de mandats présidentiels suppose pour nous — en prélude à notre prochaine contribution intitulée *« L'illusion démocratique »* — de suivre les lignes argumentaires tracées par le dispositif constitutionnel et éclairées par le spectre jurisprudentiel. Les préoccupations didactiques libèrent notre réflexion par rapport à l'alternative validation / invalidation d'une 3e candidature, car je ne suis ni un juge dans le temple de Thémis encore moins partisan dans la voilure politique. La démarche s'évertue plutôt à comprendre comment notre Constitution en est arrivée à un seuil d'équivocité sur une problématique juridique d'une apparente simplicité.

i) La limitation des mandats n'est-elle pas un adjuvant politique ?

La limitation des mandats présidentiels s'est toujours alternée entre une instauration, une suppression et une réintroduction. Plus généralement, *« le droit électoral africain est dynamique. Il est à l'image d'un costume que tout président africain veut porter sur mesure. En d'autres termes, chaque président désire modifier les dispositions électorales à sa guise pour satisfaire ses intérêts pour le maintien des rênes du pouvoir, cristallisant ainsi toutes les inquiétudes et menaces portant sur la paix civile, la stabilité politique et le développement économique »*[177].

À dire vrai, la limitation des mandats présidentiels peut être assimilée à un adjuvant constitutionnel. Elle semble servir d'artifice juridique à l'Exécutif aux abois pour noyer le mécontentement des citoyens. La révolte des étudiants en Mai 1968[178], les contestations électorales de 1988 et le déclin du régime socialiste (50,2% aux élections législatives du 24 mai 1998) ont adressé des problématiques juridiques. Chaque fois, le pouvoir a estimé opportun de procéder à *« une fécondation par le droit »*[179].

---

[177] Moustapha Kane, *Etude des processus électoraux en Afrique : l'exemple du modèle démocratique du Sénégal,* Thèse de doctorat en droit public, Université de Perpignan via domitia, 2019, p. III.

[178] Abdoulaye Bathily, *Mai 1968 à Dakar ou la révolte universitaire et la démocratie. Le Sénégal cinquante ans après* ?, L'Harmattan-Sénégal, Deuxième édition revue et augmentée, 2018, 53-123.
Babacar Ndir, « Le pilotage des politiques sociales d'éducation et de santé », *in* El Hadj Seydou Nourou Touré (dir.), *Pilotage des politiques publiques au Sénégal de 1960 à 2012*, L'Harmattan-Sénégal, 2019, pp. 363-364.

[179] Babacar Kanté, « Propos introductifs », *in* Ndiaw Diouf (dir.), *Le Conseil constitutionnel sénégalais dans le contexte d'intégration régionale. Passé, présent,*

D'abord, la disposition selon laquelle « *[le Président de la République] n'est rééligible qu'une seule fois* » a été introduite par la loi n° 70-15 du 26 février 1970 portant révision de la Constitution, puis supprimée par la loi n° 76-27 du 6 avril 1976 portant révision constitutionnelle. Ensuite, elle est réactivée par la loi n° 91-46 du 6 octobre 1991 portant révision de la Constitution, avant de faire encore l'objet d'une suppression entérinée par la loi n° 98-43 du 10 octobre 1998 portant révision de la Constitution. Enfin, elle réapparaît dans la Constitution du 22 janvier 2001 avant d'être remaniée lors de la réforme constitutionnelle de 2016.

Après l'adoption de la Constitution du 22 janvier 2001 consacrant la clause limitative des mandats, l'attention même des juristes n'a été appelée sur la question de la constitutionnalité ou non d'une 3e candidature. À preuve, la question du 3e mandat n'a quasiment pas eu à effleurer la perspicacité d'esprit des "colloquants" de la Faculté des Sciences juridiques et politiques du 28 et 29 janvier 2005. En guise de constat, les 231 pages des contributions au Colloque sont trempées dans l'indolence sur la possibilité ou non pour le Président Me Abdoulaye Wade de briguer un 3e mandat. En éclair, la question a infiltré une seule communication. Connu pour être fin constitutionnaliste paré de science politique, le Professeur Ismaïla Madior Fall a au moins eu l'intuition en écrivant que *« (...) la nouvelle Constitution réhabilite et restaure des acquis démocratiques consensuels remis en cause par les révisions constitutionnelles controversées de 1998. (...) Cette restauration est salutaire parce que consistant à faire revenir dans la Constitution le principe de la limitation à deux du nombre de mandats que le président peut briguer en l'affectant, du reste, d'une clause d'intangibilité postulant la possibilité de changement de ladite clause que par la voie référendaire »*[180].

ii) Quels ont été les termes du débat entre 2001 et 2011 ?

La guerre des recours a bel et bien eu lieu : *« A l'exception de Doudou Ndoye, Djibril Ngom et Oumar Khassimou Dia, les candidats à l'élection présidentielle de 2012 membres de l'opposition ont introduit des recours contre la validation de la candidature de Me Abdoulaye Wade du fait,*

---

devenir, (Actes du Colloque de Dakar, 7 et 8 décembre 2020), L'Harmattan-Sénégal, 2021, pp, p. 26.

[180] Ismaïla Madior Fall, « Constitution de 1963 et Constitution de 0021 : continuité et rupture », *Nouvelles Annales africaines*, n° 1, 2007, p. 334.

selon eux, de la violation de l'esprit et de la lettre des articles 27 et 104 de la Constitution qui empêchent Wade de prendre part à l'élection. (...) Abdoulaye Wade, Président de la République, candidat à sa propre succession, a également introduit une requête contre les candidatures de ses anciens ministres, en l'occurrence Idrissa Seck, Macky Sall et Cheikh Tidiane Gadio. À l'appui de cette requête, il évoque la violation de l'article L. 116 du Code électoral, en considération que ses trois anciens ministres susmentionnés n'ont jamais payé l'impôt et qu'à ce titre "ils ne sont pas dignes de prétendre exercer la fonction de président de la République" »[181].

La Constitution du 22 janvier 2001, dans la rédaction initiale de l'article 27 et de 104 ci-après, s'est finalement retrouvée au cœur d'une controverse doctrinale entre les juristes et d'une polémique déchirante entre les acteurs politiques.

« Article 27.- La durée du mandat du Président de la République est de cinq ans. Le mandat est renouvelable une seule fois.
"Cette" disposition ne peut être révisée que par une loi référendaire ».

« Article 104.- Le Président de la République en fonction poursuit son mandat jusqu'à son terme.
Toutes les autres dispositions de la présente Constitution lui sont applicables ».

La compréhension légistique et jurisprudentielle sème le doute dans l'application qui lui est réservée à l'élection présidentielle de 2012.

Le seul point de ralliement des discutants se situait dans l'évidence juridique : la Constitution du 22 janvier 2001 est une Constitution de rupture d'avec un ordre constitutionnel contesté. Et même du point de vue du mandat, la loi n° 98-43 du 10 octobre 1998 portant révision des articles 21 et 28 de la Constitution, avait fait sauter le verrou de la limitation du nombre de mandats à deux réintroduit [182].

---

[181] Ismaïla Madior Fall, « La présidentielle de 2012 : la routinisation de l'alternance », Ndèye Madjiguène Diagne, El Hadji Omar Diop, *Droit administratif : convergence ou concurrence des disciplines juridiques*, PUT 1 Capitole, 2020, p. 456.

[182] La réintroduction de la limitation des mandats suit la première entrée de Me Abdoulaye Wade dans un Gouvernement de majorité présidentielle élargie, sous le magister du Président Diouf (premier entrisme, 1991-1992). La suppression de cette

Ces considérations mises en compte, des problématiques restent en cours de questionnement.

Tel que rédigé, l'alinéa premier de l'article 27 comportait deux dispositions qui se soumettent, au moins, à trois degrés de lecture.

Primo, le premier alinéa de l'article 27 comporte initialement, sur le plan légistique deux dispositions : en premier lieu, *« La durée du mandat du Président de la République est de cinq ans »* et, en second lieu « *Le mandat est renouvelable une seule fois »*. Sous l'angle de la grammaire, *« cette »* est ici un déterminant démonstratif qui *« indique avec force la proximité »* d'une chose, en l'occurrence, la seconde disposition selon laquelle *« le mandat est renouvelable une seule fois »*. Cela implique que celle-ci devient alors modifiable. Par contre, la prescription *« ne peut être révisée que par une loi référendaire »* écarte exclusivement la première disposition énonçant que « *le mandat est renouvelable une seule fois »*.

Secondo, le pouvoir constituant dérivé (l'Assemblée nationale et le Sénat, réunis en congrès) a souverainement rallongé la durée du mandat *« Article unique. - La première phrase de l'alinéa premier de l'article 27 de la Constitution est abrogée et remplacée par les dispositions suivantes : "La durée du mandat du Président de la République est de sept ans ; la présente modification ne s'applique pas au mandat du Président de la République en exercice au moment de son adoption" »* (loi constitutionnelle n° 2008-66 du 21 octobre 2008).

Tertio, le mandat de 7 ans consacré en 2008, en lieu et place du mandat de 5 ans déterminé en 2001, a été réceptionné sur le plan institutionnel, par le mandat présidentiel exercé de 2012 à 2019.

La question de la candidature du président sortant en 2012 a été surtout le catalyseur d'une polémique sibylline. Elle l'a été, regrettablement, car rien qu'à considérer la lettre de l'article 104, la solution affleure littéralement : le Président de la République en fonction *« poursuit"* son mandat jusqu'à son terme. En français facile, « continuer sans arrêt" ou selon l'Académie française *« continuer ce qui a été commencé »*[183].

disposition est également consécutive à la sortie du Gouvernement dirigé par Habib Thiam (le second entrisme 1995-1997). Dans les deux cas, Me Wade est Ministre d'État auprès du Président de la République.

[183] *www.dictionnaire-academie.fr*, consulté le 1er mars 2023.

Donc, la disposition transitoire aménageait juste la poursuite du mandat de 7 ans et n'entendait nullement l'écarter du décompte des mandats.

Si l'intention des rédacteurs de la nouvelle Constitution du 22 janvier 2001 était d'écarter la mandature, dans toutes ses manifestations, le style de la disposition transitoire ne provoquerait aucune interprétation. Il serait amélioré pour dire plus limpidement et loyalement que *« le Président de la République en fonction exerce, jusqu'à la fin de son mandat, les pouvoirs prévus par la présente Constitution »*.

Aussi faut-il rappeler que le *« dire »* et le *« dédire »* du Président de la République, inspirateur et co-rédacteur de la Constitution du 22 janvier 2001, avaient fini par heurter la sensibilité d'esprit des Sénégalais. Mais au regard à l'état actuel du système constitutionnel sénégalais, la parole donnée n'est pas justiciable, comme il en est de même dans d'autres États subsahariens francophones, à l'exception d'une jurisprudence célèbre au Bénin.

En effet, la Cour constitutionnelle béninoise a adopté une posture jurisprudentielle adverse par rapport à bien d'autres juridictions. La DCC 14-156 du 19 août 2014 clôt un débat sur des propos militants en faveur d'un 3e mandat de Boni Yayi. Dans cette affaire, la Cour considère que *« les propos du Ministre Fatouma Amadou Djibril s'analysent comme une invitation à soumettre au Peuple béninois la question de la limitation à deux du nombre de mandats présidentiels ; que remettre en cause le principe de la limitation du nombre de mandats présidentiels prévu par la Constitution constitue une violation, non seulement de l'article 42 de la Constitution, mais aussi de l'article 124 alinéa 3 de la Constitution, la Haute juridiction ayant dit et jugé que sont exclues de toute révision de la Constitution les options fondamentales de la Conférence nationale des forces vives dont, entre autres, la limitation à deux du nombre de mandats présidentiels ; qu'eu égard à tout ce qui précède »*. Elle en a déduit qu'il échet pour la Cour *« de dire et juger que Madame Fatouma Amadou Djibril, Ministre de l'Agriculture, de l'Élevage et de la Pêche, a, dans ses propos tenus au cours de l'émission "Zone franche" du 20 juillet 2014 sur la chaîne de Télévision Canal 3, violé les articles 34, 42 et 124 précités de la Constitution »*.

Bien entendu, c'est le choix du Conseil constitutionnel dans sa logique de promouvoir une approche formaliste de la notion de normativité. Le juge *« subordonne la normativité de la déclaration présidentielle de 2007 à sa mise en forme « législative, ou tout au moins écrite »*[184]. Une étude comparative conclut que *« la déclaration présidentielle est, à travers son contenu, dénuée d'effet juridique par les juges constitutionnels tchadiens, tout d'abord, sénégalais, ensuite, et guinéens tout récemment. C'est dire, sur cet aspect, que la déclaration présidentielle n'est ni une norme juridique ni une source de droit »*[185].

Au Sénégal, la même question de la parole du Président de la République sur une 3e candidature attise les spéculations doctrinales. Pourtant, elle avait déjà opposé deux conceptions radicales que seule une approche nuancée a réussi à transcender. Fort de cette sagesse scientifique, l'auteur d'un ouvrage de l'heure à la veille de l'échéance du dépôt des candidatures à l'élection présidentielle de 2012, relativisait brillamment son point de vue : *« Le moment venu, lorsqu'il délivrera, pour reprendre une formule de Michel Troper, "l'interprétation authentique destinée à mettre fin au débat", le Conseil constitutionnel en tant qu'interprète définitif et final sur la question a le choix entre deux solutions : confirmer l'interprétation présidentielle ou l'infirmer. Dans le premier cas, le conseil considérerait que le Président, en tant que "fondateur", gardien et garant de la Constitution, est bien placé pour savoir si celle-ci l'autorise à briguer un troisième mandat. Aussi, sa déclaration, radicalement différente de celle de tout autre citoyen, devrait être prise au sérieux. Le juge, sans y être obligé, pourrait (et devrait même) suivre et valider l'interprétation présidentielle (bonne foi) de l'impossibilité d'un troisième mandat. En revanche, en optant pour l'optique inverse, le juge adopterait une interprétation différente de celle donnée par le Président lors de sa fameuse déclaration et attribuerait à ce dernier et sur la base de sa propre interprétation un droit qu'il a, initialement et de bonne foi, déclarer à ne pas avoir : celui de se présenter à la présidentielle de 2012 »*[186].

---

[184] Alioune Sall, « Interprétation normative et norme interprétative : à propos des décisions E/2012 du 29 janvier 2012 du Conseil constitutionnel », p. 4, *www.la-constitution-en-. Afrique.org*, consulté 1er mars 2023.

[185] Agnéro Privat Mel, « La parole du président de la république à l'aune de la constitution en Afrique francophone », *Annales de l'Université de Parakou*, Série Droit et Science Politique, Volume 3, n° 2, 2020, p. 219.

[186] Ismaïla Madior Fall, *Les révisions constitutionnelles au Sénégal. Révision consolidantes et révisions déconsolidantes de la démocratie sénégalaise*, Dakar, CREDILA, 2011, p. 82.

La question de la portée juridique de la parole du Président sortant s'était sans doute invitée dans le contentieux des listes de candidature. Les requérants soutenaient que *« le Président Abdoulaye Wade ayant affirmé lui-même qu'il a "verrouillé" la Constitution et qu'il ne peut faire un troisième mandat, cette déclaration interprétative des articles 27 et 104 de la Constitution doit être considérée comme un témoignage doté d'effet juridique, car le Président de la République est l'interprète authentique de la Constitution »*. En réponse, le Conseil constitutionnel s'est fait sa propre religion en confessant que *« l'opinion exprimée par le Président de la République, quelle que soit, par ailleurs, sa solennité, ne peut valoir règle de droit dès lors qu'elle ne se traduit pas par un acte législatif ou réglementaire ; (...) Cette déclaration en elle-même ne saurait en aucun cas constituer une source de droit »*[187].

Le Conseil constitutionnel avait pris l'initiative, à tort ou à raison, d'amputer cet avant-dernier alinéa : *« Considérant que cette volonté souveraine est traduite par l'article 104 de la Constitution qui dispose que : "le Président de la République en fonction poursuit son mandat jusqu'à son terme" ; Considérant que le même texte précise dans l'alinéa 2 que toutes les autres dispositions de la Constitution lui sont applicables ; Considérant que cette précision, du reste superfétatoire, vise, entre autres, la limitation du mandat du Président de la République à un seul renouvellement consacrée par l'article 27 de la Constitution ; Considérant que, toutefois, sauf mention expresse, elle ne peut concerner, sans incohérence, "le mandat que l'article 104 a placé hors de son champ d'application en le faisant régir par la Constitution de 1963" »*[188]. En dernière instance, ce feuilleton politico-juridictionnel ouvre l'ère de la seconde alternance[189], mettant ainsi un terme à la présidence Me Abdoulaye Wade, élu en 2001 et réélu, en 2007[190].

À ce stade de notre raisonnement, une seule logique juridique prévaut : la parole du Président de la République, qu'elle soit une interprétation bienveillante à l'égard d'une 3e candidature ou qu'elle soit une

---

[187] Décision relative aux affaires n° 3 à 10 et 12 à 14-E-2012 du 29 janvier 2012

[188] C'est une méprise de la part du Conseil constitutionnel ; en réalité, en 1963, il s'agissait plus formellement d'une loi constitutionnelle et non d'une Constitution.

[189] Abdou Fatah Niane, « L'alternance de mars 2012 au Sénégal », *in* Mamadou Badji, El Hadji Omar Diop, *Administrer la justice... op. cit.*, p. 679.

[190] Koffi Ahadzi Nonou, *Les défis du gouvernement démocratique en Afrique subsaharienne depuis 1990*, L'Harmattan-Sénégal, 2020, p. 193.

interprétation déplaisante à l'endroit de celle-ci, arbore la seule et même dignité. Dans les deux facettes du problème, la parole demeure absolument respectable mais sa force juridique reste relativement contestable en droit interne[191].

Que retenir alors ? Sinon que la parole présidentielle n'a majoritairement qu'une valeur morale. Elle n'est justiciable que par le vote citoyen dans l'intimité de l'isoloir. En démocratie, la règle est que les actes de parole libre et politique d'un Président de la République ne sont ni une hérésie juridique ni une profanation institutionnelle.

Admettre cela, c'est avoir l'agilité intellectuelle de la contenir dans ses proportions idoines, et de ne pas la qualifier comme constituante ou jurisprudentielle.

iv) Que sont devenues les conditions de recevabilité de la candidature à l'élection présidentielle ?

Le législateur sénégalais, s'exprimant à l'article L.57 du Code électoral, ne s'encombre d'aucun mystère : *« "Tout" sénégalais électeur peut faire acte de candidature et être élu, sous réserve des conditions d'âge et des cas d'incapacité ou "d'inéligibilité prévus par la loi". La candidature est portée soit par un parti politique légalement constitué, soit par une coalition de partis politiques légalement constitués, soit par une entité regroupant des personnes indépendantes. Est "candidat indépendant" celui qui n'a "jamais milité" dans un parti politique ou qui a "cessé toute activité militante depuis au moins un an". Toute candidature à une élection présidentielle et aux élections législatives, présentée par un parti politique légalement constitué, par une coalition de partis politiques légalement constitués ou une entité regroupant des personnes indépendantes est "astreinte au parrainage" par une liste d'électeurs ».*

L'inéligibilité qu'on devrait pouvoir tirer de la Constitution relativement à l'exercice de *« plus de deux mandats »* n'est pas dupliquée dans le Code

---

[191] Il est en revanche important de préciser que la valeur de la parole du Président de la République, dans le champ des relations internationales, n'est pas dénuée d'intérêt. Le chef de l'État, en effet, porte étendard d'une Nation, peut, par une simple déclaration, engager la responsabilité de l'État sur la scène internationale. Sous le bénéfice de cette réalité, faire abstraction de la portée juridique de la parole du Président de la République ne milite pas en faveur d'une approche holistique pour démêler le problème de l'interprétation de l'article 27 de la Constitution.

électoral qui fait simplement allusion aux cas d'inéligibilité « *prévus par la loi* ».

Cette disposition contraint le Greffe du Conseil constitutionnel a enregistré, *de facto*, toute candidature. À bon droit, des candidatures ont été enregistré pour l'élection présidentielle de février 2019, sans visiblement satisfaire aux formalités prescrites par le Code électoral[192]. Il reviendrait au Conseil constitutionnel statuant en matière électorale de purger la liste des candidatures non recevables et de valider la liste des candidats. Plusieurs dossiers de candidatures ont été enregistrés et, par la suite, recalés[193]. En direction de l'élection présidentielle de février 2019 sur les 27 candidatures déclarées, 22[194] sont déclarées irrecevables contre 5 jugées recevables[195]. En réalité, l'on avait assisté à une hécatombe pour la libre participation électorale ; mais en vérité cela n'a été que la résultante de l'application d'une Constitution et de sa loi subséquente. En Afrique, il urge de constater que *« dans l'examen des motifs d'irrecevabilité, les juridictions électorales convergent dans le contrôle sévère des candidatures, ce qui les conduit à n'admettre que de manière restreinte les moyens de défense »*[196].

La clarté de cet article L. 57 du Code électoral aide à apercevoir une fente dans le Code électoral. En méditant une belle métaphore, évidemment dans un contexte assez particulier, on serait encore motivé de

---

192 Mamadou Kamara, *Les élections au Sénégal. Rôle, place et responsabilités des différents acteurs*, Edition 2007, pp. 339-341.

193 I) *« Considérant (..) que la déclaration de candidature de Karim Meïssa Wade ne comporte pas le numéro de la carte d'élection, mention exigée par l'article L. 115 du Code électoral ; qu'en l'absence dans le dossier de toute autre mention permettant de déterminer ce numéro, la déclaration de candidature n'est pas valable et l'acte déposé par le mandataire de la coalition "Karim Président 2019" ne peut, dès lors, produire les effets d'une déclaration de candidature ; considérant que la candidature de Karim Meïssa Wade doit être déclarée irrecevable »*,

194 Cheikh Hadjibou Soumaré, El Hadji Malick Gabou, Boubacar Camara, Amadou Seck, Aïssata Tall Sall, Mamadou Lamine Diallo, Aïssatou Mbodji, Papa Diop, Khalifa Ababacar Sall, Karim Meïssa Wade, Pierre Atépa Goudiaby, Moustapha Mbamba Guirassi, Abdoul Mbaye, Thierno Alassane Sall, Abdou Wahab Bengelloune, Bougane Gueye, Moustapha Mbacké Diop, Samuel Sarr, Amsatou Sow Sidibé, El Hadji Mansor Sy, Mamadou Ndiaye, Mamadou Diop. Décision du Conseil constitutionnel n°s 13 à 24 =/E/ 19 du 20 janvier 2019.

195 Macky Sall, Idrissa Seck, Ousmane Sonko, Madické Niang, El Hadji Sall.

196 Sanwé Médard Kienou, « L'Invalidation de candidatures à l'élection présidentielle en Afrique francophone subsaharienne », *Annales africaines*, Nouvelle série, Vol. 1, n° 14, Avril 2021, p. 372.

s'interroger en ces termes : cette fente n'a-t-elle pas la propriété de *« filtrer le moustique et laisser passer le chameau ? »*.

Sans avoir l'envie de le répéter, nous entendons considérer la distinction entre recevabilité de l'acte de candidature, acte matériel, et la validité de la candidature, acte juridique, tel que semblait l'avoir bien établie le talentueux juriste au cours d'une grande émission du dimanche.

La prévisibilité juridique étant un déterminant de la sécurité juridique, il serait utile aux acteurs de la vie politique de toujours analyser la configuration du texte constitutionnel et d'évaluer la dynamique de la politique jurisprudentielle, à l'effet d'anticiper les incertitudes consubstantielles à la validité des candidatures.

v) Est-il possible de sortir du dilemme juridique ?

On ne peut pas questionner objectivement l'article 27 sans, au préalable, s'entourer de certaines considérations axiologiques. Un chercheur doit veiller à ce que ses idées ne soient pas perverties mais bien évidemment qu'elles soient discutées.

Aujourd'hui, la nécessité s'impose d'organiser un dialogue documenté entre le politique, le citoyen et le juge constitutionnel, dans le seul dessein de les confronter sans les confondre sur l'interprétation de l'article 27 de la Constitution.

La loi n° 2016-10 du 05 avril 2016 portant révision de la Constitution du point de vue tant textuel que jurisprudentiel a distillé dans les esprits un dilemme juridique. Eu égard aux faits qui se profilent, sans encore se matérialiser, l'enjeu d'une réflexion constitutionnelle est de comprendre comment le projet de réforme de la Constitution a su immobiliser le discernement des citoyens — qui l'ont même adoubée — et aussi embarquer l'esprit critique des juristes.

À présent, la responsabilité est solidairement partagée. L'expression démocratique est la souche principale de la confusion permanente dans la limitation des mandats présidentiels. En 2001, c'est avec un score folklorique de près de 94% que le peuple adopte et approuve le projet de constitution[197]. En 2016, le même peuple affiche une insouciance civique déconcertante : à ce tournant décisif de la limitation des mandats, près de

[197] JORS n° 5961 du 15 janvier 2001.

3 506 520 électeurs, soit près de 60% des citoyens électeurs, se sont abstenus de prendre part au vote[198]. Dans les deux cas, les dispositions supposées limitatives des mandats présidentiels ont fini par déchaîner des controverses et des adversités. La Constitution, ce n'est point le présent d'un pouvoir, mais l'avenir d'une Nation. En peu de mots : une Constitution, c'est du sérieux.

Pour engager et assumer notre office doctrinal, nous nous dégagerons quelques pistes de réflexion, car l'heure étant plus au questionnement qu'à la réponse. L'excuse objective est que les subtilités de la politique ne sont pas du droit. Toute incursion du juriste dans ce champ en l'état de suppositions peut être scientifiquement inconvenante et politiquement discordante.

Dès lors, investir la question du mandat présidentiel suppose de suivre les lignes argumentaires tracées par le dispositif constitutionnel et éclairées par un spectre jurisprudentiel. Les préoccupations didactiques libèrent notre réflexion par rapport à l'alternative *« validation / invalidation »*. Plutôt, celle-ci cherche à comprendre comment le droit en est arrivé à une situation dilemmatique pour une question pourtant de signification juridique simple.

Au surplus, il y a lieu d'éviter les fausses évidences de nature à amalgamer la problématique de la limitation du nombre de mandats du Président de la République dans un régime de type présidentiel et la légitimité de la longévité du Chef de gouvernement (Premier ministre, Président de Conseil, Chancelier) en régime de type parlementaire. La raison est fondamentale : *« Dans un régime parlementaire, la perspective pour le Premier ministre de rester durablement au pouvoir au cours de plusieurs législatures successives ne suscite pas autant d'hostilité que la perspective d'une réélection indéfinie d'un président de la République dans un régime présidentiel, semi-présidentiel ou présidentialiste. C'est qu'en régime parlementaire, le Premier ministre, qui peut à tout moment engager sa responsabilité, peut rester au pouvoir aussi longtemps qu'il bénéficie d'une majorité parlementaire »*[199].

---

[198] JORS n° 6923 du 31 mars 2016.

[199] Juan José Linz, Augustin Loada, « La limitation du nombre de mandats présidentiels en Afrique francophone » *Afrilex*, n° 3, 2003, p. 139.

Pour ne pas clore le propos, force est donc de dire que la question du *« 3e mandat »*, ou plus exactement de la *« 3e candidature »*, ou encore astucieusement du *« 2e quinquennat »,* est un débat juridico-politique hystérique. Le contexte est gorgé, on le sent, de paroles d'une Majorité "tergiversante" et d'une Opposition "intransigeante". Mais n'oublions pas que chaque citoyen compte ; il est démocratiquement libre de débattre de la limitation des mandats. L'essentiel est qu'il faut que chacun accepte d'évoluer, sans masque, dans sa zone de confort intellectuel ou dans son terrain de prédilection politique pour éviter le mélange de genres et égayer, en toute beauté, le concert de confusions.

Nous espérons pouvoir certainement discerner l'animation politique et l'analyse juridique. Cette césure est indispensable pour comprendre la source de la situation dilemmatique dans laquelle l'usage du droit nous a sans doute plongés.

D'abord, la jurisprudence du Conseil constitutionnel est juridiquement embarrassante. Au moment où les citoyens et les analystes politiques soutiennent et théorisent, à les en croire, une différence de nature entre un mandat de cinq ans et un mandat de 7 ans dans le décompte des mandats exercés entre 2012 et 2024, le Conseil considère, sous réserve d'un revirement ultérieur, que *« la durée du mandat, traduction temporelle de celui-ci, ne peut en être dissociée »*.

Ensuite, tout ce qui se croit bien doit s'énoncer clairement, apprend-on de Boileau. Cet *« art poétique »* était nécessaire aux rédacteurs de l'article 27 de la Constitution. L'énoncé écrit est victime d'interprétations lexico-sémantiques dissonantes. *« Nul »* employé comme pronom, sujet du syntagme verbal *« ne peut exercer »* signifie, de préférence, *« aucune personne »*. Le ton est impératif mais ne s'adresse qu'au destinataire, le Président exerçant deux mandats consécutifs. Une idée essentielle, qui rendrait l'interdiction davantage absolue, manquerait dans la situation de communication.

Pour prévenir toute interprétation contingente, certaines Constitutions se montrent verbalement plus exigeantes dans le verrouillage de la limitation des mandats présidentiels. Les termes sont éloquents : *« "En aucun cas", nul ne peut exercer plus de deux mandats de Président de la République »* ou *« "En aucun cas", nul ne peut, "de sa vie", exercer plus de deux mandats de président de la République »*[200]. Ce sont là des précautions supplémentaires qui peuvent être qualifiées comme indispensables ou superfétatoires. Au demeurant, elles indiquent l'amplitude du traumatisme dans les systèmes constitutionnels africains par rapport à la lancinante question du 3e mandat.

Puis, la réécriture de l'article 27 dans la loi constitutionnelle accentue la nuance. Deux préceptes juridiques sont en concurrence. L'un, un argument "judiciaire"[201] : la nouvelle *« loi »* est d'application immédiate ; elle ne rétroagit pas. L'autre un argument légistique : la nouvelle loi qualifiée de constitutionnelle fait corps, par nature, avec la Constitution du 22 janvier 2001 limitant initialement le nombre de mandats présidentiels à deux.

Enfin, la lecture de la décision n° 1/C/2016 du 12 février 2016 dégage une charge énigmatique embarrassante. À bien des endroits, elle brasse une quantité importante de subtilités.

En son article 3, le Conseil décide : *« La disposition transitoire prévue à l'article 27 dans la rédaction que lui donne l'article 6 du projet et aux termes de laquelle ; "Cette disposition s'applique au mandat en cours" doit être supprimée ; elle n'est conforme ni à l'esprit de la Constitution ni à la pratique constitutionnelle, la loi nouvelle sur la durée du mandat du Président de la République ne pouvant s'appliquer au mandat en cours »*.

Les juges constitutionnels ont-ils décidé de s'affranchir de leur condition juridique d'être des *« adeptes d'un ponce-pilatisme pour le moins suspect en s'abritant derrière une sourde incompétence »*[202] ?

En acceptant en l'espèce de contrôler la constitutionnalité d'une *« loi constitutionnelle »* (en l'état de projet) à la Constitution, donc deux textes d'identité juridique, il ne pouvait que recourir à des principes suprêmes

[200] Avant-projet de la nouvelle Constitution malienne ; Article 42 de la Constitution de la loi n° 2019-40 du 07 novembre 2019 portant révision de la loi n° 90-32 du 11 décembre 1990 portant Constitution de la République du Bénin.
[201] Article 2 du Code civil français de 1804 : *« La loi ne dispose que pour l'avenir ; elle n'a point d'effet rétroactif »*.
[202] Alioune Badara Diop, « Société civile et gouvernance démocratique : enjeux de pouvoir et pouvoir en jeu », *Nouvelles annales africaines*, n° 2, 2011, p. 38.

de l'ordre juridique ou valeurs supra-constitutionnelles[203]. Ce faisant, il doit garder à l'esprit que ces valeurs perchées au-dessus de la Constitution fournissent des arguments protecteurs de la volonté exprimée par le peuple. Elles ont une autorité ambivalente parce qu'elles peuvent avoir un effet *« validant »* ou *« invalidant »* pour le mandat controversé. Tout tiendra à l'orientation qu'il voudra imprimer à sa politique jurisprudentielle.

Dans la même décision, le Conseil constitutionnel se révèle moins constant. Il considère que « *(..) la règle énoncée à l'alinéa 2, destinée à fixer une situation dont les effets sont limités dans le temps et par essence temporaire, va cesser, une fois son objet atteint, de faire partie de l'ordonnancement juridique »* et « (…) en tant que tel, *« cet alinéa au caractère personnel très marqué est inconciliable avec le caractère général des règles par lesquelles la Constitution organise les Institutions de la République et protège les droits fondamentaux ainsi que les libertés individuelles des citoyens* ».

Nul besoin de rappeler la pratique constitutionnelle : loi constitutionnelle n° 2006-11 du 20 janvier 2006 prorogeant le mandat des députés élus à l'issue des élections du 29 avril 2001 ; loi constitutionnelle n° 2007-21 du 19 février 2007 modifiant la loi n° 2006-11 du 20 janvier 2006 prorogeant le mandat des députés élus à l'issue des élections du 29 avril 2001. Il succombe également devant la magistrale leçon jurisprudentielle de son homologue burkinabé qui argumente que la loi qui lui est soumise a un caractère non général parce que visant la législature en cours pour opérer la prorogation du mandat, alors qu'*« une loi constitutionnelle portant révision de la Constitution devrait être de portée générale »* (Décision n° 2012-008/CC du 26 avril 2012 *sur la conformité à la Constitution de la loi de révision constitutionnelle portant prorogation du mandat des députés de la IVème législature*).

Y a-t-il présentement une issue pour inviter le Conseil constitutionnel à clarifier sa jurisprudence sur le mandat présidentiel en cours ? Nous concevons, sans suggestion aucune, une voie juridique que balise l'alinéa 2 de l'article 92 de la Constitution du 22 janvier 2001 : *« Le Conseil constitutionnel peut être saisi par le Président de la République pour*

---

[203] Mactar Kamara, « Supra-constitutionnalité et exercice du pouvoir constituant dérivé », *Revue de la Recherche Juridique Droit Prospectif*, 2008, n° 3, pp. 1431-1476.

avis ». Ce levier juridique existe dans notre Constitution pourrait servir, non pas à valider ou invalider une candidature ou de contraindre le Conseil constitutionnel à interpréter sa propre jurisprudence, mais d'éclaircir les replis de l'article 27 mis en cause. C'est un enjeu de sécurité juridique.

Là encore, le système constitutionnel sénégalais confirme sa nature étroite, en réservant exclusivement l'avis, si besoin est, à la discrétion du Président de la République. Ne faudrait-il pas envisager de l'ouvrir plus politiquement aux députés et plus démocratiquement aux citoyens ?

En observant la scène politique, le citoyen devrait pourtant être rassuré. Ce qui détermine aujourd'hui la Majorité et l'Opposition est beaucoup plus substantiel qu'on ne pourrait l'imaginer. Elles ont fini, toutes les deux, par dépasser objectivement la controverse juridique sur l'article 27 de la Constitution pour en faire conventionnellement un objet politique. Cela implique que soit politiquement assumée la conséquence, à savoir l'adoption d'une belle posture démocratique. En attendant que l'ordre public ou l'interprétation constitutionnelle n'en souffre point !

En définitive, l'histoire témoignera que la règle de la limitation des mandats ne saurait revêtir l'apparence d'un mirage juridique : plus on s'en approche, plus ça se dérobe sous nos pieds. Mais, la solution dépendra d'un Président de la République, gardien officiel de la Constitution, d'un Conseil constitutionnel, gardien authentique de la Constitution, et, toujours en dernier ressort, du peuple, qui en est le gardien souverain.

Tout autre itinéraire emprunté par les politiques, soit de la Majorité soit de l'Opposition, ne fera que dévier de la trajectoire rectiligne et irréversible de notre démocratie.

TITRE IV.- DU GOUVERNEMENT

Article 53*. - Le Gouvernement comprend le Premier ministre, chef du Gouvernement, les ministres et les Secrétaires d'État. Sa composition est fixée par décret.*

Le Gouvernement conduit et coordonne la politique de la Nation sous la direction du Premier ministre. Il est responsable devant le Président de la République et devant l'Assemblée nationale dans les conditions prévues par les articles 85 et 86 de la Constitution.

Article 54. - *La qualité de membre du Gouvernement est incompatible avec un mandat parlementaire et toute activité professionnelle publique ou privée rémunérée, sous réserve des dispositions prévues à l'alinéa ci-dessous.*

Le député, nommé membre du Gouvernement, ne peut siéger à l'Assemblée nationale pendant la durée de ses fonctions ministérielles.

Les modalités d'application du présent article sont fixées par une loi organique.

Article 55*. - Après sa nomination, le Premier ministre fait sa déclaration de politique générale devant l'Assemblée nationale. Cette déclaration est suivie d'un débat qui peut, à la demande du Premier ministre, donner lieu à un vote de confiance.*

En cas de vote de confiance, celle-ci est accordée à la majorité absolue des membres de l'Assemblée nationale.

Article 56*. - Le Gouvernement est une institution collégiale et solidaire. La démission ou la cessation des fonctions du Premier ministre entraîne la démission de l'ensemble des membres du Gouvernement.*

Article 57*. - Le Premier ministre dispose de l'administration et nomme aux emplois civils déterminés par la loi.*

Il assure l'exécution des lois et dispose du pouvoir réglementaire sous réserve des dispositions de l'article 43 de la Constitution.

Les actes réglementaires du Premier ministre sont contresignés par les membres du Gouvernement chargés de leur exécution.

Le Premier ministre préside les Conseils interministériels. Il préside les réunions ministérielles ou désigne, à cet effet, un Ministre.

Il peut déléguer certains de ses pouvoirs aux Ministres.

Note n° 5. Le Gouvernement, une institution de la République en demi-teinte

Au Sénégal, le pouvoir exécutif est exercé par un Président de la République et un Gouvernement sous l'impulsion du Premier ministre. Ce mode d'organisation est appelé bicéphalisme ou exécutif bicéphale. Ce terme, qualificatif de l'exécutif "à deux têtes", est *« en fait une donnée qui se rencontre dans toutes les constitutions parlementaires (alors que l'exécutif est monocéphale en régime présidentiel) »*[204].

La Constitution accorde au Gouvernement le statut d'une institution collégiale et solidaire. Partout en Afrique, il est cependant asphyxié d'une forte pression condescendante exercée par un Président de la République, rehaussé du titre de *« chef de l'État »*.

1. Le Premier ministre, une institution précaire

Une lecture tant soit peu cursive apporte de la lumière à cet état de fait. On apprendra de *« l'évolution constitutionnelle du Sénégal, de la veille de l'indépendance »*[205] à la loi n° 2021-41 du 20 décembre 2021 portant révision de la Constitution que le poste de Premier ministre est alternativement supprimé et restauré.

Le poste de Premier ministre est-il encombrant pour un Président de la République du Sénégal ? La réalité institutionnelle en dit forcément long.

Même si le Premier ministre figure dans le paysage institutionnel, il se trouve sous l'ombre du Président de la République qui l'éclipse ou le réduit à sa plus simple expression.

À l'aube de l'indépendance, le Président du Conseil détenait des pouvoirs étendus par rapport au chef de l'État : il *« détermine et conduit la politique de la Nation » ; « dirige l'action du Gouvernement » ; « est responsable de la défense nationale », « dispose de l'Administration et de la force armée » et « assure l'exécution des lois », « dispose du*

---

[204] Michel de Villiers, Armel Le Divellec, *Dictionnaire du droit* constitutionnel, 10e édition, Paris, Sirey, 2015, p. 25.

[205] Ismaïla Madior Fall, *Évolution constitutionnelle du Sénégal de la veille de l'Indépendance aux élections de 2007*, Dakar, *op. cit.*, 181 p.

pouvoir réglementaire », « nomme à des emplois civils et militaires », « délègue certains pouvoirs aux autres membres du Gouvernement » ; « dispose de l'initiative des lois et des révisions constitutionnelles »[206].

Les évènements de décembre 1962 sont source de *« déconvenues »*[207] pour la toute puissante autorité du chef de Gouvernement incarné par Mamadou Dia dans le cadre d'un régime parlementaire authentique. Fort de sa victoire, le Président Senghor soumet le peuple à un régime présidentiel renforcé.

L'excroissance de l'institution présidentielle en marche depuis 1963 est inversement proportionnelle à l'affaiblissement du Gouvernement, cette date marque le point de départ d'une série de réformes saccadées du régime politique sénégalais.

La loi n° 70-15 du 26 février 1970 portant révision de la Constitution fait renaître de ses cendres le poste de Premier ministre[208], cette fois-ci en anticipation du dauphinat.

La Loi n° 83-55 du 1er mai 1983 portant révision de la Constitution procède au remodelage du pouvoir exécutif, avec un nouveau retour au régime présidentiel[209]. Le constituant prétexte que la révision constitutionnelle a *« pour principal objet de permettre une plus grande efficacité dans l'administration de développement nécessaire à notre pays. Il est l'expression de la volonté de changement clairement exprimée lors des dernières élections, volonté de changement qui doit se traduire par un contact direct entre le Président de la République et les citoyens d'une part, par un renforcement de la représentation populaire d'autre part, et enfin par une responsabilisation accrue au niveau local »*. La conséquence a été d'ajouter à la Constitution un article 92 ainsi conçu : *« Les compétences attribuées au Premier ministre par les*

---

[206] Articles 26, 45 et 66 de la loi constitutionnelle du 26 août 1960.

[207] Ismaïla Madior Fall, « La construction des régimes politiques en Afrique : insuccès et succès », *in* Frédéric Joël Aïvo, *La Constitution béninoise du 11 décembre 1990 : Un modèle pour l'Afrique ? Mélanges Maurice Ahanhanzo-Glèlè*, Paris, L'Harmattan, 2014, p. 127.

[208] Abdoulaye Diop, « La révision constitutionnelle du 26 février 1970 au Sénégal », *Revue sénégalaise de Droit,* n° 8, 1970, pp. 33-42.

[209] Marc Débène, Max Gounelle, « Le Sénégal, du Président L. S. Senghor au Président Abdou Diouf (Janvier 1981-Janvier 1984), *RDP*, n° 1, Janvier-Février 1983, pp. 1513-1553.

dispositions législatives ou réglementaires en vigueur sont exercées par le Président de la République tant que ces dispositions n'auront pas été modifiées ou abrogées ». La Constitution venait encore d'être endeuillée du poste de Premier ministre.

Tel un Phoenix, cet oiseau mythique en mesure de renaître soit de son propre cadavre, soit après s'être consumé dans les flammes, le poste de Premier ministre s'est ressuscité, dans les mêmes formes, par la loi n° 91-25 du 5 avril 1991 portant révision de la Constitution. L'exposé des motifs de cette loi constitutionnelle dévoile les intentions du Président de la République : *« Le présent projet de révision constitutionnelle témoigne de la permanence de cette démarche : il tend simultanément au resserrement du dialogue démocratique entre le pouvoir exécutif et l'Assemblée nationale, dans toutes les composantes de celle-ci, et au renforcement de la cohérence de l'action gouvernementale ».* À cette période, l'institution du Premier ministre prenait du volume dans les expériences de démocratisation qui ont connu des fortunes diverses avec des « *expériences avortées* » et des *« expérimentations maîtrisées »*[210].

Grâce à la revigoration constitutionnelle du 22 janvier 2001, le poste de Premier ministre réapparaît, une troisième fois, sans être voué aux gémonies dans l'intervalle de temps 2000 à 2012 pendant lequel Me Abdoulaye Wade a présidé aux destinées de la Nation ; le Poste de Premier ministre n'a jamais été une seule fois sacrifié sur l'autel de ses intérêts manifestes ou latents.

Aussitôt après l'élection présidentielle du 24 février 2019, la loi constitutionnelle n° 2019-10 du 14 mai 2019 portant révision de la Constitution a abruptement ravagé les espoirs des prétendants aux postes de Premier ministre. Sur la justification, la symétrie des arguments avec ceux qui sous-tendaient la réintroduction du poste de Premier ministre en 1983 est improbable : *« Cette nouvelle orientation institutionnelle, qui n'est pas une nouveauté dans l'histoire du Sénégal, garantit assurément une plus grande efficacité dans la gouvernance des affaires publiques. En effet, avec un Président en contact direct avec les populations, la conduite des affaires de l'État va connaître une meilleure fluidité du processus décisionnel, une accélération des procédures et une gestion*

---

[210] Alioune Sall, « Processus démocratiques et bicéphalisme du pouvoir exécutif en Afrique noire francophone : un essai de bilan », *Nouvelles annales africaines,* n° 2, 2008, p. 209.

mieux axée sur les résultats ». En l'absence de poste du Premier ministre dans l'équipage gouvernemental, c'est naturellement le Secrétariat général du Gouvernement qui, d'office, se positionne comme *« la cheville ouvrière de la coordination de l'activité gouvernementale »*[211].

Contre toute attente et comme à l'accoutumée, le Premier ministre est réintroduit dans l'architecture institutionnelle par la loi n° 2021-41 du 20 décembre 2021 portant révision de la Constitution. L'effort de renouvellement de l'argument justificatif est perceptible à la lecture de l'exposé des motifs : *« (...) le changement de paradigme récemment intervenu au plan de la souvenance de l'État, consécutivement à l'institutionnalisation des politiques publiques et l'émergence d'une culture de gestion axée sur le développement, recommande une rationalisation de l'exercice des attributions ministérielles par un réaménagement de la structure du Gouvernement. En effet, pour prendre en compte les impératifs de relance de l'économie nationale et d'une meilleure coordination de la mise en œuvre des politiques publiques, il est apparu nécessaire de restaurer le poste de Premier ministre »*[212].

Le retour du Premier ministre est acté en fin décembre mais paradoxalement le poste ne sera pourvu qu'en septembre 2022, soit une période record de consultation ou de cogitation de 9 mois.

2. Le Gouvernement, un organe collégial et solidaire

La nature collégiale et le caractère solidaire dérivent de l'architecture et de la principale fonction du Gouvernement. La constitution sénégalaise du 22 janvier 2001, en son article 56, en dispose : *« Le Gouvernement est une institution collégiale et solidaire. La démission ou la cessation des fonctions du Premier ministre entraîne la démission de l'ensemble des membres du Gouvernement »*.

Sur le plan organique, le Gouvernement est un ensemble qui comprend *« le Premier ministre, chef du Gouvernement, les ministres et les Secrétaires d'État »* et dont *« la composition est fixée par décret »*[213]. Toutefois, le décret n° 2022-1775 du 17 septembre 2022 portant

[211] Pape Assane Touré, « Le Secrétariat général du Gouvernement dans le nouveau schéma de pilotage de l'action gouvernementale », *in* Mamadou Badji, Saïdou Nourou Tall, *Les transformations de l'État…*, *op. cit.*, p. 790.
[212] JORS n° 7483 du 22 décembre 2021, p. 2017.
[213] Article 53 de la Constitution du 22 janvier 2001.

nomination des ministres et fixant la composition du Gouvernement ne semble pas s'inspirer et s'appliquer pleinement de la disposition en vigueur de la loi constitutionnelle n° 2019-10 du 14 mai 2019 portant révision de la Constitution. À l'opposite de la norme constitutionnelle, il nomme des *« ministres auprès de/du... »*[214].

Pour rester plus souple dans la structuration gouvernementale et se soumettre à l'élégance constitutionnelle, il suffit de simplifier la nomenclature ministérielle par une formule générique : le Gouvernement comprend le Premier ministre, Chef du Gouvernement, et les autres membres du Gouvernement. Le Président de la République disposera ainsi plus souplesse dans la formation d'une équipe gouvernementale dévouée à ses promesses électorales.

Sur le plan fonctionnel, le Gouvernement est chargé de la conduite et de la coordination de la politique de la Nation sous la direction d'un Premier ministre qui, en sa qualité de *primus inter partes*[215], est détenteur d'une autorité nécessaire à ses fonctions. Au fond, *« l'autorité qu'il exerce sur les ministres est politique et non juridique, mais elle l'autorise à coordonner, par voie de circulaire, la méthode et le rythme de travail gouvernemental et surtout à arbitrer entre les ministres en cas de conflits ou surtout lors de la mise au point du projet de loi de finances »*[216].

Le Gouvernement est doublement responsable : une responsabilité aménagée devant l'Assemblée nationale (dans les conditions prévues par les articles 85 et 86 de la Constitution) et une responsabilité

---

[214] Alors, il est important de remarquer que, dans la tradition constitutionnelle sénégalaise, l'appellation « Secrétaire d'État » convient aux régimes de suppression du poste de Premier Ministre (loi n° 63-22 du 7 mars 1963 portant révision de la Constitution, loi n° 83-55 du 1er mai 1983 portant révision de la Constitution, loi constitutionnelle n° 2019-10 du 14 mai 2019 portant révision de la Constitution). Dans les autres cas, la formule préférable est au rendez-vous : *« Le Gouvernement comprend le Premier ministre, chef du Gouvernement, et les Ministres »*. En considération de l'article 53 de la Constitution du 22 janvier 2001, les membres du Gouvernement pouvaient, sous le magistère de Me Abdoulaye Wade, répondre du titre de « Ministre » ou de ses extensions *« Ministre d'État »*, ou *« Ministre délégué »*.

[215] Une formule de Mathieu Caron qui modifie l'énonciation courante *« primus inter pares »*, premier parmi les pairs (Delphine Dulong, « Les poisons et délices de la cinquième république : l'histoire politique de la coordination du travail gouvernemental », *in RFAP*, n° 171, 2019, p. 595).

[216] Dominique Chagnollaud, *Droit constitutionnel contemporain. Tome 2 : Le régime politique français*, Paris, Armand Colin, 2005, p. 296.

inconditionnée devant le Président de la République. Cela transforme le Gouvernement en une institution abandonnée au bon vouloir des autorités politiques, pour ne pas dire plus simplement que le Président de la République détient, en vertu de ses pouvoirs constitutionnels, un titre de propriété sur l'institution primatorale[217].

La démission du Premier ministre emporte solidairement celle de l'ensemble du Gouvernement. Cependant, cet acte ponctuel ne doit pas masquer ce fait essentiel : *« A la vérité, cette solidarité gouvernementale est ou devrait être générale, permanente et absolue, y compris en amont ou en dehors de la responsabilité du Gouvernement devant l'Assemblée. Si, sur tout projet gouvernemental, la discussion entre membres du Gouvernement concernés est certainement possible et souvent utile, même élargie aux nombreux interlocuteurs qui sont souvent des groupes de pressions économiques et sociaux, pour autant qu'elle ne soit pas portée sur la place publique, une fois la décision prise au plus haut niveau de l'État »*[218].

3. Des fonctions gouvernementales résiduelles

Le chef de Gouvernement *« est né libre et partout il est dans les fers* (…) *Comment ce changement s'est-il fait ? Je l'ignore. Qu'est-ce qui peut le rendre légitime ? Je crois pouvoir résoudre cette question »*, ainsi peut-on s'exprimer par admiration à la parole rousseauiste[219].

---

[217] Sur le plan terminologique, la circulaire primatorale n° 24 PM/SGG du 19 février 1972 consacre une règle d'usage : *« Le décret n° 71-481 du 29 avril 1971 a désigné les services du Premier Ministre par le mot de Primature. L'emploi de ce substantif, désormais passé en usage, invite que sur le modèle de préfecture et de préfectoral, l'adjectif suivant soit choisi : primatoral comme adjectif de Primature. Ainsi, l'on se réfèrera à une circulaire « primatorale »* ; Par contre sur le plan constitutionnel, l'adjectif *« primo-ministériel »* prend une autre connotation qui sert à qualifier ce qui est relatif au premier ministre : un régime primo-ministériel. Un tel régime, apparu au Royaume-Uni, se caractérise par la prédominance de la fonction exécutive du Premier Ministre. Face aux pouvoirs symboliques et protocolaires du Chef de l'État (un roi ou un président de la République généralement élu au suffrage indirect), le Premier Ministre est doté du rôle exclusif de la définition et de la conduite de la politique de l'État (dans ses manifestations contemporaines, nous le considérons comme un régime parlementaire exacerbé).

[218] Olivier Gohin, *Droit constitutionnel*, *op. cit.*, p. 942.

[219] Voir Jean-Jacques Rousseau, *Du contrat social ou principes du droit politique*, Genève, Collection complète des œuvres, 1780-1789, volume 1, 4°, *www.rousseauonline.ch*, consulté le 10 février 2023.

Littéralement, les fonctions confiées au Gouvernement viennent justement renforcer les prépondérantes prérogatives du Président de la République. Il s'agit d'une corrélation ou d'une subordination constitutionnellement affirmée et aménagée.

Le premier trait résiduel mis en relief par la fonction du Gouvernement se réduit, sous la direction du Premier ministre à la conduite et à la coordination de la politique de la Nation qu'il n'a pas lui-même mais plutôt déterminé par le Président de la République. Puis, sa responsabilité s'engage des politiques adoptées par l'Assemblée nationale généralement à l'initiative du Président de la République et presque rarement à l'initiative des députés.

En substance, les fonctions du Gouvernement sont pour l'essentiel exécutives des *desiderata* du Président de la République ou de l'expression de la volonté générale exprimée par l'Assemblée nationale. L'une des rares plénitudes de pouvoir concerne l'initiative des lois et ses implications en termes d'amendement ou de déclassement.

C'est aussi de la subordination en matière réglementaire[220] : *« Le Premier ministre dispose de l'administration et nomme aux emplois civils "déterminés par la loi" »* (non encore adoptée), *« Il assure l'exécution des lois et dispose du pouvoir réglementaire »* (un pouvoir réglementaire d'application, à l'exclusion de certaines matières) ; *« Les actes du Président de la République, à l'exception de ceux qu'il accomplit en vertu des articles 45, 46, 47, 48, 49 alinéas 1, 52, 74, 76 alinéas 2, 79, 83*[221]*, 89 et 90, sont contresignés par le Premier ministre »* ; *« Le Premier ministre peut proposer au Président de la République une révision de la Constitution »* ; *« Le Président de la République peut déléguer par décret certains pouvoirs au Premier ministre ou aux autres membres du Gouvernement, à l'exception des pouvoirs prévus aux articles 42, 46, 47, 49, 51, 52, 72, 73, 89 et 90 »* ; *« Il [le Président de la République] peut en outre autoriser le Premier ministre à prendre des décisions par décret »*.

---

[220] Me Mamadou Diop, *Le système politique sénégalais*, Dakar, Clairafrique, 2011, p. 81.

[221] Cette disposition justifie que le décret n° 2023-382 du 24 février 2023 modifiant la loi n° 2014-03 du 22 janvier 2014 portant baisse des loyers n'ayant pas été calculés suivant la surface corrigée ne soit pas contresigné du Premier Ministre ; ce qui est exactement conforme à la Constitution (JORS n° 7605 du 28 janvier 2023).

C'est toujours en application de la politique déterminée par le Président de la République ou des directives présidentielles que le Premier ministre préside les conseils interministériels[222] (permanents ou occasionnels) et les réunions ministérielles ou désigne, à cet effet, un ministre. Ce travail de coordination insuffle de l'harmonie au sein de l'équipe gouvernementale et permet au Premier ministre *« d'assurer l'unité du pouvoir exécutif dans la gestion de la politique définie par le Chef de l'État »*[223].

Toutes ces considérations réunies font du Président de la République plus que *« la clé de voûte des institutions »*[224]. Plus solidement, il forme même la superstructure de l'État, en ce qu'il est le dispositif unique qui assoit la cohésion entre ses multiples constituants. Et un fin observateur de la scène politique de noter que, depuis la rupture promise en 2000, *« le Premier ministre et son gouvernement dépendent donc, pieds et mains liés, du Président de la République »*[225].

À cet égard, une réglementation encore en vigueur assujettit les membres du Gouvernement et autres autorités collaborant à l'exercice du pouvoir à faire acte d'allégeance au Président de la République[226].

---

[222] Une doctrine spécialisée *« (..) réserve généralement le nom de conseils interministériels aux réunions présidées par le Chef de l'État, le nom de comités interministériels aux réunions présidées par le Premier ministre et le nom de réunions interministérielles aux réunions présidées par un membre du cabinet du Premier ministre ou du Secrétariat général du Gouvernement. Toutefois la terminologie n'est pas fixée de manière rigoureuse »* (Charles Debbasch, *Science administrative*, 5e édition, Paris, Dalloz, 1989, pp. 200-201). Cette clarification conceptuelle s'est imposée à la pratique gouvernementale, notamment en France (Mathieu Caron, *Droit gouvernemental*, Paris, LGDJ, 2020, pp. 92-95) et Sénégal (Jean-Claude Gautron, Michel Rougevin-Baville, *Droit public du Sénégal*, *op. cit.*, pp. 162-163).

[223] Serigne Diop, *Le Premier ministre africain. La renaissance du bicéphalisme exécutif en Afrique à partir de 1969*, Thèse de doctorat d'État en Droit, Université Cheikh Anta Diop, 1985, p. 158.

[224] Michel Debré, devant le Conseil d'État, le 27 août 1958 : *« Si vous me permettez une image empruntée à l'architecture, je dirais qu'à ce régime parlementaire neuf, il faut une clé de voûte. Cette clé de voûte, c'est le Président de la République »*.

[225] Médoune Samba Diop, *Les élections présidentielles de l'an 2000 au Sénégal. Carnet de bord*, L'Harmattan-Sénégal, 2019, p. 240.

[226] C'est la lettre des articles premier et 2 du décret n° 2007-829 du 20 juin 2007 : « *Article premier. - Les membres du Gouvernement sont installés dans leurs fonctions après avoir prêté serment devant le Président de la République en séance publique. Le serment est prêté dans les termes suivants : "Je jure fidélité, loyauté et dévouement au Président de la République, qui, en vertu des pouvoirs à lui conférés par la Constitution, m'a gratifié de sa confiance et m'a confié des responsabilités au sein du*

TITRE V.- DE L'OPPOSITION

Article 58. *–La Constitution garantit aux partis politiques qui s'opposent à la politique du Gouvernement le droit de s'opposer.*

La Constitution garantit à l'opposition un statut qui lui permet de s'acquitter de ses missions.

La loi définit ce statut et fixe les droits et devoirs y afférents ainsi que ceux du Chef de l'opposition.

Gouvernement". "Je jure de ne révéler à quiconque, même à mes proches, les secrets dont je serais amené à être le dépositaire dans le cadre de mes fonctions, et notamment la substance des délibérations du Conseil des Ministres ou de conseils ministériels. Ce serment me lie même après la cessation de mes fonctions". "Je jure de faire un usage respectueux des deniers publics et des biens de l'État dont j'aurais la responsabilité, et de servir la Nation avec désintérêt et dévouement". Art. 2. - Les ministres d'État et les ministres conseillers à la Présidence de la République signent le texte de ce serment devant le Directeur de Cabinet du Président de la République ».

Note n° 6. Une construction inachevée du statut juridique de l'Opposition

L'Opposition apporte plus que du charme à la démocratie ; elle apporte du sens à la modération du système représentatif majoritaire sans laquelle l'Exécutif a tendance à capturer tous les autres pouvoirs. Parce que *« quand la majorité est solide, tous les systèmes se valent, et le gouvernement parlementaire, présidentiel ou collégial, peut agir fortement »*[227].

Psychologiquement, son existence aide au déplacement du sentiment contestataire ou de la réaction protestataire, éprouvés consciemment ou inconsciemment envers le pouvoir, en direction des cadres conventionnels démocratiques[228].

Plus profondément, l'Opposition est un précieux moyen pour sublimer la violence politique en inclusion démocratique : *« Elle va, notamment dans les médias, critiquer les options retenues par la majorité, voire l'exécutif que cette majorité soutient, et tenter de convaincre les citoyens de la justesse de ses propositions alternatives. Pour ce faire, elle dispose de prérogatives institutionnelles, évidemment variables d'une Constitution à l'autre. En ce qui concerne le vote de la loi, l'opposition peut utiliser les ressources que lui donne la procédure législative, qui parfois à recourir à certaines formes d'obstruction »*[229], telles que, en droit parlementaire sénégalais, la possibilité de multiplier les amendements ou manipuler les motions préjudicielles[230].

---

227 Le journaliste suisse Jean-François Albert cité par Philippe Lauvaux, « Régimes (classifications », *in* Denis Alland, Stéphane Rials, *Dictionnaire de la culture juridique*, Paris, PUF, 2003, p. 1320.

228 *« La sociologie politique établit classiquement une distinction entre, d'une part, participation "conventionnelle" des citoyens aux activités politiques, à travers des actions organisées, comme l'inscription sur les listes électorales, l'adhésion à un parti ou encore le vote et, d'autre part, participation "protestataire" qu'expriment les diverses formes de mobilisation et d'action collective. »* (David Alcaud, Laurent Bouvet, *Dictionnaire de sciences politiques et sociales*, Paris, Sirey, 2004, pp. 246-247).

229 Thierry Debard, *Dictionnaire de droit constitutionnel*, 2e édition, Paris, Ellipses, 2007, p. 283.

230 *« Résolution soumise à l'adoption d'une assemblée parlementaire pouvant porter sur différents objets. Diverses motions peuvent (...) être présentées dans le cadre de la*

Pour qu'elle soit un maillon indispensable à la construction et à la consolidation de l'équilibre institutionnel et politique d'une démocratie, l'Opposition consacrée a besoin d'un statut.

1. Un standing constitutionnel de l'Opposition

L'Opposition participe à l'équilibre institutionnel et politique du pouvoir. Sa présence se manifeste au sein de l'opinion à travers les médiats[231], cadre privilégié du dialogue démocratisé, et du parlement, lieu par excellence du dialogue politique institutionnalisé. C'est partant de ce progrès fort démocratique que l'Opposition s'est mieux épanouie dans les constitutions contemporaines[232].

La Constitution du 22 janvier 2001 n'a pas dérogé au standard démocratique. Au titre de son préambule, le peuple souverain exulte : *« La volonté du Sénégal d'être un État moderne qui fonctionne selon le jeu loyal et équitable entre une majorité qui gouverne et une opposition démocratique, et un État qui reconnaît cette Opposition comme un pilier fondamental de la démocratie et un rouage indispensable au bon fonctionnement du mécanisme démocratique »*. Ces vœux pieux sur l'Opposition sont conséquemment traduits en prescriptions positives dans le dispositif constitutionnel. D'une part, l'article 4, alinéa 5 de la Constitution du 22 janvier 2001 avise bien le lecteur que *« la Constitution*

---

procédure législative, notamment au début de la discussion d'un texte : exception d'irrecevabilité, question préalable, motion de renvoi en commission » (Thierry Debard, *Dictionnaire de droit constitutionnel*, op. *cit.*, p. 269).

[231] Cette forme est bien celle qui obéît la réglementation en vigueur au Sénégal : *« Le Sénégal a eu, déjà, l'occasion d'adopter certains mots français, nouveaux ou anciens, pour exprimer des objets, des besoins ou des idées nouvelles. C'est dans le cadre de cet effort que nous vous proposons l'adoption de l'adjectif (...) du substantif "médiat". (...) S'agissant de « médiat », ce mot a été proposé, à la place de "mass-media", à la sixième Biennale de la Langue française, tenue, cette année même, au Luxembourg. En effet, le mot "mass-media", employé par les Anglo-Saxons, est le type même du néologisme hasardeux et hybride, composé qu'il est de l'anglais mass, « masse », et du latin media, adjectif employé ici au nominatif neutre pluriel. Le mot "médiat" est formé de l'adjectif français "médiat, ate", employé comme substantif sous sa forme masculine. (..) Article 2 : Les moyens de communication de masse seront désignés par le substantif masculin « médiat », qui sera désormais employé à la place du mot d'origine anglo-saxonne « mass média. Le Premier Ministre est chargé de l'exécution du présent décret qui sera publié au Journal officiel »* (extrait du décret n° 76-154 du 6 février 1976 relatif à l'usage des mots « gubernatoral » et « médiat (JORS du 28 février 1975, p. 305.

[232] Ndiogou Sarr, *Médiation et démocratisation*, L'Harmattan-Sénégal, 2018, pp. 302-307.

garantit des droits égaux aux partis politiques, y compris ceux qui s'opposent à la politique du Gouvernement en place ». D'autre part, l'alinéa premier de l'article 58 précise que *« la Constitution garantit aux partis politiques qui s'opposent à la politique du Gouvernement le droit de s'opposer ».*

L'influence d'une Opposition dans le système démocratique n'étant plus à démontrer, il ne reste qu'à lui définir le meilleur statut. Fort de ce contant, nous avons cherché ce statut sans le trouver ; son existence demeure une réalité exotique en droit sénégalais.

2. Un statut embryonnaire de l'Opposition

La réputation démocratique du Sénégal s'est forgée à partir d'un statut embryonnaire des droits aux partis politiques d'opposition. Les références constitutionnelles et législatives ci-après traitent du processus de la *« sédimentation de l'opposition »*[233] dans le contexte global de démocratisation de la vie politique.

La Constitution est ponctuée de quelques aspects statutaires diffus dans les dispositions des alinéas 3 à 6 de l'article 4 : « *Les partis politiques et coalitions de partis politiques, de même que les candidats indépendants, sont tenus de respecter la Constitution ainsi que les principes de la souveraineté nationale et de la démocratie. Il leur est interdit de s'identifier à une race, à une ethnie, à un sexe, à une religion, à une secte, à une langue ou à une partie du territoire. Les partis politiques sont également tenus de respecter strictement les règles de bonne gouvernance associative sous peine de sanctions susceptibles de conduire à la suspension et à la dissolution. (...) Les règles de constitution, de suspension et de dissolution des partis politiques, les conditions dans lesquelles ceux-ci exercent leurs activités et bénéficient d'un financement public sont déterminées par la loi ».*

Cet effort de constitutionnalisation assez est la résultante d'un processus au rythme de l'apprentissage laborieux mais progressif et maîtrisé.

La loi n° 76-01 du *19 mars 1976* portant révision de la Constitution, après avoir énoncé les trois courants de pensée auxquels doivent s'identifier les partis politiques, annonce, en son article 3, qu'*« une loi*

---

[233] El Hadji Omar Diop, *Partis politiques, démocratie et réalités sociales au Sénégal*, Dakar, CREDILA, 2011, p. 91.

qui précisera non seulement les conditions de création des partis, mais aussi les conditions dans lesquelles ils exercent et cessent leurs activités. Outre le respect des principes de la souveraineté nationale et de la démocratie, les partis politiques doivent se conformer dans leurs activités aux objectifs définis par leurs statuts propres »[234].

La loi n° 78-02 du 29 janvier 1978 relative aux réunions se propose de définir le régime juridique des réunions privées, publiques et électorales[235].

Loi organique n° 2002-20 du 15 mai 2002 portant Règlement intérieur de l'Assemblée nationale[236] garantit la représentation proportionnelle des députés de l'Opposition dans les instances (Bureau, Commissions) et les débats organisés en plénière[237].

La loi n° 98-09 du 2 mars 1998 du 2 mars 1998 confie au Haut Conseil de l'Audiovisuel la mission de veiller au respect de l'accès équitable des partis politiques aux médias audiovisuels et de fixer les règles concernant les conditions de production, de programmation et de diffusion des émissions réglementées des médias audiovisuels lors des campagnes électorales[238].

La Loi n° 2021-35 du 23 juillet 2021 portant Code électoral, modifiée, organise l'administration électorale et détermine le régime des cartes d'élection, de la propagande électorale, des types de scrutins et du contentieux électoral. Surtout, la loi électorale a instauré en permanence un système parfait de financement des élections.

Toujours sans distinction entre les partis politiques qui se réclament de l'Opposition et les partis politiques affiliés à la majorité présidentielle ou parlementaire, la loi n° 2021-35 du 23 juillet 2021 portant Code de la

---

[234] Seydou Madani Sy, « La démocratie multipartisane au Sénégal à la lumière de la révision constitutionnelle de 1976 », *op. cit.*, p. 11.

[235] JORS n° 4618 du 25 février 1978, pp. 255-256.

[236] JORS n° 7106 du 05 juillet 2018, p. 9.

[237] Même en France, *« le droit parlementaire n'est pas le droit de l'opposition »*, car *« l'opposition est un ensemble disparate ... dont le but reconnu est, plus que de participer à la décision, de la faire échouer »*. Mais au fond, *« le droit parlementaire garantit des droits d'opposition »* en ce que *« les textes organisent le débat en limitant les moyens de l'opposition » et « la pratique étend les droits de l'opposition »* (Jean-Pierre Camby, « Le droit parlementaire, droit de l'opposition ? », *in* Michel Ameller et *alii*, *La République. Mélanges Pierre Avril*, Paris, Montchrestien, 2001, pp. 419-434).

[238] JORS n° 5792 du 21 mars 1998, pp. 176-178.

Presse oblige les entreprises de presse à garantir l'accès équitable aux partis politiques et à assurer l'équilibre dans le traitement des informations les concernant. En plus, il exclut tous les partis politiques, alliances ou groupes de partis politiques de l'attribution d'une licence en vue d'établir et d'exploiter un service de communication audiovisuelle[239].

Qui plus est, l'opposition exerce une attraction sur les pouvoirs publics à l'occasion des cérémonies officielles. Les leaders des partis politiques sont invités à participer aux fêtes officielles, à dialoguer avec le Président de la République dans certaines situations graves traversées par le pays, à communier avec les citoyens dans des moments de liesse populaire (exploits sportifs ou culturels).

En dépit de *« la présence de ces nombreux éléments statutaires qui portent le témoignage d'un processus d'institutionnalisation "en travail" l'Opposition (...) demeure une institution fragile et insuffisamment outillée pour assumer son rôle social. Nul doute que la formalisation et la codification de ces éléments la conforteraient en tant qu'institution démocratique et républicaine »*[240].

Sous l'angle du financement public des partis politiques pour fortifier notre jeune démocratie et décourager le financement occulte de la vie politique, on voit transparaître toute l'incomplétude de ces dispositions statutaires.

On se souviendra encore du rapport du Médiateur rédigé entre août 1998 et mars 1999[241]. Ce rapport n'a pas finalement retenu l'attention des

---

[239] Articles 63 et 144 de la loi n° 2017-27 du 13 juillet 2017 portant Code de la Presse (JORS n° 7036 du 19 août 2017, pp. 945-974).

[240] Léopold Donfack Sokeng, « L'institutionnalisation de l'opposition : une réalité objective en quête de consistance », *in* Luc Sindjoun (dir.), *Comment peut-on être opposant au Cameroun. Politique parlementaire et politique autoritaire*, Dakar, CODESRIA, 2004, p. 83.

[241] Décret n° 98-657 du 7 août 1998 : *« Article premier. - Monsieur El Hadji Mbodj, Professeur de Droit public, à l'Université Cheikh Anta Diop de Dakar, est nommé Médiateur pour la définition d'un statut de l'opposition ainsi que des conditions et modalités de financement des partis politiques par le budget de l'État. Article 2.- Le Médiateur a pour mission de formuler des recommandations sur le contenu d'un statut de l'opposition et les règles de financement des partis politiques par le budget de l'État. En vue de réunir les éléments nécessaires à l'accomplissement de sa mission, il peut mener tous contacts, notamment en direction des partis politiques, et prendre toutes autres initiatives. Article 3.- Les recommandations du Médiateur sont soumises au Président de la République. »* (JORS n° 5818 du 05 septembre 1998, p. 558).

autorités politiques issues de l'Alternance intervenue en mars 2000. Néanmoins, elle continue sans répit de répondre favorablement à bien des préoccupations d'une brillante actualité au sein de la classe politique (prise en charge des mandataires des partis politiques dans les Commissions électorales, plafonnement des dépenses électorales, contrôle des comptes des candidats, etc.) [242].

Le statut de l'Opposition constitutionnellement annoncé dans la Constitution du 22 janvier 2001 ne fait que tarder à se concrétiser en un corpus juridique homogène. À ce jour, il n'y a que des traits textuels qui déterminent approximativement les linéaments statutaires de l'Opposition sénégalaise. De ce fait, *« il apparaît clairement que celle-ci [l'Opposition] est à la recherche d'une identité voire d'un statut qui lui permet d'avoir des consistions d'existence pérennes au sein des hémicycles. On observe allègrement que l'absence d'institutionnalisation de l'Opposition constitue l'une des causes premières de la limitation de son rôle dans le paysage politique de plusieurs États africains impliqués dans le processus de démocratisation de leurs institutions »*[243].

Cette situation s'enlise 20 ans après par la seule cause des atermoiements des leaders politiques. Le dialogue politique a guetté l'opportunité infructueusement et s'est résolu à réserver la question, pour ne pas dire différer le problème. La Commission politique du Dialogue national[244]

---

[242] El Hadj Mbodj, *Statut de l'Opposition – Financement des partis politiques,* (Rapport du Médiateur au Président de la République), 244 p.

[243] Laouel Kader Mahamadou, « L'opposition dans les nouveaux parlements africains : évolution ou régression ? », *in* CMDID/CREDILA-UCAD, *Dialogue politique entre majorité et opposition pour la construction de la démocratie*, (Journées de réflexion, Hôtel Savana, Dakar/Sénégal, 26 au 30 mai 2014, p. 246.

[244] *« Par arrêté n° 014845 du 31 mai 2019, le Ministre de l'Intérieur a procédé à l'installation du "Cadre chargé du dialogue politique" au Sénégal, structure dotée d'une « Commission cellulaire » composée de personnalités indépendantes désignées sur proposition des acteurs politiques et de la société civile. Cette Commission cellulaire était dirigée par feu le Général Mamadou Niang (ancien président de l'Observatoire National des Elections - ONEL -, ancien ministre de l'Intérieur, ancien Ambassadeur), assisté des professeurs Babacar Kanté et Alioune Sall (universitaires) et de Monsieur Mazide Ndiaye (membre de la société civile). Dans un deuxième temps, le Chef de l'État a pris le décret 2019-1106 du 3 juillet 2019 portant création et fixant les règles de fonctionnement du Comité de pilotage du Dialogue national (CPDN). Le « Cadre chargé du dialogue politique » a alors été rattaché au Dialogue national et en est devenu la « Commission politique »* (Commission national du Dialogue Politique, *Rapport final*, Août 2021, p. 4).

s'est finalement contentée de consigner dans son *Rapport final* (août 2021), *« la recommandation à l'endroit de l'autorité de mettre sur pied une commission technique chargée d'étudier la question du statut de l'Opposition et de son chef, de définir ce statut et de proposer les droits et devoirs y afférents »*[245]. Cette recommandation est adressée au Président de la République au titre des *« points d'accord »*.

De ce fait, le statut de l'Opposition reste un fantôme juridique. Les acteurs politiques ont toujours guetté infructueusement l'opportunité. Les plages de dialogue politique (…) n'ont jamais afflué vers un consensus constructif sur la question. Cela s'enlise 20 ans après au mépris de la démocratie par la seule cause des atermoiements des leaders politiques.

[245] Commission nationale du Dialogue Politique, *Rapport final*, Août 2021, p. 9.

TITRE VI. - DE L'ASSEMBLÉE NATIONALE

Article 59.*- L'Assemblée représentative de la République du Sénégal porte le nom d'Assemblée nationale. Elle exerce le pouvoir législatif. Elle vote, seule, la loi, contrôle l'action du Gouvernement et évalue les politiques publiques.*

Les membres de l'Assemblée nationale portent le titre de député.

Les députés sont élus au suffrage universel direct. Leur mandat est de cinq ans ; il ne peut être abrégé que par dissolution de l'Assemblée nationale.

Les Sénégalais de l'extérieur élisent des députés.

Les Cours et Tribunaux veillent à la régularité de la campagne électorale et du scrutin dans les conditions déterminées par une loi organique.

Une loi organique fixe le nombre des membres de l'Assemblée nationale, leurs indemnités, les conditions d'éligibilité, le régime des inéligibilités et des incompatibilités.

Article 60*. – Tout député qui démissionne de son parti en cours de législature est automatiquement déchu de son mandat. Il est remplacé dans les conditions déterminées par une loi organique.*

Article 61*. Aucun député ne peut être poursuivi, recherché, arrêté, détenu ou jugé à l'occasion des opinions ou votes émis par lui dans l'exercice de ses fonctions.*

Aucun député ne peut, pendant la durée des sessions, être poursuivi ou arrêté, en matière criminelle ou correctionnelle, qu'avec l'autorisation de l'Assemblée nationale.

Le député pris en flagrant délit ou en fuite après la commission des faits délictueux peut être arrêté, poursuivi et emprisonné sans l'autorisation du bureau de l'Assemblée nationale.

Aucun député ne peut, hors session, être arrêté qu'avec l'autorisation du bureau de l'Assemblée nationale, sauf en cas de flagrant délit tel que prévu par l'alinéa précédent ou de condamnation pénale définitive.

La poursuite d'un député ou sa détention du fait de cette poursuite est suspendue si l'Assemblée le requiert.

Le député qui fait l'objet d'une condamnation pénale définitive est radié de la liste des députés de l'Assemblée nationale sur demande du Ministre de la Justice.

Article 62. – *Le règlement intérieur de l'Assemblée nationale détermine :*

– la composition, les règles de fonctionnement du bureau, ainsi que les pouvoirs, prérogatives et durée du mandat de son Président ;

– le nombre, le mode de désignation, la composition, le rôle et la compétence de ses commissions permanentes, sans préjudice du droit, pour l'Assemblée nationale, de créer des commissions spéciales temporaires ;

– l'organisation des services administratifs placés sous l'autorité du Président de l'Assemblée, assisté d'un secrétaire général administratif ;

– les conditions de constitution des groupes parlementaires et d'affiliation des députés auxdits groupes ;

– le régime disciplinaire des députés ;

– les différents modes de scrutin, à l'exclusion de ceux prévus expressément par la Constitution ;

– d'une façon générale, toutes les règles ayant pour objet le fonctionnement de l'Assemblée nationale dans le cadre de sa compétence constitutionnelle.

Article 63.- *À l'exception de la date d'ouverture de la première session de l'Assemblée nationale nouvellement élue, qui est fixée par le Président de la République, l'Assemblée nationale fixe la date d'ouverture et la durée de la session unique de l'Assemblée nationale. Celles-ci sont toutefois régies par les règles ci-après.*

L'Assemblée se réunit de plein droit en une session ordinaire unique qui commence dans la première quinzaine du mois d'octobre et qui prend fin dans la seconde quinzaine du mois de juin de l'année suivante.

Au cas où la session ordinaire ou session extraordinaire est close sans que l'Assemblée nationale n'ait fixé la date d'ouverture de sa prochaine session ordinaire, celle-ci est fixée en temps utile par le bureau de l'Assemblée nationale

L'Assemblée nationale est, en outre, réunie en session extraordinaire sur un ordre du jour déterminé, soit :

– sur demande écrite de plus de la moitié des députés, adressée au Président de l'Assemblée nationale ;
– sur décision du Président de la République, seul ou sur proposition du Premier ministre.

Toutefois, la durée de chaque session extraordinaire ne peut dépasser quinze jours.

Les sessions extraordinaires sont closes sitôt l'ordre du jour épuisé.

***Article 64**. - Le vote des membres de l'Assemblée nationale est personnel. Tout mandat impératif est nul.*

La loi organique peut autoriser, exceptionnellement, la délégation de vote. Dans ce cas, nul ne peut recevoir délégation de plus d'un mandat.

***Article 65**. - L'Assemblée nationale peut déléguer à sa commission des délégations le pouvoir de prendre des mesures qui sont du domaine de la loi.*

Cette délégation s'effectue par une résolution de l'Assemblée nationale dont le Président de la République est immédiatement informé.

Dans les limites de temps et de compétence fixées par la résolution prévue ci-dessus, la commission des délégations prend des délibérations qui sont promulguées comme des lois. Ces délibérations sont déposées sur le bureau de l'Assemblée nationale. Faute d'avoir été modifiées par l'Assemblée nationale dans les quinze (15) jours de la session, elles deviennent définitives.

***Article 66**. - Les séances de l'Assemblée sont publiques. Le huis clos n'est prononcé qu'exceptionnellement et pour une durée limitée.*

Le compte-rendu intégral des débats ainsi que les documents parlementaires sont publiés dans le Journal des débats ou au Journal officiel.

Note n° 7. Une neutralisation juridique et pratique du pouvoir législatif

Dans le régime constitutionnel actuel, l'Assemblée est l'institution représentative qui incarne seule le pouvoir législatif (monocaméralisme ou monocamérisme).

Les pouvoirs de l'Assemblée nationale se sont renforcés corrélativement aux transformations constitutionnelles évolutives. Il ressort de la loi constitutionnelle n° 2016-10 du 5 avril 2016 portant révision de la Constitution les dispositions suivantes : *« L'Assemblée représentative de la République du Sénégal porte le nom d'Assemblée nationale. Elle exerce le pouvoir législatif. Elle vote, seule, la loi, contrôle l'action du Gouvernement et évalue les politiques publiques »*.

Tout comme les autres parlements en Afrique subsaharienne francophone, le jugement de réalité révèle des forces qui neutralisent l'exercice des fonctions parlementaires, notamment le contrôle de la procédure législative par l'Exécutif et les imperfections du règlement intérieur.

1. Une procédure législative sous contrôle

La « procédure législative » associe deux notions. Au sens général, la procédure est un terme dérivé du latin *procedere* qui signifie "*s'avancer*", c'est-à-dire une succession d'actes accomplis pour aboutir à une décision[246]. D'où l'expression « *procédure législative* » qui traduit, à l'analyse, un *« ensemble des règles établissant les conditions du cheminement procédural qui aboutira, en cas de succès, à l'entrée en vigueur d'une loi »*[247]. Elle décrit les segments d'initiative, de contrôle, de vote et d'applicabilité de la loi, expression de la volonté générale. Toutefois, le Pouvoir législatif ne détient ni n'exerce plus exclusivement cette fonction. L'évidente vérité est que *« la théorie de la séparation des pouvoirs a vieilli dans sa volonté de séparer les tâches de l'exécutif et du*

---

[246] Michel de Villiers, Armel Le Divellec, *Dictionnaire du droit constitutionnel*, *op. cit.*, p. 295

[247] Michel de Villiers, *Ibid.*, p. 344.

législateur car les gouvernements ont réussi dans la plupart des États à s'approprier l'initiative de l'essentiel de la législation »[248].

L'article 80 de la Constitution du 22 janvier 2001, modifiée, *« l'initiative des lois appartient concurremment au Président de la République, au Premier ministre et aux députés ».* C'est un système d'initiative partagée au Président de la République et au député qui leur confère le droit de soumettre respectivement un projet de loi et une proposition de loi, à l'exclusion systématique des citoyens (pétition).

L'initiative d'origine parlementaire est une proposition de loi. Celle-ci est un texte, signé par un ou plusieurs députés, destiné à devenir loi, après son adoption par l'Assemblée nationale.

Plus fréquent, le projet de loi est une initiative gouvernementale. Préparé par le ministère compétent, c'est-à-dire celui dont les attributions entrent dans le cadre du texte, le projet de loi est adopté en Conseil des Ministres pour être transmis, par un décret de saisine, au Président de l'Assemblée, pour examen par l'Assemblée nationale.

Les projets ou propositions de loi sont présentés à l'Assemblée aux fins de leur adoption en Commissions permanentes et de leur vote en Assemblée plénière. Ce parcours législatif[249] est ponctué par prérogatives consistantes au profit de l'Exécutif. Outre sa présence constante aux travaux, les membres du Gouvernement jouissent d'un droit d'amendement plus souple.

Un *amendement* est une prérogative reconnue au député et au ministre de proposer une modification au texte initialement présenté[250]. Mais le pouvoir d'amendement du député subit des restrictions, notamment les irrecevabilités financières. Ainsi que l'illustrent les prescriptions de l'article 82 alinéa 2 de la Constitution du 22 janvier 2001 : « *Les propositions et amendements "formulés par les députés ne sont pas recevables" lorsque leur adoption aurait pour conséquence, soit une*

---

[248] Jean-Claude Masclet, Jean-Paul Valette, *Méthodologie du droit constitutionnel*, Paris, Ellipses, 2014, p. 67.

[249] Ibrahima Niane, « L'Assemblée et le parcours de la loi », *Revue internationale de droit africain EDJA,* n° 65, Avril-Juin 2005, pp. 7-21.

[250] Avis de la Cour constitutionnelle du Mali n° 2015-01/CCM aux fins de demande d'avis portant sur la possibilité d'amendement d'une ordonnance par l'Assemblée nationale », *Recueil des arrêts, avis et aux décisions de la Cour constitutionnelle du Mali,* Vol. 6, 2015, p. 87.

diminution des ressources publiques, soit la création ou l'aggravation d'une charge publique, à moins que ces propositions ou amendements ne soient assortis de propositions de recettes compensatrices.

Les irrecevabilités financières, jumelées aux irrecevabilités législatives[251], sont de sérieuses entraves à l'effectivité des fonctions de l'initiative parlementaire.

Déjà techniquement désavantagé dans la procédure législative, le député est encore interdit de soumettre des propositions ou amendements dont l'adoption aurait des répercussions financières ; soit une diminution des ressources publiques, soit la création ou l'aggravation d'une charge publique. Ce principe n'est que relativement atténué : *« La possibilité laissée aux députés de former des propositions ou amendements dont l'adoption entraînerait, soit la création ou l'aggravation d'une charge publique à condition qu'ils soient assortis de propositions de recettes compensatrices est une dérogation à l'interdiction de principe de formuler de tels propositions ou amendements et doit de ce fait être interprétée restrictivement »*[252]. Il se trouve que cette dérogation est strictement interprétée par le juge constitutionnel comme visant la création de *« recettes nouvelles »*.

La question des irrecevabilités financières donne toujours l'occasion au Conseil constitutionnel de se révéler très strict. C'est le cas dans la

---

[251] *« Considérant que les requérants soutiennent que l'amendement d'origine parlementaire, introduisant dans le Code électoral l'article L.150 alinéa premier, est irrecevable en ce qu'il viole l'article 6 de la Déclaration des Droits de l'Homme et du Citoyen de 1789, les articles premier et 3 de la Constitution, portant ainsi atteinte au principe d'égalité entre partis politiques et au "principe de représentativité suffisante". Considérant, cependant, que la recevabilité d'un amendement ne peut être contestée que dans deux cas : d'une part, sur le fondement de l'article 82 de la Constitution, lorsque son adoption aurait pour conséquence, soit une diminution des ressources publiques, soit la création ou l'aggravation d'une charge publique, sans que cet amendement ne soit assorti de propositions de recettes compensatrices, et d'autre part, sur le fondement de l'article 83 de la Constitution, s'il apparaît, au cours de la procédure législative, que l'amendement n'est pas du domaine de la loi ;Considérant que le moyen tiré de l'irrecevabilité de l'amendement parlementaire, qui n'est pas fondé sur un grief tiré des articles 82 et 83 précités, doit être rejeté »* ((Décision 1/C/2022 du 29 avril 2022).

[252] Décision n° 27/98-Affaire n° 1/C/98 du 24 février 1998 concernant le recours en annulation de l'amendement modifiant le Code électoral (augmentation du nombre de députés de 120 à 140), *in* Conseil constitutionnel du Sénégal, *Recueil des décisions, janvier 1993 – mars 2019*, 2020, p. 121.

Décision 1/C/98 relative à l'amendement *Niadiar Sène* portant augmentation du nombre de députés de 120 à 140 : *« Considérant que ne sauraient tenir lieu de "propositions de recettes compensatrices" au sens de l'article 71, alinéa 2 de la Constitution, les deux pièces jointes à la lettre n° 01274 du 13 février 1998 par laquelle le Président de la République a saisi le Conseil constitutionnel de la loi organique du 04 février 1998, pièces intitulées, l'une "Amendement à l'exposé des motifs du projet de loi organique modifiant le Code électoral", et l'autre "Note annexe à l'amendement de l'article LO 117" ; Considérant, en effet, que le premier de ces documents ne fait qu'annoncer que le Règlement intérieur de l'Assemblée nationale sera modifié en vue de procéder à un « réaménagement interne du budget de l'Assemblée nationale » ; que le « réaménagement » auquel a procédé le second document ne saurait valoir création de recettes nouvelles, même si le Règlement intérieur est modifié en conséquence, ce qui n'est pas encore le cas ; Considérant qu'il ressort de tout ce qui précède, qu'il a été fait de l'article 71, alinéa 2 de la Constitution, une application non conforme à sa lettre et à son esprit ; qu'il y a lieu dès lors, de prononcer l'irrecevabilité de l'amendement modifiant l'article LO 117 du Code électoral et de déclarer par ce motif, non conformes, à la Constitution, les dispositions législatives qui ont résulté de son adoption »*[253].

Les dispositions constitutionnelles restrictives viennent en effet discipliner les initiatives dépensières de l'Assemblée nationale. Elles forment, ensemble et en permanence, ce que l'Arrêt n° 06/CC/MC du 28 juillet 2020 de la Cour constitutionnelle du Niger qualifie d'*« objectif constitutionnel de bon usage des ressources publiques »* s'imposant au législateur[254].

Au contraire, *« le Gouvernement n'est tenu à aucune obligation de recettes compensatrices pour les charges nouvelles que constitue*

---

[253] De même, *« Considérant que ne saurait tenir lieu de « propositions de recettes compensatrices » au sens de l'article 82 alinéa 2 de la Constitution, la déclaration du Ministre, chargé d'exposer les motifs du projet de loi et d'en soutenir la discussion à l'Assemblée nationale, qui s'est borné à prendre acte des propositions faites par les députés tendant à « octroyer des indemnités session et non des traitements mensuels aux conseillers » et à « rationaliser les coûts de fonctionnement du Conseil de la République »* (Décision 2/C/2003 du 29 août 2003, *Organisation et fonctionnement du conseil de la république pour les affaires économiques et sociales*).

[254] Site : *www.cour-constitutionnelle-niger.org*, consulté le 8 mars 2023.

l'augmentation du nombre des députés » [255]. L'irrecevabilité financière que sanctionne, le cas échéant, la juridiction constitutionnelle[256] est révélatrice d'une arme gouvernementale infaillible contre le Parlement et pour la protection des choix budgétaires du Gouvernement.

2. Un règlement intérieur perfectible

La configuration politique de la quatorzième (XIVe) Législature est de nature à installer une situation tout à fait singulière voire inédite dans l'histoire parlementaire et politique du Sénégal. Elle enregistre l'affirmation d'une opposition parlementaire significative, corrélativement au rétrécissement significatif de la majorité parlementaire. La minorité parlementaire devient nécessairement audible.

Cette embellie démocratique à travers les urnes devra nécessairement déteindre sur la gouvernance de l'Assemblée nationale jusque-là dévolue à un Bureau dont les leviers essentiels étaient aux commandes de la majorité politique. Ainsi que le pense le journaliste et homme politique français, *« l'Assemblée nationale vaut ce que vaut le Bureau qui la met en mouvement ».*

Étant l'instance décisionnelle par excellence, le Bureau de l'Assemblée nationale mérite, sous le déclin de l'exorbitance du fait majoritaire, d'être un point d'attention autant pour les députés de la XIVe Législature que le Gouvernement et le Conseil constitutionnel. À cet égard, il convient d'exercer une réflexion sur la composition et l'étendue des prérogatives du Bureau de l'Assemblée nationale, avant d'évoquer, prochainement, les défis qui interpellent l'organisation et le fonctionnement dans un contexte de démonopolisation de la représentation nationale. Ainsi, il importe de pointer quelques limites à l'application satisfaisante de la loi

---

[255] Décision du Conseil constitutionnel du Sénégal n° 31/98, 6/C/98 du 10 mars 1998 relative à la loi organique du 02 mars 1998 abrogeant et remplaçant *in* Conseil constitutionnel du Sénégal, *Recueil des décisions, janvier 1993 – mars 2019*, 2020, p. 139.

[256] Ce moyen est d'office soulevé par le juge constitutionnel nigérien en considérant que c'est une *« formalité substantielle »* et le Président de l'Assemblée nationale a méconnu les dispositions de l'article 93 de la Constitution et 59-4e et 5e du Règlement intérieur de l'Assemblée nationale en ne prononçant pas l'irrecevabilité de cette proposition de loi. Arrêt n° 001/CC/MC du 13 juin 2008, Site : *http://cour-constitutionnelle-niger.org*, consulté le 8 mars 2023.

organique n° 2002-20 du 15 mai 2002 portant Règlement intérieur de l'Assemblée nationale (RIAN).

À propos des incompatibilités parlementaires, il est souhaitable d'envisager un Code de déontologie parlementaire. En la matière, le pari, c'est à juste titre la protection des parlementaires dont la charge revient à l'institution parlementaire. Un déontologue dédié parlementaire pourra en orienter l'application vers le conseil plus que le contrôle. Il sera une autorité indépendante dotées des prérogatives de recevoir et d'interpréter les déclarations d'intérêts des élus.

Au demeurant, l'élargissement de l'assiette de la déclaration de patrimoine, aux députés, et plus généralement à tous les détenteurs de mandats politiques, serait une perspective vertueuse. La finalité sera davantage de protéger les parlementaires et d'ennoblir la perception que les citoyens se font de notre Représentation nationale.

Les quelques votes déjà effectués par la Législature en cours mettent en saillie des pratiques controversées.

D'abord, le cas s'est illustré lors de l'élection du Président de l'Assemblée nationale lors de la séance du12 septembre 2022. Pour rappel du dictionnaire, la notion de *« scrutin uninominal »* ne peut être classée dans la catégorie des expressions qualifiées de « faux-amis » Il traduit l'idée que c'est un scrutin où *« il y a pourvoir un siège ; l'électeur vote pour un seul candidat »*[257]. Dit autrement, l'électeur doit choisir un candidat parmi plusieurs. Par conséquent, l'expression « scrutin nominal » demande à être différenciée avec les modalités pratiques appelées, d'après le langage du Code électoral sénégalais, *« l'organisation et le déroulement du vote »*. Sur ce point précis, le problème se situerait au niveau du RIAN qui aménage les modalités pratiques d'élection des membres du Bureau définitif dans le chapitre dédié au *mode de votation des lois*. C'est dans ces conditions qu'il a été souvent fait appel à l'article 86 du RIAN qui nous parlent en ces termes : *« Dans le scrutin public, il est distribué à chaque député des bulletins nominatifs, les uns blancs, les autres bleus, les autres enfin blancs rayés de bleu. Chaque député dépose dans l'urne qui lui est présentée un bulletin de vote à son nom, blanc s'il est pour l'adoption, bleu s'il est contre, blanc rayé de bleu s'il désire s'abstenir. Lorsque les bulletins ont été recueillis, le Président prononce la clôture*

[257] Gérard Cornu, *Vocabulaire juridique*, 11e édition, Paris, Quadrige, 2016, p. 947.

du scrutin. Les secrétaires en font le dépouillement et le Président en proclame le résultat en ces termes : "l'Assemblée a adopté" ou "l'Assemblée n'a pas adopté". Il est procédé au scrutin secret dans les mêmes conditions avec les bulletins blancs, bleus, ou blancs rayés de bleu ne portant pas le nom des votants et placés sous enveloppe. Les questions mises aux voix ne sont déclarées adoptées que si elles ont recueilli la majorité absolue des suffrages exprimés. En cas d'égalité des voix, la question mise aux voix est rejetée. Les groupes parlementaires et les non-inscrits peuvent désigner des scrutateurs qui assistent au dépouillement ».

Ce qui a principalement abondé la confusion, c'est d'avoir aligné les modalités de vote pour l'élection du Président de l'Assemblée nationale sur celles « *des questions* » (loi, résolution, engagement de la responsabilité du Gouvernement) soumises à l'Assemblée nationale. Il fallait savoir que la technique d'adoption des textes législatifs diffère généralement des modalités pratiques prévues pour l'élection au scrutin uninominal. On aurait dû en disposer autrement, c'est-à-dire fixer le mode de votation pour l'élection des membres du Bureau de l'Assemblée nationale dans le « *chapitre 4* » du RIAN relatif à la *« Constitution du Bureau »*, au de les prévoir au *« chapitre 19 »* traitant du *« mode de votation »* des questions soumises à l'Assemblée nationale. Ce qui aurait l'avantage de spécifier les caractéristiques des bulletins de vote utilisés à l'élection du Président de l'Assemblée nationale au scrutin uninominal. Mais, il n'en était pas ainsi.

Ensuite, le RIAN brille de par son silence sur les modalités de prises de décision au sein du Bureau de l'Assemblée nationale. Certainement, le Bureau transpose, pour contenir toutes velléités de blocage, les règles applicables en commissions, à avoir *« les décisions des commissions sont prises à la majorité absolue des suffrages exprimé ; en cas de partage égal des voix, celle du président est prépondérante »*[258].

Enfin, le silence sur les modalités d'organisation et de fonctionnement de l'Institution parlementaire nécessite l'adoption de mesures réglementaires dont le Bureau est chargé de prescrire, sous la forme de textes appelés *« Instruction générale »*. Sont ainsi visées : *les modalités d'organisation du Débat d'orientation budgétaire (article 3) : les modalités d'utilisation*

[258] Article 46 du RIAN.

des crédits affectés au fonctionnement des groupes parlementaires (article 17), les conditions relatives à l'organisation des débats parlementaires, le cas échéant la fixation de la durée globale de la séance et du temps de parole entre les groupes et les non-inscrits (article 19), la composition de la mission temporaire d'évaluation et de contrôle de l'exécution du budget instituée au sein de la Commission des Finances et du Contrôle budgétaire (article 34), modalités de mise en œuvre des missions d'information (article 49), les conditions de recrutement et de travail et les domaines d'intervention des assistants parlementaires (article 50), le déroulement de la séance réservée aux questions orales (article 93), les modalités de mise en place et de fonctionnement des comités d'évaluation des politiques publiques (article 98), les insignes, la tenue lors des travaux parlementaires et la protection des députés au sein de l'hémicycle (articles 106 et 107).

Une importante question demeure, à notre niveau, sans réponse formelle : ces instructions générales sont-elles adoptées par le Bureau de l'Assemblée nationale ? Si oui, sont-elles disponibles et accessibles ? Dans ce cas, les nouveaux parlementaires seront bien armés pour accomplir, avec sérénité d'esprit, leurs offices parlementaires.

À l'installation du bureau en 2022, l'incompatibilité entre le mandat de député et la fonction de membre du Gouvernement a été une sérieuse pomme de discorde au sein de l'Hémicycle.

Historiquement, c'est au sortir des soubresauts politico-parlementaires de 1962 qu'il est mis un terme à la possibilité d'être cumulativement membre du Gouvernement et député. La *loi n° 63-22 du 7 mars 1963 portant révision de la Constitution* consacrant un régime présidentiel au Sénégal a pris soin d'instaurer subséquemment l'incompatibilité, en son article 45, en prescrivant que *« la qualité de ministre ou de secrétaire d'État est incompatible avec un mandat parlementaire et avec toute activité professionnelle publique ou privée. Les modalités d'application du présent article seront fixées par la loi organique »*.

En écho à la Constitution 54 de la Constitution du 22 janvier 2001[259], l'article 109 du RIAN confirme, de manière absolue, l'incompatibilité :

[259] L'article 54. De la Constitution du 22 janvier 2001 dispose : *« La qualité de membre du Gouvernement est incompatible avec un mandat parlementaire et toute activité professionnelle publique ou privée rémunérée, sous réserve des dispositions prévues à*

« *Le mandat de député est incompatible avec la qualité de membre du Gouvernement* ». Ce qui épouse parfaitement l'énoncé de l'article 54 de la Constitution en vigueur.

Quant aux dispositions du Code électoral (a*rticle LO 172),* elles font remarquer : *Le député qui, lors de son élection, se trouve dans l'un des cas d'incompatibilité visés au présent chapitre, est tenu d'établir dans les huit jours qui suivent son entrée en fonction qu'il s'est démis de ses fonctions incompatibles avec son mandat, ou qu'il ne se trouve plus dans la situation d'actionnaire majoritaire déclarée incompatible en vertu des articles LO.166 et LO.168 ou, s'il est titulaire d'un emploi public, qu'il a demandé à être placé dans la position spéciale prévue par son statut. À défaut, il est déclaré démissionnaire d'office, à moins qu'il ne se démette de son mandat. La démission d'office est constatée dans tous les cas par l'Assemblée nationale à la demande du Président de la République ou du bureau. Elle n'entraîne pas l'inéligibilité ».*

À cette première étape de lecture, on pourrait conclure à la faculté reconnue au ministre concerné de jouir de son mandat de député pour 8 jours, d'autant plus qu'il s'agit d'une loi organique de même nature que le RIAN. Mais la réalité juridique est tout autre, du moins à la lecture du RIAN. Pour autant devrait-on considérer les dispositions organiques du Code électoral, plus spécifiquement les articles 163 et 172, comme définissant les modalités d'application de cet article 54 de la Constitution sur renvoi de celle-ci. Le doute persiste. *Le constat est que les articles du Code électoral en question sont muets sur les modalités de remplacement du député nommé membre du Gouvernement*. Par conséquent, la présence et le vote des membres du Gouvernement étaient-ils justifiés ?

Quant à l'article 110, il est ainsi formulé : « *L'exercice de toute fonction publique non élective est incompatible avec le mandat de député. En conséquence, toute personne visée à l'alinéa précédent élue à l'Assemblée nationale est remplacée dans ses fonctions et placée dans la position prévue à cet effet par le statut la régissant dans les huit (08) jours qui suivent son entrée en fonction, ou en cas de contestation de l'élection, dans les huit (08) jours suivant la décision de validation. L'exercice de fonctions confiées par un État étranger ou une*

---

l'alinéa ci-dessous. Le député, nommé membre du Gouvernement, ne peut siéger à l'Assemblée nationale pendant la durée de ses fonctions ministérielles. Les modalités d'application du présent article sont fixées par une loi organique ».

organisation internationale et rémunérées sur leurs fonds est également incompatible avec le mandat de député. Toutefois, les membres du personnel enseignant de l'enseignement supérieur sont exceptés des dispositions des deux premiers alinéas du présent article ».

Par contre, quelle est la lettre du RIAN ? Elle confirme, en son article 109, sans réserve aucune, que *« le mandat de député est incompatible avec la qualité de membre du Gouvernement* ». Ce qui épouse parfaitement l'énoncé de l'article 54 de la Constitution en vigueur. Force est d'admettre que, sous cette rédaction, l'article 110 du RIAN fait référence à une autre situation, notamment celle des agents de l'État. Pour en rendre pleinement compte, faisons un détour en droit de la Fonction publique. Pour un initié, l'évocation des termes « *fonction publique* », « *statut* » « *position prévue à cet effet* » est suffisante pour comprendre qu'il ne s'agit pas des membres du Gouvernement mais plutôt des agents de l'État.

En définitive, qu'elle était la démarche à suivre ? Bien des analystes ont semblé comprendre qu'il fallait procéder à une « *lecture* soit *combinée*, soit *complémentaire*, soit encore *conjointe* » des dispositions du Code électoral et du RIAN pour déterminer le régime d'incompatibilité applicable aux membres du Gouvernement. Or la démarche à suivre devrait intégrer, au moins, ces trois problématiques juridiques.

Première évidence, le raisonnement juridique devrait consister à trouver le texte applicable à l'élection des membres du Bureau définitif de l'Assemblée nationale, c'est-à-dire d'apprécier les dispositions organiques du Code électoral et celles du RIAN par rapport à l'article 54 de la Constitution du 22 janvier 2001 qui se lit ainsi qu'il suit : « *La qualité de membre du Gouvernement est incompatible avec un mandat parlementaire et toute activité professionnelle publique ou privée rémunérée, sous réserve des dispositions prévues à l'alinéa ci-dessous. Le député, nommé membre du Gouvernement, ne peut siéger à l'Assemblée nationale pendant la durée de ses fonctions ministérielles. Les modalités d'application du présent article sont fixées par une loi organique* ». Mais cela n'a pas été du tout le cas pour certainement des raisons institutionnelles ou des connotations politiques.

Deuxième évidence, le Code électoral n'est-il pas allé au-delà de sa sphère de compétence, comme le fait un cavalier, au point d'habiliter des membres du Gouvernement élus députés à poser des actes parlementaires comme le vote pour l'élection des membres du Bureau définitif de l'Assemblée nationale ? Pour rappel, depuis le Code consensuel de 1992, la rédaction des lois électorales est quasiment l'affaire des partis politiques, réunis par le Ministère de l'Intérieur, les questions politiquement délicates étant soumises à l'arbitrage du Président de la République.

Troisième évidence, en présence d'une loi qu'on pourrait qualifier de « loi spéciale », le RIAN, était-il souhaitable d'invoquer une loi plus générale, le Code électoral. Dans une moindre mesure, était-il pertinent de viser les dispositions du Code électoral dans un exercice d'installation du Bureau définitif de l'Assemblée nationale ?

Enfin, deux taches indélébiles terniront pour toujours l'image de l'Assemblée nationale au Sénégal. Avant tout, des membres du Gouvernement ont participé à l'élection des membres du Bureau de l'Assemblée nationale censés poser des actes de contrôle de leurs gestions ultérieures ; ils leur seront apparemment redevables. En plus, la présence de ministres a réédité au sein de l'hémicycle la forte tension de décembre 1962 (assurément dans un contexte de régime parlementaire) ; cela vérifie l'hypothèse que cette présence alimente des hostilités qui se soldent inéluctablement par l'intervention de la Gendarmerie nationale.

TITRE VI bis. - DU HAUT CONSEIL DES COLLECTIVITÉS TERRITORIALES

Article 66-1. *– Le Haut Conseil des Collectivités territoriales est une Assemblée consultative. Il donne un avis motivé sur les politiques de décentralisation et d'aménagement du territoire.*

Une loi organique détermine le mode de désignation, le nombre et le titre des membres, ainsi que les conditions d'organisation et de fonctionnement de l'institution.

Note n° 8. – Le HCCT, une institution au service de la démocratie locale

Le Haut Conseil des Collectivités territoriales (HCCT) est une assemblée consultative instituée en droite ligne des orientations de l'Acte III de la Décentralisation. Sa création, actée par la loi n° 2016-10 du 5 avril 2016 portant révision de la Constitution, procède d'une volonté politique orientée vers la gouvernance locale et de la territorialisation des politiques publiques.

L'organisation et le fonctionnement du HCCT sont régis par les termes de la loi organique n° 2016-24 du 14 juillet 2016.

Il comprend cent cinquante (150) membres, investis pour un mandat de cinq ans. Quatre-vingts (80) membres sont élus au suffrage indirect selon les modalités définies par le Code électoral ; soixante-dix (70) membres sont nommés par le Président de la République. Ses membres portent le titre symbolique de *« haut conseiller »*.

Le HCCT a pour mission *« de donner un avis motivé sur les politiques de décentralisation, de développement et d'aménagement du territoire »*. À ce titre, le HCCT est chargé de : i) participer au suivi de l'élaboration et de la mise en œuvre des politiques de décentralisation, de développement et d'aménagement du territoire ; ii) concourir au renforcement du dialogue entre l'État et les acteurs territoriaux ; iii) promouvoir le développement des bonnes pratiques dans la gestion des collectivités territoriales ; iv) étudier les moyens à mettre en œuvre pour le développement des territoires et le bon fonctionnement des collectivités territoriales ; v) recevoir et examiner les rapports sur le contrôle de légalité, sur le fonctionnement des collectivités territoriales et l'état de la coopération décentralisée ; vi) élaborer un rapport annuel destiné au Président de la République ; vii) participer à l'évaluation des politiques en matière de décentralisation, de développement et d'aménagement du territoire.

Le HCCT peut, de sa propre initiative, faire des propositions ou recommandations au Président de la République ou au Gouvernement pour toute question concernant les politiques de décentralisation, d'aménagement et de développement du territoire. Tout aussi, le Président de la République ou le Gouvernement peut saisir le Haut

Conseil des collectivités territoriales pour avis sur les questions relatives aux domaines précités.

L'institution exerce une fonction consultative lorsqu'il est saisi par Président de la République des projets de lois, des projets d'ordonnances et de décrets entrant dans le domaine de sa compétence.

Récemment, une certaine Opposition politique a plaidé la suppression du HCCT dans un contexte de pré-élections territoriales. Le prétexte brandi a été qu'il s'agit d'une institution budgétivore et contre-productive. Sur le terrain politique, l'argument de dégraissement du budget des pouvoirs publics et de son reconditionnement vers l'effort national de lutte contre inondations a été le cheval de bataille.

Objectivement, le sérieux de l'argument ne saurait noyer l'éloge du bilan des réalisations du HCCT au cours du quinquennat 2016-2019.

Des contributions de fond sont consacrées, au cours de la période de référence, à des thématiques d'intérêt territorial : *« Financement et fiscalité des collectivités territoriales à l'épreuve de la Covid-19 » ; « Collectivités territoriales et coopération décentralisée » ; « Une contribution à l'amélioration de l'Acte III de la décentralisation » ; « Les ressources humaines locales » ; « Équité territoriale » ; « Attractivité des territoires et promotion de l'Emploi » ; « Environnement, changement climatique et collectivités territoriales : quelles nouvelles perspectives pour un développement durable « zéro déchet » et « zéro bidonville » ; « Collectivités territoriales et promotion de l'Habitat » ; « Jeunesse, Formation, Emploi et Promotion du Civisme : quelles approches territoriales ? ».*

La pertinence de sujets abordés et la rigueur de la méthodologie mobilisée seraient de nature à renforcer la confiance en l'institution et à attester sa progression sur une rampe de bons auspices.

TITRE VII.- DES RAPPORTS ENTRE LE POUVOIR EXÉCUTIF ET LE POUVOIR LÉGISLATIF

Article 67. - *La loi est votée par l'Assemblée nationale.*

La loi fixe les règles concernant :

– les droits civiques et les garanties fondamentales accordées aux citoyens pour l'exercice des libertés publiques, les sujétions imposées par la Défense nationale aux citoyens en leur personne et en leurs biens ;

– le statut de l'opposition ;

– la nationalité, l'état et la capacité des personnes, les régimes matrimoniaux, les successions et libéralités ;

– la détermination des crimes et délits ainsi que les peines qui leur sont applicables, la procédure pénale, l'amnistie, la création de nouveaux ordres de juridictions et le statut des magistrats ;

– l'assiette, le taux et les modalités de recouvrement des impositions de toutes natures, le régime d'émission de la monnaie ;

– le régime électoral de l'Assemblée nationale et des assemblées territoriales ;

– les garanties fondamentales accordées aux fonctionnaires civils et militaires de l'État ;

– les nationalisations d'entreprises et les transferts de propriété d'entreprises du secteur public au secteur privé.

La loi détermine les principes fondamentaux :

– de l'organisation générale de la Défense nationale ;

– de la libre administration des collectivités locales, de leurs compétences et de leurs ressources ;

– de l'enseignement ;

– du régime de la propriété, des droits réels et des obligations civiles et commerciales, du droit du travail, du droit syndical et de la sécurité sociale ;

– du régime de rémunération des agents de l'État.

Les lois de finances déterminent les ressources et les charges de l'État dans les conditions et sous les réserves prévues par une loi organique. Les créations et transformations d'emplois publics ne peuvent être opérées que par les lois de finances.

Les lois de programme déterminent les objectifs de l'action économique et sociale de l'État.

Le plan est approuvé par la loi.

Les dispositions du présent article peuvent être précisées et complétées par une loi organique.

Article 68. - *L'Assemblée nationale vote les projets de lois de finances dans les conditions prévues par une loi organique.*

Le projet de loi de finances de l'année, qui comprend notamment le budget, est déposé sur le bureau de l'Assemblée nationale, au plus tard le jour de l'ouverture de la session ordinaire unique.

L'Assemblée nationale dispose de soixante (60) jours au plus pour voter les projets de lois de finances.

Si, par suite d'un cas de force majeure, le Président de la République n'a pu déposer le projet de loi de finances de l'année en temps utile pour que l'Assemblée dispose, avant la fin de la session fixée, du délai prévu à l'alinéa précédent, la session est immédiatement et de plein droit prolongée jusqu'à l'adoption de la loi de finances.

Si le projet de loi de finances n'est pas voté définitivement à l'expiration du délai de soixante jours prévu ci-dessus, il est mis en vigueur par décret, compte tenu des amendements votés par l'Assemblée nationale et acceptés par le Président de la République.

Si compte tenu de la procédure prévue ci-dessus, la loi de finances de l'année n'a pu être mise en vigueur avant le début de l'année financière, le Président de la République est autorisé à reconduire, par décret, les services votés.

La Cour des Comptes assiste le Président de la République, le Gouvernement et l'Assemblée nationale, dans le contrôle de l'exécution des lois de finances.

Article 69. - *L'État de siège, comme l'état d'urgence, est décrété par le Président de la République.*

L'Assemblée nationale se réunit alors de plein droit, si elle n'est en session.

Le décret proclamant l'état de siège ou l'état d'urgence cesse d'être en vigueur après douze (12) jours, à moins que l'Assemblée nationale, saisie par le Président de la République, n'en ait autorisé la prorogation.

Les modalités d'application de l'état de siège et de l'état d'urgence sont déterminées par la loi.

Article 70. - *La déclaration de guerre est autorisée par l'Assemblée nationale.*

Les droits et devoirs des citoyens, pendant la guerre ou en cas d'invasion ou d'attaque du territoire national par des forces de l'extérieur, font l'objet d'une loi organique.

Article 71. - *Après son adoption par l'Assemblée nationale à la majorité absolue des suffrages exprimés, la loi est transmise sans délai au Président de la République pour promulgation.*

Article 72. - *Le Président de la République promulgue les lois définitivement adoptées dans les huit (08) jours francs qui suivent l'expiration des délais de recours visés à l'article 74.*

Le délai de promulgation est réduit de moitié en cas d'urgence déclarée par l'Assemblée nationale.

Article 73. - *Dans le délai fixé pour la promulgation, le Président de la République peut, par un message motivé, demander à l'Assemblée une nouvelle délibération qui ne peut être refusée. La loi ne peut être votée en seconde lecture que si les trois cinquièmes (3/5) des membres* ***composant*** *l'Assemblée nationale se sont prononcés en sa faveur.*

Article 74. - *Le Conseil constitutionnel peut être saisi d'un recours visant à faire déclarer une loi inconstitutionnelle :*

– par le Président de la République dans les six (06) jours francs qui suivent la transmission à lui faite de la loi définitivement adoptée,
– par un nombre de députés au moins égal au dixième (1/10) des membres de l'Assemblée nationale, dans les six (06) jours francs qui suivent son adoption définitive.

Article 75. - *Le délai de la promulgation est suspendu jusqu'à l'issue de la seconde délibération de l'Assemblée nationale ou de la décision du Conseil constitutionnel déclarant la loi conforme à la Constitution.*

Dans tous les cas, à l'expiration des délais constitutionnels, la promulgation est de droit ; il y est pourvu par le Président de l'Assemblée nationale.

Article 76. - *Les matières qui ne sont pas du domaine législatif en vertu de la présente Constitution ont un caractère réglementaire.*

Les textes de forme législative intervenus en ces matières peuvent être modifiés par décret si le Conseil constitutionnel, à la demande du Président de la République ou du Premier ministre, a déclaré qu'ils ont un caractère réglementaire en vertu de l'alinéa précédent.

Article 77. - *L'Assemblée nationale peut habiliter par une loi le Président de la République à prendre des mesures qui sont normalement du domaine de la loi.*

Dans les limites de temps et de compétence fixées par la loi d'habilitation, le Président de la République prend des ordonnances qui entrent en vigueur dès leur publication mais deviennent caduques si le projet de loi de ratification n'est pas déposé sur le bureau de l'Assemblée nationale avant la date fixée par la loi d'habilitation. L'Assemblée nationale peut les amender à l'occasion du vote de la loi de ratification.

Article 78. - *Les lois qualifiées organiques par la Constitution sont votées et modifiées à la majorité absolue des membres composant l'Assemblée nationale.*

Elles ne peuvent être promulguées si le Conseil constitutionnel, obligatoirement saisi par le Président de la République, ne les a déclarées conformes à la Constitution.

Les articles 65 et 77 de la présente Constitution ne sont pas applicables aux lois organiques.

Article 79. - *Le Président de la République communique avec l'Assemblée nationale par des messages qu'il prononce ou qu'il fait lire et qui ne donnent lieu à aucun débat.*

Article 80. - *L'initiative des lois appartient concurremment au Président de la République, au Premier ministre et aux députés.*

Article 81. - *Le Premier ministre et les autres membres du Gouvernement peuvent être entendus à tout moment par l'Assemblée nationale et ses commissions. Ils peuvent se faire assister par des collaborateurs.*

Les commissions permanentes de l'Assemblée nationale peuvent entendre les directeurs généraux des établissements publics, des sociétés nationales et des agences d'exécution.

Ces auditions et moyens de contrôle sont exercés dans les conditions déterminées par la loi organique portant Règlement intérieur de l'Assemblée nationale.

***Article 82**. - Le Président de la République, les députés et le Premier ministre ont le droit d'amendement. Les amendements du Président de la République sont présentés par le Premier ministre et les autres membres du Gouvernement.*

Les propositions et amendements formulés par les députés ne sont pas recevables lorsque leur adoption aurait pour conséquence, soit une diminution des ressources publiques, soit la création ou l'aggravation d'une charge publique, à moins que ces propositions ou amendements ne soient assortis de propositions de recettes compensatrices.

Toutefois, aucun article additionnel ni amendement à un projet de lois de finances ne peut être proposé par l'Assemblée nationale, sauf s'il tend à supprimer ou à réduire effectivement une dépense, à créer ou à accroître une recette.

Si le Gouvernement le demande, l'Assemblée saisie se prononce par un seul vote sur tout ou partie du texte en discussion en ne retenant que les amendements proposés ou acceptés par le Gouvernement.

***Article 83**. - S'il apparaît, au cours de la procédure législative qu'une proposition ou un amendement n'est pas du domaine de la loi, le Premier ministre et les autres membres du Gouvernement peuvent opposer l'irrecevabilité.*

En cas de désaccord, le Conseil constitutionnel, à la demande du Président de la République, de l'Assemblée nationale ou du Premier ministre, statue dans les huit jours.

***Article 84.** - L'inscription, par priorité, à l'ordre du jour de l'Assemblée nationale d'un projet ou d'une proposition de loi ou d'une déclaration de politique générale, est de droit si le Président de la République ou le Premier ministre en fait la demande.*

Article 85. *Les députés peuvent poser au Premier ministre et aux autres membres du Gouvernement, qui sont tenus d'y répondre, des questions écrites.*

Les députés peuvent poser au Premier ministre et aux autres membres du Gouvernement, qui sont tenus d'y répondre, des questions orales et des questions d'actualité. Les questions ou les réponses y afférentes ne sont pas suivies de vote.

Le Premier ministre et les autres membres du Gouvernement se présentent à l'Assemblée nationale, selon une périodicité à fixer d'accord parties, pour répondre aux questions d'actualité des députés.

L'Assemblée nationale peut désigner, en son sein, des commissions d'enquête.

La loi détermine les conditions d'organisation et de fonctionnement ainsi que les pouvoirs des commissions d'enquête.

Article 86.- *Le Premier ministre peut, après délibération du Conseil des Ministres, décider de poser la question de confiance sur un programme ou une déclaration de politique générale. Le vote sur la question de confiance ne peut intervenir que deux jours francs après qu'elle a été posée.*

La confiance est refusée au scrutin public à la majorité absolue des membres composant l'Assemblée nationale. Le refus de confiance entraîne la démission collective du Gouvernement.

L'Assemblée nationale peut provoquer la démission du Gouvernement par le vote d'une motion de censure.

La motion de censure doit, à peine d'irrecevabilité, être revêtue de la signature d'un dixième des membres composant l'Assemblée nationale. Le vote de la motion de censure ne peut intervenir que deux jours francs après son dépôt sur le bureau de l'Assemblée nationale.

La motion de censure est votée au scrutin public, à la majorité absolue des membres composant l'Assemblée nationale ; seuls sont recensés les votes favorables à la motion de censure. Si la motion de censure est adoptée, le Premier ministre remet immédiatement la démission du Gouvernement au Président de la République. Une motion de censure ne peut être déposée au cours de la même session.

Le Premier ministre peut, après délibération du Conseil des ministres, engager la responsabilité du Gouvernement devant l'Assemblée nationale sur le vote d'un projet de loi de finances. Dans ce cas, ce projet est considéré comme adopté, sauf si une motion de censure, déposée dans les vingt-quatre heures qui suivent, est votée dans les conditions prévues à l'alinéa précédent. Le Premier ministre peut, en outre, recourir à cette procédure pour un autre projet ou une proposition de loi par session.

***Article 87**. - Le Président de la République peut, après avoir recueilli l'avis du Premier ministre et celui du Président de l'Assemblée nationale, prononcer, par décret, la dissolution de l'Assemblée nationale.*

Toutefois, la dissolution ne peut intervenir durant les deux premières années de législature.

Le décret de dissolution fixe la date du scrutin pour l'élection des députés. Le scrutin a lieu soixante jours au moins et quatre-vingt-dix jours au plus après la date de publication dudit décret.

L'Assemblée nationale dissoute ne peut se réunir. Toutefois, le mandat des députés n'expire qu'à la date de la proclamation de l'élection des membres de la nouvelle Assemblée nationale.

Note n° 9. Des rapports déséquilibrés au détriment du pouvoir législatif

La naissance des constitutions écrites coïncide avec le rayonnement des régimes politiques démocratiques organisés selon le principe de séparation des pouvoirs[260] érigé en dogme démocratique dans l'article 16 de la Déclaration des Droits de l'Homme et du Citoyen de 1789 qui proclame à cet effet que *"toute société dans laquelle la garantie des droits n'est pas assurée ni la séparation des pouvoirs déterminée n'a point de Constitution »*. Ainsi, la Constitution organise la tripartition des pouvoirs publics composant l'État et fixe les compétences des différents organes de l'État et la manière dont ils sont désignés, non sans régler les rapports entre les différents pouvoirs en leur attribuant la faculté de se contrôler mutuellement[261].

La finalité recherchée est sans doute d'asseoir un équilibre des pouvoirs en tant que fondement de la liberté politique car *« tout serait perdu si le même homme ou le même corps des Principaux, ou des Nobles, ou du Peuple, exerçaient ces trois pouvoirs, celui de faire des Lois, celui d'exécuter les résolutions publiques, et celui de juger les crimes ou les différents des particuliers »*[262].

Les systèmes constitutionnels des États de l'Afrique subsaharienne francophone connaissent toujours un déséquilibre au détriment du pouvoir législatif.

---

[260] Maurice Duverger entrevoit des procédés techniques capables de limiter la puissance des gouvernants. I) La limitation par l'affaiblissement des gouvernants par trois procèdes : l'élection car la peur de l'électeur est pour les gouvernants le commencement de la sagesse, la division des pouvoirs par le fédéralisme ou la décentralisation et le contrôle juridictionnel par le contrôle de légalité et le contrôle de constitutionnalité ; ii) la limitation par le renforcement des pouvoirs des gouvernés (les procédés de démocratie semi-directe et ce que nous appellerons le développement des "puissances privées iii) La limitation par le fédéralisme par un fédéralisme interne et la limitation par un contrôle international », Maurice Duverger, *Les régimes politiques*, Paris, PUF, 1961, pp. 45-50.

[261] Rafaâ Ben Achour, « Constitutions et institutions », *in* AIDC, *La Constitution aujourd'hui*, Recueil des cours, volume XV, p. 4.

[262] Montesquieu (1748), *De l'Esprit des Lois*, Deuxième partie (Livres IX à XIII), *« De la Constitution d'Angleterre », Londres,* (version numérique par Jean-Marie Tremblay), *classiques.uqac.ca*, p. 47, consulté le 10 mars 2023.

1. Une délimitation relative du domaine de la loi

Sous l'inspiration du régime français, la Constitution du Sénégal délimite le domaine de compétence du Pouvoir législatif. Elle établit la liste des matières législatives ressortissant à la compétence de l'Assemblée nationale et renvoie, spécifiquement, à des matières législatives[263].

Cette délimitation est principalement l'œuvre de l'article 67 de la Constitution : « *La loi fixe* ***les règles*** *concernant : - les droits civiques et les garanties fondamentales accordées aux citoyens pour l'exercice des libertés publiques, les sujétions imposées par la Défense nationale aux citoyens en leur personne et en leurs biens ; - le statut de l'Opposition ; - la nationalité, l'état et la capacité des personnes, les régimes matrimoniaux, les successions et libéralités ; - la détermination des crimes et délits ainsi que les peines qui leur sont applicables, la procédure pénale, l'amnistie, la création de nouveaux ordres de juridictions et le statut des magistrats ; - l'assiette, le taux et les modalités de recouvrement des impositions de toutes natures, le régime d'émission de la monnaie ; - le régime électoral de l'Assemblée nationale et des assemblées territoriales ; - les garanties fondamentales accordées aux fonctionnaires civils et militaires de l'État ; - les nationalisations d'entreprises et les transferts de propriété d'entreprises du secteur public au secteur privé.*

La loi détermine les ***principes fondamentaux*** *: - de l'organisation générale de la Défense nationale ; - de la libre administration des collectivités locales, de leurs compétences et de leurs ressources ; - de l'enseignement ; - du régime de la propriété, des droits réels et des obligations civiles et commerciales, du droit du travail, du droit syndical et de la sécurité sociale ; - du régime de rémunération des agents de l'État. Les* ***lois de finances*** *déterminent les ressources et les charges de l'État dans les conditions et sous les réserves prévues par une loi organique. Les créations et transformations d'emplois publics ne peuvent être opérées que par les lois de finances. Les* ***lois de programme*** *déterminent les objectifs de l'action économique et sociale de l'État. Le* ***plan*** *est*

---

[263] La rationalisation du régime parlementaire dans la Constitution de la Ve République française du 04 octobre 1958 a mis un terme au légicentrisme. Jusqu'à cette date, la loi était la seule expression de la souveraineté : le régime légal. Il n'existait donc pas de Constitution hissée au sommet de l'ordre juridique ni d'un organe juridictionnel de contrôle de constitutionnalité des lois.

approuvé par la loi. Les dispositions du présent article peuvent être précisées et complétées par une loi organique ».

Ces dispositions distinguent entre les matières fondamentales, pour lesquelles la loi est habilitée à ***fixer***, de manière précise, ***« les règles »*** et les matières, pour lesquelles le législateur n'intervient que pour déterminer, d'une manière générale, les ***principes fondamentaux***[264].

Ce qui fait dire au Conseil constitutionnel sénégalais, dans la Décision 1/C/2005 et 2/C/2005 du 12 février 2005, *Loi n° 01/2005 du 07 janvier 2005 portant amnistie ou loi Ezzan* : *« La dérogation ainsi apportée au principe de la séparation des pouvoirs trouve son fondement dans les dispositions de l'article 67 de la Constitution qui font figurer, au nombre des matières qui relèvent de la loi, des règles concernant l'amnistie »*[265]. Plus amplement, il considère, dans la Décision n° 1/C/2019 du 25 avril 2019 que : *« [...] s'agissant de l'article 67 de la Constitution, que cette disposition, en déterminant le domaine de la loi, distingue les matières qui relèvent totalement du domaine législatif puisque c'est la loi qui en fixe, à la fois, les principes fondamentaux, les modalités d'application et celles qui relèvent partiellement du domaine de la loi, celle-ci n'en fixant que les principes fondamentaux »*[266].

D'autres articles de la Constitution" renvoient spécifiquement certaines matières à la compétence du Pouvoir législatif. Ce sont les cas suivants : le sceau et l'hymne national (article 1er), les règles de constitution, de

---

[264] A propos des mécanismes généraux et des mécanismes particuliers de la répartition des compétences entre la loi et le règlement, notamment en matière fiscale, Abdou Aziz Daba Kébé, *La répartition des compétences entre la loi et le règlement en droit fiscal sénégalais*, Thèse de doctorat de droit public, Université Cheikh Anta Diop, 2012, 444 p. Mais, certaines Constitutions s'abstiennent d'en faire autant et, indistinctement, énumèrent les règles fixées par la loi. Par exemple, au niveau de l'article 84 de la Constitution togolaise, les règles relatives à des matières aussi complexes et délicates que l'enseignement et la recherche scientifique, l'organisation de la défense nationale, la libre administration des collectivités territoriales, l'intégration des valeurs culturelles nationales sont fixées par la loi.

[265] Décision n° 91/2005-Affaires 1/C/2005 et 2/C/2005 du 12 février 2005 *Loi d'amnistie* ou *loi Ezzan, in* Ismaïla Madior Fall (dir.), *Les décisions et avis du Conseil constitutionnel du Sénégal, op. cit.*, p. 474.

[266] Décision n° 1/C/2019 du 25 avril 2019 *Exception d'inconstitutionnalité, recours formé par la Communauté des Agglomérations de Dakar-Communauté des Agglomérations de Rufisque (CADAK-CAR) tendant à faire juger l'article 119 du Code général des Collectivités territoriales, conseilconstitutionnel.sn*, consulté le 10 mars 2023.

suspension et de dissolution des partis politiques, les conditions dans lesquelles ceux-ci exercent leurs activités et bénéficient d'un financement public (article 4), le régime de la presse (article 11), le statut de l'Opposition et les droits et devoirs y afférents ainsi que ceux du Chef de l'Opposition (article 58), les modalités d'application de l'état de siège et de l'état d'urgence (article 69), l'organisation, la composition et le fonctionnement des collectivités territoriales (article 102).

Sous sa forme simple ou ordinaire, la loi peut être spécifiée en loi uniforme, loi d'autorisation, loi d'approbation, loi d'habilitation, loi de finances, loi de ratification ou même de délibération.

La ***loi uniforme*** est une législation imposée par un texte communautaire et qui réalise une unification du droit entre États signataires. Ce sont, par exemple, les termes de l'article 34 du traité de l'Union monétaire ouest-africaine (UMOA) : *« Les Gouvernements des États membres de l'UMOA conviennent d'adopter une réglementation uniforme dont les dispositions sont arrêtées par le Conseil des Ministres, en vue de permettre la pleine application des principes d'union monétaire [...] ».* Cette réglementation uniforme porte sur l'exécution et le contrôle de leurs relations financières avec les États n'appartenant pas à l'UMOA, les règles générales d'exercice de la profession bancaire et financière ainsi que des activités s'y rattachant, les systèmes de paiement, la répression de la falsification des signes monétaires et de l'usage des signes falsifiés, la répression du blanchiment de capitaux. La loi uniforme forme l'annexe de la Convention ou décision adoptée par l'organe compétent. Cette catégorie n'étant pas disponible dans la Constitution du Sénégal, on peut mieux de reconsidérer son intitulé : à titre exemplatif au lieu d'écrire « ***loi uniforme*** n° 2008-48 du 03 septembre 2008 relative à la répression des infractions en matière de chèque, de carte bancaire et d'autres instruments et procédés électroniques de paiement », il serait préférable de retenir « *Loi n° 2008-48 du 03 septembre 2008 portant* ***loi uniforme*** *relative à la répression des infractions en matière de chèque, de carte bancaire et d'autres instruments et procédés électroniques de paiement* »).

La ***loi d'autorisation*** a pour titre : *« loi autorisant le président de la République à... ».* L'autorisation est accordée en la forme législative. Elle porte sur un texte ou déclaration d'initiative gouvernementale, sans possibilité d'amendement. Les autorisations portent sur des domaines qui ressortissent à la compétence de l'Exécutif mais dont l'intervention ou le maintien requiert l'accord de l'Assemblée nationale. L'autorisation est obligatoire, aux termes de l'article 69 de la Constitution, en cas de prorogation de l'état d'urgence : *« L'État de siège, comme l'état d'urgence, est décrété par le Président de la République. L'Assemblée nationale se réunit alors de plein droit, si elle n'est en session. Le décret proclamant l'état de siège ou l'état d'urgence cesse d'être en vigueur après douze (12) jours, à moins que l'Assemblée nationale, saisie par le Président de la République, n'en ait autorisé la prorogation. Les modalités d'application de l'état de siège et de l'état d'urgence sont déterminées par la loi »*. En vertu de l'article 70 alinéa premier de la Constitution, elle l'est aussi pour la déclaration de guerre : *« La déclaration de guerre est autorisée par l'Assemblée nationale »*.

En outre, l'Assemblée nationale peut accorder à l'Exécutif des autorisations de ratification ou d'approbation de traités ou accords internationaux. La ratification ou l'approbation est l'acte par lequel l'autorité étatique, détenant la compétence de conclure les traités internationaux, confirme le traité élaboré par ses plénipotentiaires, consent à ce qu'il devienne définitif et obligatoire et s'engage solennellement au nom de l'État à l'exécuter. De toute évidence, c'est le Président de la République qui négocie les engagements internationaux. Toutefois, pour la ratification ou l'approbation d'un traité ou accord par le Président de la République dans les sept matières ci-après visées par l'article 96 de la Constitution, le vote d'une loi d'autorisation est nécessaire voire impératif[267] : *« Les traités de paix, les traités de commerce, les traités ou accords relatifs à l'organisation internationale, ceux qui engagent les finances de l'État, ceux qui modifient les dispositions de nature législative, ceux qui sont relatifs à l'état des personnes, ceux qui comportent cession ou adjonction du territoire ne peuvent être ratifiés ou approuvés qu'en vertu d'une loi. Ils ne prennent effet qu'après avoir été ratifiés ou approuvés »*. Lorsque l'Assemblée nationale est saisie d'un projet de loi autorisant la ratification d'un traité ou accord international, elle ne dispose que d'une compétence restreinte. Il n'est pas voté sur les articles contenus dans ces actes, et aucun ***amendement*** *ne peut être présenté*. L'Assemblée conclut soit à

---

[267] Saïdou Nourou Tall, « La justice constitutionnelle sénégalaise et le droit international public », *in* Oumarou Narey (dir.), *La justice constitutionnelle,* (Actes du colloque international de l'ANDC, 15 au 17 octobre 2015), Paris, L'Harmattan, 2016, p. 320.

l'adoption soit au rejet du projet de loi, soit encore à l'ajournement de la discussion. Le rejet ou l'ajournement doit être dûment motivé.

La ***loi d'approbation*** est un acte en forme législative par lequel le législateur consacre la validation d'un projet d'un texte ou document d'origine gouvernementale. C'est ce que prévoit le 6e alinéa de l'article 67 de la Constitution : *« Le **plan** est approuvé par la loi ».*

*La **loi d'habilitation***[268] autorise le Président de la République à prendre des mesures relevant normalement du domaine de la loi dans les conditions édictées par l'article 77 de la Constitution, *« à l'exception* de la *loi organique* et de la *loi constitutionnelle »*. Aux termes dudit article, *« l'Assemblée nationale peut habiliter par une loi le Président de la République à prendre des mesures qui sont normalement du domaine de la loi. Dans les limites de temps et de compétence fixées par la loi d'habilitation, le Président de la République prend des « ordonnances » qui entrent en vigueur dès leur publication mais deviennent caduques si le projet de loi de ratification n'est pas déposé sur le bureau de l'Assemblée nationale avant la date fixée par la loi d'habilitation. L'Assemblée nationale peut les amender à l'occasion du vote de la loi de ratification ».* Le Pouvoir législatif consent à autoriser le Pouvoir exécutif à "légiférer" par *« ordonnance »*[269]. Il devient l'auteur même de son dessaisissement.

On distinguera, pour attester *« la diversité de nature des ordonnances »*[270], un régime juridique variable. Les ordonnances prises sur une habilitation de l'Assemblée nationale demandent à être ratifiées par le Parlement pour

---

[268] Assemblée parlementaire de la Francophonie, *Les lois d'habilitation*, (Acte du Séminaire parlementaire), Ouagadougou (Burkina Faso), 15 et 16 septembre 2011, 90 p. ; Abdoulaye Dièye, « La loi d'habilitation en droit comparé : la situation dans quelques pays d'Afrique noire francophone et en France », *Annales de l'Université des Sciences sociales de Toulouse*, Tomme LV, 2014, pp. 133-167 ; Ameth Ndiaye, « La loi d'habilitation dans les systèmes constitutionnels d'Afrique francophone », *Annales Africaines*, Volume 1, n° 14, Avril 2021, pp. 173-238.

[269] Une étude exhaustive est consacrée au régime des ordonnances par Saidou Nourou Tall, *Droit constitutionnel et ordonnances dans les État d'Afrique noire francophone. Bénin, Burkina Faso, Burundi, Cameroun, Comores, Congo, Côte d'Ivoire, Djibouti, Gabon, Guinée, Madagascar, Mali, Mauritanie, Niger, République centrafricaine, République démocratique du Congo, Rwanda, Sénégal, Tchad et Togo*, L'Harmattan-Sénégal, 2021, 394 p.

[270] Saïdou Nourou Tall, « Les ordonnances en Afrique noire francophone », *in Revue internationale de droit africain EDJA*, n° 64, Janvier-Février-Mars 2005, p. 51.

avoir une valeur législative. Par exemple, *la loi n° 2020-13 du 02 avril 2020 habilitant le Président de la République à prendre, par ordonnances, des mesures relevant du domaine de la loi pour faire face à la pandémie du COVID-19*. Cependant, d'autres ordonnances, comme celles relatives aux *« dispositions transitoires »*[271], restent de nature législative, sans avoir besoin d'être ratifiées[272]. Dans tous les cas, l'habilitation constitutionnelle peut autoriser le Président de la République à prendre une ordonnance dans le domaine des lois organiques. De surcroît, une *loi organique* peut ultérieurement *modifier* une telle ordonnance qui n'appelle pas une ratification parlementaire[273]. Sur le plan financier, l'exigence de continuité de l'État doit tenir compte de la poursuite des opérations de collecte des ressources publiques et de mise en exécution des dépenses publiques. Cela justifie, en écho à l'article 68 de la Constitution que les dispositions de l'article 57 de la LOLF puissent autoriser, dans certaines circonstances, la mise en œuvre du projet de loi de finances : « (...) *Si, **à l'expiration du délai de soixante jours,** le projet de loi de finances n'est pas définitivement voté par l'Assemblée nationale, il est mis en vigueur **par décret**, compte tenu des amendements votés par l'Assemblée nationale et acceptés par le Président de la République.* Cette habilitation est énoncée par le Constituant qui transforme, le cas échéant, le Pouvoir exécutif en *« législateur de substitution »*[274]. Au demeurant, l'attention peut être appelée sur la nature du texte. Faisant figure d'exception, la Constitution du Sénégal renvoie à un *« **décret** »* alors que, dans la Constitution française, [275] et comme dans les autres Constitutions africaines francophones, il s'agit plus convenablement d'une « ***ordonnance*** ».

[271] Celles-ci servent, en principe, de base à la *« gestion des mutations constitutionnelles »* et garantir *« sécurité juridique et cohérence de l'ordre juridique »*, Moussa Zaki, « Petites constitutions et droit transitoire en Afrique », *Annales africaines*, 2012, p. 29 et p. 37.

[272] On peut citer l'*ordonnance n° 60-17 du 03 septembre 1960 portant loi organique sur la Cour suprême »* (JORS n° 3399 du 12 septembre 1960, pp. 926-934).

[273] Par exemple, la *« loi organique n° 62-51 du 11 juillet 1962 modifiant l'ordonnance n° 60-17 du 03 septembre 1960 relative à la Cour suprême »* (JORS n° 3542 du 28 juillet 1962, p. 1301).

[274] François Abeng Messi, « La substitution du Parlement en droit budgétaire des États d'Afrique noire francophone », *RAFIP* n°6, 2019, p. 68.

[275] Article 47 alinéa 3 de la Constitution française du 04 octobre 1958 : *« Si le Parlement ne s'est pas prononcé dans un délai de soixante-dix jours, les dispositions du projet peuvent être mises en vigueur par ordonnance »*.

La **loi de ratification** est votée après l'intervention de l'ordonnance pour lui conférer une forme et une nature législatives. Avant la ratification, l'ordonnance prise sur habilitation législative est de nature réglementaire ; c'est à ce titre qu'elle demande à être ratifiée. Seul le respect des prescriptions de l'article 77 de la Constitution peut en faire un texte de nature législative appelée loi de ratification. L'objet essentiel du dépôt du projet de loi de ratification est de maintenir en vigueur les ordonnances édictées. Même s'il a l'inconvénient de noyer le débat parlementaire sur des textes souvent de nature différente, *« la pratique des ratifications groupées »*[276] reste possible. Il n'existe également d'obstacle à ce que le Pouvoir législatif puisse amender une ordonnance lorsqu'il le juge nécessaire[277].

Le terme **« loi de finances »** s'applique au document initial de prévision budgétaire, loi de finances de l'année initiale, au texte législatif qui modifie les recettes et les dépenses initialement envisagées en cours d'exercice, loi de finances rectificative, et au texte législatif qui constate et clôture la gestion d'une année, loi de règlement[278]. Les ***lois de finances*** sont votées par l'Assemblée nationale. Par contre, l'initiative des lois de finances est exclusivement du ressort du Pouvoir exécutif : on ne peut parler que de *« **projet** de loi de finances »*. L'article 68 de la Constitution en vigueur dispose, en son alinéa premier, que *« l'Assemblée nationale vote les projets de lois de finances dans les conditions prévues par une loi organique.* Sur le fondement de ces dispositions constitutionnelles, la loi organique n° 2020-07 du 26 février 2020 abrogeant et remplaçant la loi organique n° 2011-15 du 08 juillet 2011 relative aux lois de finances (LOLF)[279] détermine le régime juridique des lois de finances[280].

---

[276] Décision de la Haute Cour constitutionnelle malgache n° 05- HCC/D3 du 13 février 2019 concernant la loi n° 2019-001 déléguant le pouvoir de légiférer au Président de la République, *www.hcc.gov.mg,* consulté le 16 mars 2023.

[277] Arrêt de la Cour constitutionnelle du Mali n° 2015-01/CCM du 04 mai 2015 aux fins de demande d'avis portant sur la possibilité d'amendement d'une ordonnance par l'Assemblée nationale », *Recueil des arrêts, avis et aux décisions de la Cour constitutionnelle du Mali*, Volume 6, 2015, p. 88.

[278] Le projet de loi de règlement est déposé sur le bureau de l'Assemblée nationale et distribué au plus tard le jour de l'ouverture de la session ordinaire de l'année suivant celle de l'exécution[278]. C'est la notion de *« chaînage vertueux »*.

[279] La LOLF de 2011 avait déjà été modifiée par la loi organique n° 2016-34 du 23 décembre 2016.

[280] A propos de la spécificité matérielle et substantielle des lois de finances, Moussa Zaki, « Constitution et lois de finances : variations dans la régulation d'un domaine

Il s'agit formellement d'une « *nouvelle* » transposition[281] de la Directive 06/2009/CM/UEMOA du 26 juin 2009 portant lois de finances au sein de l'Union économique et monétaire ouest africaine (UEMOA)[282] qui fixe les règles relatives au contenu, à la présentation, à l'élaboration, à l'adoption, à l'exécution et au contrôle des lois de finances.

Une ***délibération*** est un acte législatif pris en Commission des Délégations de l'Assemblée nationale dans les conditions ci-après organisées par l'article 64 de la Constitution : *« L'Assemblée nationale peut déléguer à sa Commission des Délégations le pouvoir de prendre des mesures qui sont du domaine de la loi. Cette* ***délégation*** *s'effectue par une* ***résolution de*** *l'Assemblée nationale dont le Président de la République est immédiatement informé. Dans les limites de temps et de compétence fixées par la résolution prévue ci-dessus, la Commission des Délégations prend des* ***délibérations*** *qui sont* ***promulguées comme des lois****. Ces délibérations sont déposées sur le bureau de l'Assemblée nationale.* ***Faute d'avoir été modifiées*** *par l'Assemblée nationale* ***dans les quinze (15) jours*** *de la session,* ***elles deviennent définitives*** *».* Les délibérations sont donc prises sur les affaires qui sont renvoyées à la Commission des Délégations par l'Assemblée nationale, dans les limites de la délégation qui lui est donnée conformément aux dispositions précitées.

La Commission des Délégations se réunit, sur convocation de son président, chaque fois que l'Assemblée lui donne délégation. La présence de la majorité absolue des membres est nécessaire pour que la Commission des Délégations puisse valablement délibérer. Les décisions sont prises à la majorité des deux tiers (2/3). Les membres du Gouvernement assistent aux séances de la Commission ; ils sont entendus

---

spécifique », Oumarou Narey (dir.), *La Constitution, (Actes du séminaire scientifique, tenu à Niamey du 24 au 26 octobre 2018)*, L'Harmattan-Sénégal, 2018, pp. 329-334.

[281] Adamou Issoufou, « Fallait-il une nouvelle loi organique relative aux lois de finances au Sénégal ? » *Rafip*, n° 7-1er semestre 2020, pp. 325-336.

[282] Six (06) nouvelles directives du 26 juin 2009 composent le nouveau cadre communautaire harmonisé de gestion des finances publiques : la directive n° 01/2009/CM/UEMOA portant Code de Transparence dans la gestion des finances publiques, la directive n° 06/2009/CM/UEMOA portant lois de finances, la directive n° 07/2009/CM/UEMOA portant règlement général sur la comptabilité publique, la directive n° 08/2009/CM/UEMOA portant nomenclature budgétaire de l'État, la directive n° 09/2009/CM/UEMOA portant plan comptable de l'État, la directive n°10/2009/CM/ UEMOA portant tableau des opérations financières de l'État. Toutes ces directives sont internalisées dans le droit national sénégalais.

quand ils le demandent. Ils fournissent verbalement ou par écrit, les renseignements qui leur sont demandés par la Commission sur les affaires de leurs compétences (Articles 25 à 29 du RIAN).

Plus fréquemment, l'Assemblée nationale est concurrencée, régulièrement, dans sa prime fonction *« par l'extension des pourvois présidentiels dans la sphère législative »*[283]. Au-delà du pouvoir réglementaire autonome[284], on note une mainmise du Pouvoir exécutif sur l'initiative législative. La conséquence se fait sentir également au Sénégal où le Gouvernement est quasiment le seul opérateur législatif.

En pratique, *« l'Exécutif ne concède l'initiative législative que pour les lois et amendements embarrassants pour lui »*[285]. Quelques propositions scélérates sont connues et citées[286]. En 1976, la *proposition* de loi instaurant le *« dauphin constitutionnel »*[287] a permis à Abdou Diouf d'arriver au pouvoir en 1981 sans subir l'épreuve du suffrage universel. En 1998, la *proposition* de modification de la Constitution a abouti à la suppression du quart bloquant et la limitation des mandats[288]. En 2005, la *proposition* de loi *Ezzan* a donné lieu à l'amnistie de plein droit pour

---

283 Yédoh Sébastien Lath, *« La pérennisation du présidentialisme dans les États d'Afrique : Les repères d'un modèle africain de régime politique »*, *in* Frédéric Joël Aïvo, *La Constitution béninoise du 11 décembre 1990 : un modèle pour l'Afrique ?*, Paris, L'Harmattan, 2014, p. 301.

284 Aux termes de l'article 76 de la Constitution du 22 janvier 2001, modifiée : *Les matières qui ne sont pas du domaine législatif en vertu de la présente Constitution ont un caractère réglementaire. Les textes de forme législative intervenus en ces matières peuvent être modifiés par décret si le Conseil constitutionnel, à la demande du Président de la République, a déclaré qu'ils ont un caractère réglementaire en vertu de l'alinéa précédent »*.

285 Ismaïla Madior Fall, *Etude diagnostic et élaboration d'un programme d'appui à l'Assemblée nationale du Sénégal*, Mai 2012, p. 19.

286 Néanmoins, on peut particulièrement retenir la loi n° 2007-31 du 27 décembre 2007 portant modification des articles 95 à 103 du Code des Drogues, ou Loi *Latif Guèye*, criminalisant les délits de trafic de drogue. Mais, l'encombrement des chambres criminelles est là pour nous rappeler, si besoin est, les réserves émises par les praticiens du droit (magistrats, avocats).

287 Maurice Kamto, « Le dauphin constitutionnel dans les régimes politiques africains : les cas du Cameroun et du Sénégal », *Penant*, n° 781-782, Août –Décembre 1983, p. 256.

288 *Loi n°* 98-43 du 10 octobre 1998 portant révision des articles 21 et 28 de la Constitution.

toutes les infractions criminelles et correctionnelles commises ayant une relation avec les élections situées entre 1983 et 2004[289].

Il s'est posé, en France, une discussion sur la portée de la séparation des domaines respectifs de la loi et du règlement. En procédant à une répartition des compétences, entre le Législatif et l'Exécutif, la Constitution espérait délimiter *à côté du domaine réservé à la loi un domaine propre à l'autorité réglementaire »* mais *« la révolution n'a pas eu lieu »*[290].

L'interprétation extensive du domaine de la loi et de l'intrusion tolérée du législateur dans le domaine réglementaire[291] compromettent la révolution juridique annoncée.

Par ailleurs, un acte réglementaire pris dans le domaine de la loi est manifestement illégal.

Mais, l'immixtion du législateur dans le domaine réglementaire semble être tolérée[292]. La raison tient à l'argument selon lequel les autorités exécutives disposent de la possibilité, à travers les ***irrecevabilités***[293] et la "***délégalisation***" de la loi[294], et la saisine *a priori* du Conseil constitutionnel, de rappeler à l'ordre le Pouvoir législatif, sinon de le contraindre

[289] Ismaïla Madior Fall, *ibid. id.*

[290] Jean Rivero, « Rapport de synthèse », *in* Louis Favoreu (dir.), Jean Rivero *et alii.*, *Vingt Ans d'application de la Constitution de 1958 : le domaine de la loi et du règlement*, Aix-en-Provence, PUAM, 1978, p. 263.

[291] Ariane Vidal-Naquet, « Le domaine de la loi », *in* Michel Verpeaux et *alii, Droit constitutionnel. Les grandes décisions de la jurisprudence*, 2e édition, Paris, PUF, 2017, pp. 444-458.

[292] Dans la décision du 143 DC du 30 juillet 1982, *Blocage des prix et des revenus*, le Conseil constitutionnel français admet que la loi peut statuer dans le domaine du règlement sans être entachée d'inconstitutionnalité. Il considère que *« la Constitution n'a pas entendu frapper d'inconstitutionnalité une disposition de nature réglementaire contenue dans une loi »*.

[293] Article 83 de la Constitution : *« S'il apparaît, au cours de la procédure législative qu'une proposition ou un amendement n'est pas du domaine de la loi, les membres du Gouvernement peuvent opposer l'irrecevabilité.*
En cas de désaccord, le Conseil constitutionnel, à la demande du Président de la République ou de l'Assemblée nationale, statue dans les huit (08) jours ».

[294] La *délégalisation* est la procédure qui permet au Gouvernement de *modifier une loi déjà adoptée* quand celle-ci relève *du domaine réglementaire*. Elle est organisée dans l'article 76 de la Constitution du Sénégal : *« Les matières qui ne sont pas du domaine législatif en vertu de la présente Constitution ont un caractère réglementaire. Les textes de forme législative intervenus en ces matières peuvent être modifiés par*

au respect de son domaine de compétence. Le Conseil constitutionnel français admet que la loi peut statuer dans le domaine du règlement sans être entachée d'inconstitutionnalité. Dans sa Décision n° 82-143 DC du 30 juillet 1982, *Loi sur les prix et les revenus*, notamment en ses articles 1, 3 et 4, il a jugé *« que, par les articles 34 et 37, alinéa 1er, la Constitution n'a pas entendu frapper d'inconstitutionnalité une disposition de nature réglementaire contenue dans une loi, mais a voulu, à côté du domaine réservé à la loi, reconnaître à l'autorité réglementaire un domaine propre et conférer au Gouvernement, par la mise en œuvre des procédures spécifiques des articles 37, alinéa 2, et 41, le pouvoir d'en assurer la protection contre d'éventuels empiétements de la loi »*.

2. Un régime politique variable et hétérogène

La doctrine ne manque pas assez d'imagination pour décrire le régime politique sénégalais. Les qualificatifs foisonnent à merveille : un régime politique ambigu, hybride, hétérodoxe, syncrétique ou ambivalent. Ils extériorisent le malaise qui envahit l'esprit dans son effort de catégorisation du régime politique selon les théories constitutionnelles. Mais, toutes ces expressions traduisent un même état de fait et sont interchangeables.

La clé de distribution des prérogatives constitutionnelles entre les deux pouvoirs d'obédience politique, que sont le pouvoir exécutif et le pouvoir législatif, permet de nommer le régime politique en place.

Le régime parlementaire, né en Grande-Bretagne au XVIIIe siècle, correspond au *« régime de séparation souple et de collaboration entre les pouvoirs exécutif et législatif. Il présente plusieurs caractéristiques essentielles : le dualisme de l'exécutif, la collaboration fonctionnelle, l'équilibre organique »*[295].

---

décret si le Conseil constitutionnel, à la demande du Président de la République, a déclaré qu'ils ont un caractère réglementaire en vertu de l'alinéa précédent » (Papa Assane Touré, « La procédure constitutionnelle de délégalisation au service de la politique de régulation des loyers : à propos de la décision du Conseil constitutionnel du n° 2/C/2023 du 1er février 2023 » ; Papa Makha Diao, « De la délégalisation ou du déclassement de la loi n° 2014-03, portant baisse des loyers n'ayant pas été calculés suivant la surface corrigée », *www.ceracle.com*, consultés le 18 mars 2023.

[295] Jean-Claude Zarka, *Introduction au droit constitutionnel*, Paris, Ellipses, 2014, p. 96.

Dans le régime présidentiel pratiqué aux États-Unis d'Amérique depuis l'adoption de la Constitution du 17 septembre 1787, contrairement au dualisme de l'exécutif qui caractérise le régime parlementaire, la séparation des pouvoirs y est stricte[296] . Juridiquement, « *le président incarne à lui seul le pouvoir exécutif en régime présidentiel* » ; « *il n'existe pas en dehors de lui un gouvernement collégial, doué de compétences propres. (...) Le congrès ne peut renverser politiquement le président*[297]*, et celui-ci ne peut prononcer la dissolution du Congrès* »[298]. (...). Tout aussi, « *le Conseil des ministres se réunit rarement et le président y impose sa décision. On connaît le mot de Lincoln : "sept non, un oui, le oui l'emporte"* »[299].

Le régime présidentialiste, dépeint sous l'appellation de « *présidentialisme négro-africain* » s'exprime sur un ton péjoratif : « *c'est un régime*

---

[296] Dans le régime présidentiel américain, « *La séparation est une balance des pouvoirs. Le droit constitutionnel américain se caractérise par le système des freins et contrepoids (checks and balances) : Le Président des États-Unis dispose d'un véto suspensif à l'égard des lois votées par le congrès (un véto qui ne peut être contourné que par un vote à la majorité des deux tiers dans chacune des deux chambres) ; Le président prend indirectement part à l'initiative des lois (dépôt de projets de texte par l'intermédiaire de membres du Congrès ; présentation de son programme législatif dans son discours sur "l'état de l'Union") ; Le président ne peut ratifier un traité sans l'autorisation donnée par le Sénat à la majorité des deux tiers et le Sénat donne également son accord aux nomination du président (de ses secrétaires d'État, des ambassadeurs, des hauts fonctionnaires et des membres de la Cour suprême ; En tant qu'arbitre du bon fonctionnement de l'État fédéral, la Cour suprême a estimé qu'il lui appartenait de vérifier que les lois adoptées par le Congrès respectaient les compétences qui lui sont attribuée par la Constitution (arrêt Marbury v. Madison de 1803). (...) La séparation n'est donc pas rigide aux États-Unis. Elle repose sur la collaboration entre les pouvoirs. Le système politique n'a pas certes évolué vers le régime parlementaire (...). Il s'agit plutôt, selon l'expression de Woodrow Wilson, d'un "parlementaire de couloirs", ou l'exercice du pouvoir résulte d'une négociation continue.* » (Arnaud Haquet, *Droit constitutionnel*, Paris, 2017, pp. 63-64).

[297] Sauf à mettre en œuvre l'*impeachment* qui est une procédure pénale, en raison d'un crime ou délit, permettant à la chambre des représentants de mettre le président des États-Unis en accusation et d'être jugé par le Congrès. Andrew Johnson en 1866 et Bill Clinton ont été jugés mais acquittés. Richard Nixon poursuivi dans l'affaire du *Watergate* a choisi de démissionner avant le vote. Arnaud Haquet, *Ibid. id.*

[298] Thierry Debard, *Dictionnaire de droit constitutionnel*, *op. cit.*, p. 370.

[299] Olivier Duhamel, Guillaume Tusseau, *Droit constitutionnel et institutions politiques*, 4e édition, Paris, Seuil, 2016, pp. 260.

formellement présidentiel mais qui fonctionne de façon déséquilibrée, au profit du président » [300].

Le régime semi-présidentiel est une invention doctrinale[301]. Il est frappé d'une certaine mixité qui atténue le caractère strict de la séparation des pouvoirs (notion de gouvernement, motion de censure, le droit de dissolution, etc.). Mais *« si le pouvoir exécutif fait l'objet d'un transfert de certaines prérogatives au Premier ministre qui est le chef du gouvernement, la primauté du Président de la République au sein de l'exécutif est intacte. Le chef de l'État reste toujours le chef de l'exécutif. Le gouvernement, à la différence de celui du régime parlementaire, n'est pas une institution de conception mais une simple institution d'exécution, d'application et de concrétisation de la politique définie par le Président de la République qui dispose d'un droit de vie et de mort politiques sur ses membres »*[302].

Sur laquelle de ces catégories se modélise le régime politique sénégalais ? Est-il une de leurs *« variétés dérivées »* des prototypes parlementaire et présidentiel ? Une donnée réellement vérifiable dans les États africains est que la routinisation des révisions constitutionnelles a fini de transformer ou altérer les options fondamentales du pouvoir constituant originaire en matière de régime politique. Nous convenons alors que *« les institutions, à la différence des satellites, demeurent rarement sur l'orbite où leur créateur avait entendu les placer. Elles échappent à la volonté du Constituant ou du Législateur qui leur a donné*

---

[300] *« Du point de vue littérale de la Constitution du 2 juin 1972 (...) ressort une vision bipolaire et égalitaire : celle du partage de la souveraineté populaire entre le Président de la République et l'Assemblée nationale. Cependant, u, examen plus approfondi nous oblige à prendre une vue fort différente de la réalité politique. LA distribution formelle de l'autorité de l'État (I) recouvre, dans les faits, ainsi qu'il importe de le montrer, l'expression réelle de la souveraineté du chef de l'État (II) »* (Jean Gicquel, « Le présidentialisme négro-africain. L'exemple camerounais », *in Le pouvoir. Mélanges offerts à Georges Burdeau*, Paris, LGDJ, 1977, p. 704). Pour une lecture africaine du présidentialisme, Mamadou Badji, « Le chef d'État dans les régimes politiques africains : miroir des modes traditionnels d'exercice du pouvoir politique », *in* Mamadou Badji, Olivier Devaux, Babacar Gueye (dir.), *Pouvoir et États en Afrique francophone, Revue Droits sénégalais*, n° 9, 2010, pp. 33-65.

[301] Maurice Duverger, *Les régimes politiques*, *op. cit.*, p. 77 et p. 94.

[302] El Hadj Mbodj, *Cours de droit constitutionnel. Théorie constitutionnelle*, Université catholique de l'Afrique de l'Ouest (Bamako), 1re année, p. 95.

vie. L'évènement, le milieu, la personnalité des hommes qui les incarnent déterminent leur trajectoire »[303].

Au Sénégal, l'intention de la loi n° 63-22 du 7 mars 1963 de présidentialiser le régime politique au sortir des évènements de 1962 est plusieurs fois contrastée avec des attributs propres au régime parlementaire. Pouvoir de dissolution de l'Assemblée nationale : suppression de l'incompatibilité entre la qualité de ministre ou de secrétaire d'État et le mandat parlementaire (loi constitutionnelle n° 67-32 du 20 juin 1967) ; restauration de la responsabilité politique du Gouvernement devant l'Assemblée nationale (loi n° 70-15 du 26 février 1970 portant révision de la Constitution)[304] ; et enfin suppression du poste de Premier ministre (loi n° 83-55 du 1er mai 1983 portant révision de la Constitution et sa restauration (loi n° 91-25 du 5 avril 1991 portant révision de la Constitution).

La réalité fonde à constater que *« la qualification du régime politique a divisé et continue de diviser la doctrine, les observateurs et les simples citoyens. Cela est lié à l'ambiguïté du texte constitutionnel, aux multiples changements constitutionnels et à la pratique constitutionnelle »*[305].

L'avènement de la Constitution du 22 janvier de 2001 s'est ainsi accompagné d'une logique de rupture : *« Au plan juridique, les nouvelles autorités ont proclamé avoir instauré, pour le bien du Sénégal un "régime parlementaire dualiste rationnalisé". À cet égard, de nouveaux symboles du parlementarisme s'ajoutent à ceux qui existaient déjà dans la Constitution : l'institution du Gouvernement comme institution de la République ; l'institutionnalisation de la déclaration de politique générale, la Codification du Conseil des ministres, la possibilité pour le Premier ministre des décrets, la restauration de la question de confiance [articles 6, 55, 42, 50, 80] »*[306].

---

303 Jean Rivero, « Fin d'un absolutisme », *in Pouvoirs* n°13 - *Le Conseil constitutionnel* - avril 1980 (nouvelle édition juillet 1991), p. 5.

304 Seydou Madani Sy, « La révision constitutionnelle du 26 février 1970 », *Annales africaines*, 1969, pp. 9-28.

305 Damba Sy, « En hommage au Professeur Babacar Gueye. Retour sur la Constitution du 22 janvier 2001 », *in* Mamadou Badji, Saïdou Nourou Tall, *Les transformations de l'État... op. cit.*, p. 698.

306 Ismaïla Madior Fall, *Evolution constitutionnelle du Sénégal de la veille de l'indépendance aux élections de 2007*, *op. cit.*, p. 103.

C'est d'ailleurs le lieu d'analyser une tradition dont le point de départ est la loi n° 67-32 du 20 juin 1967 portant révision constitutionnelle[307]. Depuis cette réforme, le droit de dissolution demeure une épée de Damoclès que l'Exécutif suspend en permanence sur la tête l'institution parlementaire. Dans le régime politique sénégalais, il perd sa signification politique originelle. Il n'a plus la vocation de surmonter une instabilité gouvernementale occasionnée par le vote intempestif de motion de censure. L'article 24 de la loi n° 59-003 du 24 janvier 1959 portant Constitution l'avait bien dit en ces termes : *« Si au cours d'une période de trente-six mois consécutifs, deux crises ministérielles surviennent, dans les conditions prévues par l'article 23, le Président du Conseil pourra, après avis du Président de l'Assemblée législative, prononcer la dissolution de celle-ci sur décision prise en Conseil des ministres ».*

Sans qu'il soit besoin de rouvrir les parenthèses constitutionnelle[308]s, la réalité du moment est que *« le Président de la République peut, après avoir recueilli l'avis du Premier ministre et celui du Président de l'Assemblée nationale, prononcer, par décret, la dissolution de l'Assemblée nationale. Toutefois, la dissolution ne peut intervenir durant*

[307] Article 75 bis.- *« Le Président de la République élu peut, à condition qu'il se soit écoulé trois ans au moins depuis le début de la législature, prononcer la dissolution de l'Assemblée nationale par décret motivé après consultation du Président de l'Assemblée ».*

[308] La logique politique qui anime ce régime de la dissolution n'a substantiellement pas variée, en dehors de trois révisions : la loi n° 61-63 du 12 novembre 1961 portant révision de la Constitution ramène les deux crises ministérielles à *« une même période de dix-huit mois »* et *« qu'à l'expiration des dix-huit premiers mois de la législature ».* La dissolution pouvait être la contrepartie d'une seule la motion de censure selon les dispositions de l'article 75 *bis* loi n° 70-15 du 26 février 1970 portant révision de la Constitution et de la loi n° 91-25 du 5 avril 1991 portant révision de la Constitution : *« Le Président de la République peut prononcer par décret la dissolution de l'Assemblée nationale, après avis de son Président, lorsqu'elle a adopté une motion de censure à l'encontre du Gouvernement dans les conditions fixées à l'article 75 »* ; *« Il ne peut être procédé à une nouvelle dissolution dans l'année qui suit la date de proclamation définitive de cette élection ».* Le régime initial de 1963 est réinstauré : *« le dialogue entre le pouvoir exécutif et le pouvoir législatif sera plus équilibré car le Président de la République ne pourra plus dissoudre l'Assemblée nationale. Cette dernière ne sera plus habilitée, de son côté, à engager la responsabilité du Gouvernement par la question de confiance ou la motion de censure »* (exposé des motifs de la constitutionnelle n° 2019-10 du 14 mai 2019 portant révision de la Constitution).

les deux premières années de législature » (article 87, alinéas premier et 2 de la Constitution).

L'équilibre dans le règne de la terreur institutionnelle est effectivement rompu. Dans les conditions de la normalité constitutionnelle, le Président de la République doit objectivement, si la dissolution devrait s'imposer, prendre son mal en patience, soit *« les deux premières années de la Législature »*, l'avis de *« son »* Premier ministre et du Président de l'Assemblée nationale, élu par *« sa »* majorité parlementaire étant de subjectivement des formalités républicaines. Une réflexion bien à propos a pu apporter la preuve que c'est une *« prérogative (...) peu conditionnée »*, *« une garantie de la prépondérance du président de la République »*, *« un moyen de renforcement de la légitimité du Président de la République par rapport à l'exécutif »*[309].

À la suite, la loi n° 2019-10 du 14 mai 2019 portant révision de la Constitution efface radicalement les traits suggestifs du parlementarisme. Sous l'effet de la récente loi n° 2021-41 du 20 décembre 2021, ces traits réapparaissent sans crier gare.

Le régime politique n'était-il pas, pendant les périodes de dénaturation du Gouvernement et de l'éviction du poste de Premier ministre, un avatar atrophié du régime parlementaire dualiste rationalisé proposé aux électeurs du référendum du 7 janvier 2001 ?[310] À y regarder de près, les révisions constitutionnelles, que les pouvoirs publics ont toujours l'intelligence de comparer à de nécessaires adaptations institutionnelles, affichent en permanence des indications précises sur les caractères particulièrement variables et hétérogènes du régime politique.

---

[309] Moustapha Ngaïdé, « Quelques remarques sur la réforme du droit de dissolution au Sénégal : du rituel à la pratique », *Revue internationale du droit africain EDJA*, Juillet-Septembre 2005, p. 28.

[310] Même dans les régimes africains typiquement présidentiel, comme au Bénin et en Côte d'Ivoire, on y observe des accommodements inconnus aux États-Unis, terre d'élection, notamment le droit de référendum et les pouvoirs de crise. On y découvre aussi *« une variante originale de régime parlementaire dans la Constitution de l'Afrique du Sud de 1996, où le président de la République, également chef du gouvernement, est élu par le parlement et est doté de pouvoirs forts. Il dispose du pouvoir de dissolution, est responsable politiquement devant le parlement conjointement avec les membres du gouvernement ; la démission du président est obligatoire en cas de motion de censure. »* (Giuseppe de Vergottini « Régimes politiques », *in* Michel Troper, Dominique Chagnollaud, *Traité international de droit constitutionnel*, Paris, Dalloz, 2012, p. 149.

TITRE VII-1.- DU CONSEIL ÉCONOMIQUE, SOCIAL ET ENVIRONNEMENTAL

Article 87-1. *- Le Conseil économique, social et environnemental peut être consulté par le Président de la République, l'Assemblée nationale et le Gouvernement sur tout problème de caractère économique, social ou environnemental. Tout plan ou tout projet de loi de programmation à caractère économique, social ou environnemental lui est soumis pour avis.*

Il peut aussi, de sa propre initiative, émettre un avis sur l'ensemble des questions d'ordre économique, social ou environnement intéressant les différents secteurs d'activité de la Nation.

Une loi organique détermine le mode de désignation des membres du Conseil économique, social et environnemental ainsi que les conditions d'organisation et de fonctionnement de l'institution.

Note n° 10. Le CESE, une institution constitutionnelle consultative

La loi n° 61-52 du 23 juin 1961[311] a institué le Conseil économique et social (CES). L'institution sera phagocytée par les dispositions transitoires de la Constitution du 22 janvier 2001 qui prescrivent que *« toutes les dispositions relatives au Sénat et au Conseil économique et social sont abrogées entraînant d'office la suppression de ces institutions »* (article 107, alinéa 2).

En lieu et place du CES, la loi n° 2003-15 du 19 juin 2003 portant révision de la Constitution institue un Conseil de la République pour les affaires économiques et sociales, une institution chargée de favoriser le dialogue social et une collaboration harmonieuse entre les communautés et les différentes catégories sociales et professionnelles. L'institution va faire long feu. Subitement, elle fait l'objet de la loi constitutionnelle n° 2008 31 du 7 août 2008 portant suppression du Conseil de la République pour les Affaires économiques et sociales.

Loi constitutionnelle n° 2008 32 du 7 août 2008 fait renaître le Conseil économique et social comme une assemblée consultative disposant d'une expertise dans les domaines économique, social et culturel et consulté par le Président de la République, le Gouvernement, l'Assemblée nationale et le Sénat, sans préjudice des avis qu'il peut émettre de sa propre initiative un avis sur l'ensemble des questions d'ordre économique, social et culturel intéressant les différents secteurs d'activités de la Nation.

L'institution se renforce en 2012 en devenant un Conseil économique, social et environnemental (CESE). Elle est remodelée en une institution constitutionnelle consultative au service de la réflexion sur les politiques publiques de développement, au triple plan économique, social ou environnemental.

---

[311] JORS n° 3464 du 10 juillet 1961, pp. 1087-1088.

1. Le CESE, une représentation socio-professionnelle

La loi organique n° 2008-38 du 3 août 2008[312] décline les missions et attributions et fixe les règles concernant la composition et l'organisation ainsi que le fonctionnement du Conseil économique et social.

Au titre de sa mission, *« le Conseil économique et social constitue, auprès des pouvoirs publics, une assemblée consultative. Il est un médiateur des conflits sociaux. Il assure la représentation des principales activités économiques et sociales, favorise la coopération des différentes catégories professionnelles entre elles et assure leur participation à la politique économique et sociale de la Nation »*.

Dans cette veine, *« le Conseil économique est compétent pour examiner les projets et les propositions de loi ainsi que les projets de décret à caractère économique et social à l'exclusion des lois de finances. Il est obligatoirement saisi pour avis [sur] les projets de lois de programme et de plan à caractère économique et social ». [Il] peut être saisi et consulté sur tout problème intéressant la vie économique et sociale de la Nation. [Il] est saisi par le Président de la République, par le Parlement ou le Gouvernement de demande d'avis ou d'études. Il peut se saisir de l'examen de questions économiques, sociales et financières, entreprendre à cet effet les études et enquêtes nécessaires et émettre en conclusion, les avis et suggestions de réforme qui lui paraissent de nature à favoriser le développement économique et social de la Nation. Il peut notamment faire connaître au Président de la République son avis sur l'exécution des programmes d'action à caractère économique et social. Seul le Conseil économique et social en assemblée est compétent pour donner son avis. Des commissions peuvent être créées en son sein »*[313].

Cette loi organique devrait, d'une part, être élargie à la composante *« environnementale »*, et cela subséquemment à la bonification constitutionnelle de 2012 et, d'autre part, mise à jour en conséquence de la suppression du Parlement (Sénat et Assemblée nationale réunis).

2. Le CESE, une tête pensante des politiques publiques

Au fil de ses sessions périodiques, le Conseil a articulé et documenté une série d'avis relatifs à l'actualité des orientations stratégiques en matière

[312] JORS n° 6442 du 13 décembre 2008, pp. 1154-1156.
[313] Articles 2 à 5 de la loi organique n° 2008-38 du 3 août 2008.

de politiques publiques. Parmi une réalisation abondante, on peut lire, juste à l'effet d'en apprécier leur haute importance pour un développement économique, social et environnemental épanoui du Sénégal : Avis n° 2022-01 sur le thème *« Transports routiers et modernisation du sous-secteur »* ; Avis n° 2022-02 sur le thème *« Autosuffisance et sécurité alimentaires »* ; Avis n° 2021-01 sur le thème *« Migration et Emploi »*, Avis n° 2021–02 sur le thème *« Inondation et Assainissement »* ; Avis de 2019 sur le thème *« Pandémie de la Covid-19, conséquences et propositions d'actions »* et *« Effets de la pandémie de la Covid-19 sur le système de santé au Sénégal. Quelles nouvelles orientations pour une politique sanitaire plus résiliente et pérenne avec des services de qualité performants »* ; Avis n° 2017-06 sur « *les enjeux et opportunités d'une gestion durable des ressources naturelles, en particulier le gaz et le pétrole* » ; Avis n° 2016-03 sur « *La médecine traditionnelle au Sénégal : quelles solutions pour sa normalisation ?* »[314].

Cependant, le Conseil n'a que des justifications propices au développement économique, social et environnemental ; il supporte la masse de constats critiques et d'objections. C'est tout le sens de cette plume incisive : *« Il est de conviction largement admise que ces entités de nature consultative non investies de fonctions politiques classiques peinent à se construire un capital de légitimité solide. Leur opportune existence est débattue et ravive des controverses tranchées dans le continent africain en particulier. Les objections tenant à l'affectation de ressources publiques conséquentes à leur fonctionnement et à la couverture de leurs activités sont tenaces (...). Cette déficience en quelque sorte « génétique » leur imprime une crise d'identité latente, si ce n'est une crise existentielle. Cette crise existentielle de l'organe consultatif peut aisément être aperçue à travers ses différentes déclinaisons dans la Constitution de 2001 »*[315].

Par ailleurs, les récentes évolutions constitutionnelles dans d'autres États africains ont tendance à légitimité de la valeur aux institutions traditionnelles socio-culturelles. La doctrine les assimile à l'ensemble des pouvoirs consacrés par les coutumes négro-africaines et entérinés par l'ordre politique étatique colonial ou postcolonial. Elles ont, par

---

[314] *https://cesesenegal.sn*, consulté le 16 mars 2023.

[315] Boubacar Bâ, « Les lois organiques sur les institutions consultatives », *in* Abdou Aziz Daba kébé, Sidy Alpha Ndiaye, Boubacar Bâ, *Textes fondamentaux de la République du Sénégal*, *op. cit.*, p. 320.

conséquent, leur *« source de légitimité et de ses mécanismes de légitimation dans la coutume, mais détiennent [leur] légalité de textes législatifs du pouvoir étatique »*[316].

Plus qu'auparavant, les chefferies traditionnelles sont dans le temps de la réhabilitation constitutionnelle[317].

---

[316] Henri Legré Okou, « Autorité traditionnelle et développement en Afrique. Le cas de la Côte d'Ivoire de 1960 à nos jours », *in Annales de l'Université des Sciences sociales de Toulouse*, Tome XL, 1992, p. 169.

[317] La Constitution camerounaise du 18 janvier 1996, modifiée, déclare reconnaître et protéger les valeurs traditionnelles conformes aux principes démocratiques, aux droits de l'homme et à la loi. La Constitution ghanéenne de 1992 valorise les chefs traditionnels en leur réservant pas moins de sept articles. Ainsi, *« non seulement, elle prévoit la création d'une chambre nationale des Chefs et de chambres régionales des Chefs mais encore d'un comité judiciaire national et de comités judiciaires régionaux »*. Dans le même élan traditionnaliste, le constituant ivoirien du 08 novembre 2016 s'illustre par la consécration d'une Chambre qui représente la Chefferie traditionnelle et regroupe les Rois et Chefs traditionnels de Côte d'Ivoire ayant la vocation à œuvrer à la valorisation des us et coutumes, à la promotion des idéaux de paix, de développement et de cohésion sociale et au règlement non juridictionnel des conflits communautaires. De même au Bénin, le progrès tant espéré est exhaussé par l'article 151-1 de la loi n° 2019-40 du 31 octobre 2019 portant modification de la loi n° 90-032 du 11 décembre 1990 portant Constitution de la République du Bénin qui *« l'État reconnaît la chefferie traditionnelle gardienne des us et coutumes dans les conditions fixées par la loi »*. Tout aussi, on assiste à une descente remarquée des autorités traditionnelles dans l'arène du contentieux constitutionnel (Claude-Hélène Perrot, « Les autorités traditionnelles et l'État moderne en Afrique Subsaharienne au début du XXIe Siècle », lien : *https://journals.openedition.org/cea/ 179*, consulté le 17 mars 2023 ; Nicaise Médé, *Les grandes décisions de la Cour constitutionnelle du Bénin*, *op. cit.*, pp. 229-230).

TITRE VIII.- DU POUVOIR JUDICIAIRE

***Article 88**. - Le pouvoir judiciaire est indépendant du pouvoir législatif et du pouvoir exécutif. Il est exercé par le Conseil constitutionnel, la Cour suprême, la Cour des Comptes et les Cours et Tribunaux.*

***Article 89**. - Le Conseil constitutionnel comprend sept (07) membres dont un président, un vice-président et cinq (05) juges.*

La durée de leur mandat est de six (06) ans.

Le Président de la République nomme les membres du Conseil constitutionnel dont deux sur une liste de quatre personnalités proposées par le Président de l'Assemblée nationale.

Le Président du Conseil constitutionnel est nommé par le Président de la République. Il a voix prépondérante en cas de partage.

Les conditions à remplir pour pouvoir être nommé membre du Conseil constitutionnel sont déterminées par la loi organique.

Le mandat des membres du Conseil constitutionnel ne peut être renouvelé.

Il ne peut être mis fin aux fonctions des membres du Conseil constitutionnel avant l'expiration de leur mandat que sur leur demande ou pour incapacité physique, et dans les conditions prévues par la loi organique.

***Article 90**. - Les magistrats autres que les membres du Conseil constitutionnel et de la Cour des Comptes sont nommés par le Président de la République après avis du Conseil supérieur de la Magistrature. Les magistrats de la Cour des Comptes sont nommés par le Président de la République après avis du Conseil supérieur de la Cour des Comptes.*

Les juges ne sont soumis qu'à l'autorité de la loi dans l'exercice de leurs fonctions.

Les magistrats du siège sont inamovibles.

La compétence, l'organisation et le fonctionnement du Conseil supérieur de la Magistrature ainsi que le statut des magistrats sont fixés par une loi organique.

La compétence, l'organisation et le fonctionnement du Conseil supérieur de la Cour des Comptes ainsi que le statut des magistrats de la Cour des Comptes sont fixés par une loi organique.

Article 91. *- Le pouvoir judiciaire est gardien des droits et libertés définis par la Constitution et la loi.*

Article 92. *- Le Conseil constitutionnel connaît de la constitutionnalité des lois et des engagements internationaux, des conflits de compétence entre le pouvoir exécutif et le pouvoir législatif, ainsi que des exceptions d'inconstitutionnalité soulevées devant la Cour d'Appel ou la Cour suprême.*

Le Conseil constitutionnel peut être saisi par le Président de la République pour avis.

Le Conseil constitutionnel juge de la régularité des élections nationales et des consultations référendaires et en proclame les résultats.

Les décisions du Conseil constitutionnel ne sont susceptibles d'aucune voie de recours. Elles s'imposent aux pouvoirs publics et à toutes les autorités administratives et juridictionnelles.

La Cour des Comptes juge les comptes des comptables publics. Elle vérifie la régularité des recettes et des dépenses et s'assure du bon emploi des crédits, fonds et valeurs gérés par les services de l'État ou par les autres personnes morales de droit public. Elle assure la vérification des comptes et de la gestion des entreprises publiques et organismes à participation financière publique. Elle déclare et apure les gestions de fait. Elle sanctionne les fautes de gestion commises à l'égard de l'État, des collectivités locales et des organismes soumis à son contrôle.

Article 93. *- Sauf cas de flagrant délit, les membres du Conseil constitutionnel ne peuvent être poursuivis, arrêtés, détenus ou jugés en matière pénale qu'avec l'autorisation du Conseil et dans les mêmes conditions que les membres de la Cour de suprême et de la Cour des Comptes.*

Sauf cas de flagrant délit, les membres de la Cour suprême et de la Cour des Comptes ne peuvent être poursuivis, arrêtés, détenus ou jugés en matière pénale que dans les conditions prévues par la loi organique portant statut des magistrats.

Article 94. *- Des lois organiques déterminent les autres compétences du Conseil constitutionnel, de la Cour suprême et de la Cour des Comptes ainsi que leur organisation, les règles de désignation de leurs membres et la procédure suivie devant elles.*

Note n° 11. Le Conseil constitutionnel, une institution autonome et spécialisée

L'idée de supériorité de la Constitution justifie la mise en place d'un système ou d'un organe ayant pour mission de veiller au respect de la supériorité hiérarchique du texte constitutionnel. Mais les systèmes varient en fonction des modèles adoptés.

En Afrique, le renouveau de la justice constitutionnelle a particulièrement donné lieu à un système mixé. Le Conseil constitutionnel sénégalais, objet de notre présent commentaire[318], connaît des procédés appartenant plus ou moins aux deux modèles : système institué aux États-Unis et le système mis au point par Hans Kelsen.

---

[318] Le *« Titre VIII. Du pouvoir judiciaire »* fait la part belle au Conseil constitutionnel. Au moins également, il détermine la mission et les compétences de la juridiction financière et institution supérieure de contrôle des finances publiques : *« La Cour des Comptes juge les comptes des comptables publics. Elle vérifie la régularité des recettes et des dépenses et s'assure du bon emploi des crédits, fonds et valeurs gérés par les services de l'État ou par les autres personnes morales de droit public. Elle assure la vérification des comptes et de la gestion des entreprises publiques et organismes à participation financière publique. Elle déclare et apure les gestions de fait. Elle sanctionne les fautes de gestion commises à l'égard de l'État, des collectivités locales et des organismes soumis à son contrôle »*. Tel n'est plus le cas pour la Cour suprême, dont la mission et les compétences sont des oubliés de la loi constitutionnelle n° 2016-10 du 05 avril 2016 qui a scellé la fusion du Conseil d'État et de la Cour de Cessation. Dans la rédaction initiale de la Constitution du 22 janvier 2001, on pouvait lire : *« Le "Conseil d'État" est juge en premier et dernier ressort de l'excès de pouvoir des autorités exécutives. Il connaît des décisions de la Cour des Comptes par la voie du recours en cassation. Il est compétent en dernier ressort dans le contentieux des inscriptions sur les listes électorales et des élections aux conseils des collectivités territoriales. Il connaît, par la voie du recours en cassation, des décisions des Cours et Tribunaux relatives aux autres contentieux administratifs, à l'exception de ceux que la loi organique attribue expressément à la Cour de Cassation. En toute autre matière, la "Cour de Cassation" se prononce par la voie du recours en cassation sur les jugements rendus en dernier ressort par les juridictions subordonnées »*.

1. L'émergence d'une justice constitutionnelle

Au Sénégal, la justice constitutionnelle remonte à l'ordonnance n° 60-17 du 30 septembre 1960 portant loi organique sur la Cour suprême[319]. Aux termes de l'article premier, *« la Cour suprême se prononce sur la constitutionnalité des lois et des engagements internationaux »*[320].

Dans le contexte d'unité de juridiction[321], les attributions constitutionnelles de la Cour suprême étaient dévolues à une formation intégrée à la juridiction[322]. Selon les termes de l'article 29 de l'ordonnance précitée, *« les affaires entrant dans la compétence de la Cour suprême en vertu de l'article 1er sont portées devant les "Sections réunies" »*. Celles-ci comprennent sous la présidence du premier président ou en cas d'absence ou d'empêchement du premier président sous la présidence du plus ancien président de section, les deux présidents de section et les quatre conseillers.

À la suite de la crise de 1988 (contestation des résultats de l'élection présidentielle, revendication estudiantine entraînant une année blanche), l'État a entrepris d'importantes réformes juridiques aboutissant à l'adoption de la loi n° 92-17 du 7 février 1992 portant Code électoral, dit Code consensuel, ainsi qu'à l'instauration d'une dualité de juridiction au sommet de l'organisation judiciaire par la loi n° 92-22 du 30 mai 1992 portant révision de la Constitution (une Cour de Cassation, un Conseil d'État, un Conseil constitutionnel et, en 1999, une Cour des Comptes)[323].

La justice constitutionnelle au sens spécifique de l'expression venait d'être autonome et spécialisée dans le traitement du contentieux jusque-là dévolu à la Cour suprême en matière constitutionnelle.

---

319 Boubacar Bâ, « De la Cour suprême au Conseil constitutionnel : ruptures et continuités », *in* Ndiaw Diouf (dir.), *Le Conseil constitutionnel sénégalais dans le contexte d'intégration régionale... op. cit.*, p. 46.
320 JORS n° 3899 du 12 septembre 1960, p. 926.
321 Babacar Kanté, *Unité de juridiction et droit administratif. L'exemple du Sénégal*, Thèse de doctorat d'État, Université d'Orléans, 1983, 426 p.
322 Mamadou Diarra, *Justice et développement*, Dakar-Abidjan, NEA, 1973, pp. 175-179 ; Benoît S. Ngom, *L'arbitrage d'une démocratie en Afrique : la Cour suprême du Sénégal*, Paris, Présence africaine, 1989, pp. 59-66.
323 Babacar Kanté, « Propos introductifs », *in* Ndiaw Diouf *ibid.* pp. 26-29 ; Diouf El Hadji Tafsir, *La mutation du contrôle des cours des comptes dans les pays de l'Union économique et monétaire ouest africaine (UEMOA)*, Thèse de doctorat, Université Gaston Berger, 2020, 460 p.

2. L'autonomie du Conseil constitutionnel

Avec l'adoption de la loi organique n° 92-22 du 30 mai 1992, le Constituant sénégalais a institué un Conseil constitutionnel, consécutivement à l'éclatement de la Cour suprême initiale. Pour lui permettre de connaître spécialement et exclusivement du contentieux constitutionnel, le Conseil bénéficie, en tant qu'institution de la République (au sens de l'article 6 de la Constitution du 22 janvier 2001) d'une large autonomie, principal trait caractéristique par rapport à l'ancienne Cour suprême. Cette autonomie est garantie par la loi organique n° 2016-23 du 14 juillet 2016 relative au Conseil constitutionnel[324], complétée par le décret n° 2021-300 du 25 février 2021 portant approbation du règlement intérieur du Conseil constitutionnel[325] et le décret n° 2020-2318 du 4 décembre 2020 abrogeant et remplaçant le décret 2018-708 du 3 avril 2018 portant règlement financier du Conseil constitutionnel. Ces textes garantissent aux juges constitutionnels une indépendance et reconnaissent au Conseil une autonomie administrative et financière[326].

Le Conseil constitutionnel comprend sept membres nommés par décret, dont deux sur une liste de quatre personnalités proposées par le Président de l'Assemblée nationale[327], pour six ans non renouvelables, dont un vice-président.

Les membres sont choisis parmi : i) les magistrats ayant exercé les fonctions de Premier Président de la Cour suprême, de procureur général près la Cour suprême, de président de chambre à la Cour suprême, de premier avocat général près la Cour suprême, de président de cour d'appel et de procureur général près une cour d'appel ; ii) les professeurs titulaires de droit ; iii) les inspecteurs généraux d'État ; iv) les avocats. Ces personnalités visées, en activité ou à la retraite doivent avoir au

---

[324] JORS n° 6946 du 15 juillet 2016, pp. 927-930.

[325] JORS n° 7408 du 17 mars 2021, pp. 298-300.

[326] Mayacine Diagne, *Le Conseil constitutionnel sénégalais*, Les éditions TCM, 2012 pp. 37-41.

[327] *« En réalité, le progrès demeure purement symbolique puisque la seule autorité qui désigne les juges constitutionnels reste le Président de la République. Le Président de l'Assemblée nationale n'ayant acquis que la faculté de proposer une liste de quatre candidats à partir de laquelle le Président de la République choisira les deux membres ajoutés à la composition initiale du Conseil »* (Ousmane Khouma, « La composition des cours constitutionnelles en Afrique, les cas du Bénin et du Sénégal », *Annales africaines*, Volume 1, n° 6, Avril 2017, p. 170.

moins vingt ans d'ancienneté dans la fonction publique ou vingt ans d'exercice de leur profession.

En vertu des dispositions textuelles fondamentales, la juridiction constitutionnelle accède à un statut auréolé de garanties d'indépendance. Dès lors, il faut que le juge constitutionnel, une fois nommé, soit « définitivement et juridiquement coupé de son bienfaiteur ». Mais comme dans tous les autres systèmes constitutionnels, il sied de questionner le mode de nomination des juges constitutionnels. Même si les Constitutions et les lois définissent la nature et précisent l'étendue de l'indépendance attachée à la juridiction constitutionnelle, il faut néanmoins se rendre à l'évidence que *« les garanties statutaires ne résistent pas forcément à l'asservissement par les autorités politiques »*[328].

En matière de gestion, les prérogatives du Président du Conseil constitutionnel sont élargies pour marquer l'autonomie de l'institution. Il est chargé de l'administration dudit Conseil. Il est ordonnateur du budget et est administrateur du personnel mis à la disposition du Conseil.

Également, le Conseil constitutionnel jouit de l'autonomie financière. Les crédits budgétaires alloués au Conseil constitutionnel, en tant qu'institution constitutionnelle, font l'objet d'une dotation. Techniquement, la dotation regroupe un ensemble de crédits globalisés destinés à couvrir des dépenses spécifiques auxquelles ne peuvent être directement associés des objectifs de politiques publiques ou des critères de performance[329]. Ainsi, son budget est inscrit dans un chapitre spécial et fait l'objet d'un compte de dépôt au Trésor.

L'autonomie administrative et financière est garantie par les dispositions prévue par la législation organique : *« le règlement financier applicable au Conseil constitutionnel est déterminé par décret »* ; *« le Conseil constitutionnel dispose d'un règlement intérieur approuvé par décret ».*[330]

---

[328] Meïssa Diakhaté, « Les ambiguïtés de la juridiction constitutionnelle dans les États de l'Afrique noire francophone », *Revue du Droit public et de la Science politique en France et à l'étranger,* n° 3, 2015, p. 791.

[329] Article de la loi organique n° 2020-07 du 26 février 2020 abrogeant et remplaçant la loi organique n° 2011-15 du 08 juillet 2011 relative aux lois de finances, modifiée par la loi organique n° 2016-34 du 23 décembre 2016.

[330] Articles 11 dernier alinéa et article 12 de la loi organique n° 2016-23 du 14 juillet 2016 relative au Conseil constitutionnel.

3. La spécialisation du Conseil constitutionnel

Le Constituant sénégalais, en instaurant un Conseil constitutionnel a voulu mettre en avant une logique de spécialisation. Le contentieux de nature constitutionnelle est, à partir de ce moment, dévolu à un organe juridictionnel autonome et indépendant, appelé *« Conseil constitutionnel »* doté d'une compétence d'attribution.

Le Conseil constitutionnel exerce les compétences en matière constitutionnelle, notamment en ce qui concerne le ***contrôle de constitutionnalité des lois et des engagements internationaux a priori***, c'est-à-dire avant la promulgation ou, le cas échéant, la ratification ou approbation. S'il s'agit d'une loi organique, le Constituant a rendu obligatoire la saisine du Conseil constitutionnel, préalablement à la promulgation[331]. Le contrôle de constitutionnalité *a priori* vise à sécuriser l'ordre juridique en évitant qu'une norme législative puisse entrer en conflit avec la Constitution. Il est exercé par une juridiction constitutionnelle sollicitée en dehors de tout litige en cours. Le recours est introduit à titre principal. Le procès étant fait *in abstracto* à la loi, il en ressort que la *« déclaration d'inconstitutionnalité a un effet général est absolu : ou bien la norme ne peut entrer en vigueur (contrôle a priori) ou bien elle est annulée (contrôle a posteriori) »*[332].

À la différence de certains systèmes africains où le contrôle est plus ou moins ouvert soit aux citoyens soit aux organismes des droits de l'homme (Bénin, Côte d'Ivoire, Niger, RDC, Togo), le système sénégalais adopte pour la saisine restreinte réservée aux seules autorités politiques[333],

---

[331] Article 78 de la Constitution : *« Les lois qualifiées organiques par la Constitution sont votées et modifiées à la majorité absolue des membres composant l'Assemblée nationale. Elles ne peuvent être promulguées si le Conseil constitutionnel, obligatoirement saisi par le Président de la République, ne les a déclarées conformes à la Constitution. Les articles 65 et 77 de la présente Constitution ne sont pas applicables aux lois organiques »*.

[332] Augustin Loada, Luc Maruis Ibriga, *Droit constitutionnel et institutions politiques*, PADEG, 2007, p. 132.

[333] Initialement le contrôle de constitutionnalité était assuré par la Cour suprême mais celle-ci ne pouvait être saisie à cet effet que par le seul Président de la République. Dans un souci de démocratie, il est proposé d'ouvrir simultanément ce contrôle à une minorité de députés à l'Assemblée nationale qui estimerait inconstitutionnelle une loi approuvée par la majorité de celle-ci. Le nombre de députés exigé a été délibérément fixé, en valeur absolue, à quinze (15) afin de permettre à l'Opposition présente à l'Assemblée nationale (le Parti démocratique sénégalais avec ses 17 sur 100 siège aux élections législatives du

principaux acteurs du parcours législatif de la loi. Donc, dans le modèle sénégalais de constitutionnalité des lois *a priori*, la règle est l'exclusion du recours individuel et de la pétition. Désormais, la norme est fixée par l'article 74 de la Constitution du Sénégal : *« le Conseil constitutionnel peut être saisi d'un recours visant à faire déclarer une loi inconstitutionnelle soit par le Président de la République dans les six (06) jours francs qui suivent la transmission à lui faite de la loi définitivement adoptée, soit par un nombre de députés au moins égal au dixième (1/10) des membres de l'Assemblée nationale, dans les six (06) jours francs qui suivent son adoption définitive »*.

L'effet recherché à travers le contrôle de constitutionnalité *a priori* est d'éviter qu'une norme législative puisse entrer en conflit avec la Constitution. Au Sénégal, c'est un contrôle par voie d'action qui donne l'opportunité au Président de la République et au nombre requis de députés (1/10 des membres de l'Assemblée nationale), dans le délai fixé pour la promulgation, de saisir le Conseil constitutionnel d'un recours visant à faire déclarer la loi votée inconstitutionnelle. La saisine du Conseil constitutionnel est obligatoire pour les lois organiques mais facultative pour les lois ordinaires. La décision rendue à cet effet bénéficie de l'autorité absolue de la chose jugée (elle vaut *erga omes*). Moins qu'une annulation, la loi déjà adoptée par l'Assemblée lorsqu'elle est frappée d'inconstitutionnalité, est simplement retirée, parce que ne pouvant plus faire l'objet d'une promulgation.

Par l'***exception d'inconstitutionnalité***, le système sénégalais de contrôle de constitutionnalité reconnaît aussi au juge constitutionnel le pouvoir d'apprécier la conformité à la Constitution de lois déjà promulguées dont la constitutionnalité est discutée à l'occasion d'un procès. Elle est instituée par la loi n° 92-22 du 30 mai 1992 portant révision de la Constitution et consolidée par la loi constitutionnelle n° 2016-10 du 05 avril 2016. Désormais, les justiciables disposent non seulement devant la Cour suprême mais également devant la cour d'appel[334], d'*« une arme*

---

26 février 1978, s) d'utiliser la nouvelle faculté offerte pas loi n° 78-60 du 28 décembre 1978 modifiant la Constitution). Puis, il a été proposé, dans le souci d'établir, selon des critères objectifs, une règle durable, de fixer donc le seuil requis en pourcentage du nombre des membres de l'Assemblée nationale, soit un dixième au moins (loi n° 81-16 du 6 mai 1981 portant révision constitutionnelle).

334 Isaac Yankhoba Ndiaye, « L'accès à la justice constitutionnelle au Sénégal, *in* Ndiaw Diouf (dir.), *Le Conseil constitutionnel sénégalais dans le contexte d'intégration régionale* ..., pp. 81-89 ; Abdou Khadre Diop, « La particularité de l'exception d'inconstitutionnalité

de défense »[335] ; ils pourront, au cours d'un procès, obtenir l'application des garanties reconnues par la Constitution.

L'exception d'inconstitutionnalité est soulevée à titre incident. Ainsi, *« la question de la constitutionnalité est posée par rapport à un procès en cours [in concreto], et non in abstracto. Il s'agit généralement de savoir si une norme dont dépend la solution d'un procès peut être appliquée ou doit être écartée parce que contraire à la Constitution »*[336]. Concrètement, la solution du procès devra dépendre du résultat tiré de l'appréciation, par le juge constitutionnel, de la conformité de la loi contestée à la Constitution, norme suprême. En fait, l'exception d'inconstitutionnalité en droit sénégalais est un contrôle concret du fait qu'il s'exerce à l'occasion de *« cas concrets »* et de *« litiges »* particuliers. Le juge constitutionnel est saisi, *a posteriori*, par le requérant non pas pour sécuriser abstraitement l'ordre juridique mais pour le protéger concrètement contre l'application éventuelle d'une loi inconstitutionnelle entrée en vigueur.

Forcément, cette exigence de litige *« concret »* conditionne dès lors la recevabilité de la requête. Seules les parties à un litige donné ont la possibilité de recourir à la voie de l'exception d'inconstitutionnalité. Sur renvoi du Conseil d'État, le Conseil constitution rend la Décision n° 21/96 relative aux affaires 3/C/96 et 4/C/96 du 13 février 1995, *Moussa Ouattara et autres* et *Djim Momar Kébé et autres*) en jugeant inconstitutionnels les articles premier, 2, 14 et 20 de la loi n° 76-67 du 2 juillet 1976 relative à l'expropriation pour cause d'utilité publique et aux autres opérations foncières d'utilité publique[337], dans l'affaire les opposant à l'État du Sénégal)[338]. Dans la procédure d'exception d'inconstitutionnalité en droit sénégalais, le renvoi est diligenté non pas

---

sénégalaise : une analyse à la lumière du contentieux de l'exception d'inconstitutionnalité en Afrique francophone », *Annales africaines*, Volume 2, n° 13, 2020, pp. 61-94.

[335] Ismaïla Madior Fall, *La réforme constitutionnelle du 20 mars 2016 au Sénégal...*, *op. cit.*, p. 128.

[336] Augustin Loada, Luc Marius Ibriga, *Droit constitutionnel et institutions politiques*, *op. cit.*, pp. 131-132.

[337] Biram Sène, Adama Traoré, *Recueil de textes fonciers et domaniaux, annoté*, 2e édition, 2019, Dakar, Abis éditions, p. 155.

[338] *« Considérant que le Conseil d'État, par arrêté n° 129 du 28 février 1996 et 132 du 28 mars 1996, a décidé de surseoir à statuer sur les recours en annulation pour excès de pouvoir du décret n° 93-676 du 17 mai 1993 portant cessibilité d'immeubles immatriculés appartenant à des particuliers et d'une ordonnance d'expulsion, jusqu'à ce que le Conseil constitutionnel se soit prononcé sur les exceptions d'inconstitutionnalité soulevées »*.

à l'initiative du justiciable mais à l'appréciation de la juridiction déjà saisie au principal (cour d'appel ou Cour suprême) ; celle-ci-ci sursoit à statuer jusqu'à ce que le Conseil constitutionnel se soit prononcé.

L'exception d'inconstitutionnalité se greffe sur un procès constitutionnel qui était au départ un procès entre parties. En somme, les parties ont l'initiative de la question de constitutionnalité mais que le renvoi est une prérogative reconnue à la juridiction saisie, au principal, par les parties (Cour d'Appel ou Cour suprême). Pour que la requête puisse prospérer en étant au moins examinée devant le Conseil constitutionnel, la Cour suprême ou la cour d'appel doit préalablement purger les fins de non-recevoir (les moyens de défense qui empêchent le juge de statuer sur le fond)[339]. C'est la motivation du renvoi, une fois de plus, à la Chambre administrative de la Cour suprême du dossier de la procédure, en « *considérant que le juge du fond ne s'est prononcé ni sur sa compétence ni sur la recevabilité du recours porté devant lui ; que la saisine du Conseil constitutionnel d'une exception d'inconstitutionnalité ne peut intervenir que lorsque le juge aura préalablement statué sur ces questions* » (Décision 2/C/2012 du 6 décembre 2012, *Affaire Ndiaga Soumaré*).

Par ailleurs, *« si le Conseil constitutionnel relève dans la loi contestée ou l'engagement international suite à son examen une violation de la Constitution, qui n'a pas été invoquée, il doit la soulever d'office »*[340].

Puisque le contrôle est exercé après l'entrée en vigueur de la loi mise en cause et incidemment à un litige, la déclaration d'inconstitutionnalité aura un effet plus limité : *« Elle ne concerne que le procès à l'occasion duquel la question a été soulevée ; en théorie du moins, la norme pourra donc continuer à s'appliquer dans d'autres cas »*[341]. Cela est, dans notre système constitutionnel, une conséquence de l'effet relatif de la chose

339 Constitue une fin de non-recevoir tout moyen qui tend à faire déclarer l'adversaire irrecevable en sa demande, sans examen au fond, pour défaut de droit d'agir, tels le défaut de qualité, le défaut d'intérêt, la prescription, le délai préfix, la chose jugée. Pour prolonger la définition, voir Samba Thiam, « Des exceptions, des fins de non-recevoir et de la péremption d'instance », *Revue internationale de droit africain EDJA,* n° 58, Juillet-Septembre 2003, pp. 52-54.

340 Article 17, alinéa 3, de la loi organique n° 2016-24 du 14 juillet 2016 relative au Conseil constitutionnel du Sénégal.

341 Augustin Loada, Luc Marius Ibriga, *Droit constitutionnel et institutions politiques, op. cit.*, p. 131.

jugée en exception d'inconstitutionnalité[342]. Cette disposition trouve une application satisfaisante dans la décision du Conseil constitutionnel n° 5-C-2022 du 28 septembre 2022, *Cour suprême en l'affaire Ministère public contre Adama Bou Labeid et Alameer Abdoul Ghani (arrêt n°27 du 19/05/2022* : « *Article premier.- La Chambre d'Accusation de la Cour d'appel de Dakar, saisie d'une exception d'inconstitutionnalité dirigée contre l'article 344 du Code des Douanes, a l'obligation de transmettre au Conseil constitutionnel l'exception ainsi soulevée et de surseoir à statuer jusqu'à ce que le Conseil constitutionnel se soit prononcé, conformément à l'article 22 de la loi organique relative au Conseil constitutionnel. Article 2.- En conséquence, est irrecevable la saisine du Conseil constitutionnel par la Cour suprême de l'exception d'inconstitutionnalité dirigée contre l'article 344 du Code des Douanes, soulevée devant la Chambre d'Accusation de la Cour d'Appel de Dakar* ».

La décision d'inconstitutionnalité rendue par la voie de l'exception d'inconstitutionnalité au Sénégal n'a pas un effet abrogatif, mais seulement neutralisant. En France, le procédé de contrôle *a posteriori* est célèbre sous le nom de *« question prioritaire de constitutionnalité (QPC) »* qui est une procédure de contrôle de constitutionnalité sur les lois déjà promulguées (dit « contrôle de constitutionnalité *a posteriori* »). En plus, c'est un contrôle par voie d'action car une disposition déclarée inconstitutionnelle sur le fondement de l'article 61-1 *« est abrogée à compter de la publication de la décision du Conseil constitutionnel ou d'une date ultérieure fixée par cette décision »*. Afin de préserver l'effet utile de la QPC pour les instances en cours, le Conseil procède différemment selon qu'il prononce une abrogation à effet immédiat ou une abrogation à effet différé.

En ***matière électorale***, le Conseil constitutionnel est attributaire du « *contentieux des élections présidentielle et législatives* ». Il a aussi en charge la proclamation des résultats du *« référendum »*. Lorsque les

---

[342] En Allemagne, *« il existe un contrôle préventif des lois, mais c'est essentiellement de manière a posteriori que la Cour est saisie. Le contrôle abstrait des normes peut être déclenché contre une loi (fédérale) par le Gouvernement d'un Land ou un tiers des membres du Bundestag. La requête vise normalement à obtenir l'annulation. Mais l'autorité requérante peut également demander la confirmation de la validité de la loi et de son application ; et dans ce cas, elle demande l'intervention de la Cour pour obliger l'autorité gouvernementale ou administrative à appliquer la loi »*. Louis Favoreu, Wanda Mastor, *Les cours constitutionnelles,* Paris, Dalloz, 2011, p. 77.

pouvoirs exceptionnels sont exercés après la dissolution de l'Assemblée nationale, la date des scrutins fixée par le décret de dissolution ne peut être reportée, sauf cas de force majeure constaté par le Conseil constitutionnel.

Le Conseil constitutionnel connaît des ***conflits de compétence entre l'exécutif et le législatif***. Cette compétence du Conseil constitutionnel, héritée de l'ancienne Cour suprême, consiste essentiellement en la détermination des domaines respectifs de la loi et du règlement[343]. Un bon exemple jurisprudentiel est récemment fourni par le Conseil constitutionnel sénégalais en ces termes : *« (...) le conflit de compétence s'analyse en un désaccord survenu au cours de la procédure législative du fait d'une proposition de loi ou d'un amendement, entre l'Assemblée nationale et le Gouvernement, sur les compétences constitutionnelles dévolues respectivement au pouvoir législatif dans le domaine de la loi et au pouvoir exécutif dans le domaine réglementaire »* (Décision n° 1/C/2023 du 18 janvier 2023)[344].

Le Conseil constitutionnel peut être saisi dans le cadre de la procédure de ***délégalisation »*** ou déclassement d'une disposition législative. La procédure est prévue par l'article 76 de la Constitution du Sénégal : *« Les matières qui ne sont pas du domaine législatif en vertu de la présente Constitution ont un caractère réglementaire. Les textes de forme législative intervenus en ces matières peuvent être modifiés par décret si le Conseil constitutionnel, à la demande du Président de la République ou du Premier ministre, a déclaré qu'ils ont un caractère réglementaire*

---

[343] Dans la réforme de 1992, une nouvelle attribution était conférée au Conseil constitutionnel : juge des conflits de compétence entre le Conseil d'État et la Cour des Cassation. C'est en effet par référence au rôle principal que joue en France le Tribunal des Conflits, c'est-à-dire de trancher les conflits de compétence en désignant l'ordre de juridiction qui doit connaître du litige. Donc, dans le contexte sénégalais, l'instauration de deux ordres de juridiction au sommet laissait prévoir des risques de conflits (déclarations successives d'incompétence, divergences d'interprétation). En cas d'un conflit négatif de compétence, elle indiquera la juridiction compétente (Conseil d'État ou Cour de Cassation), sans toutefois juger elle-même l'affaire à fond. Mais cette compétence est éteinte en 2008, consécutivement à la fusion de la Conseil d'État avec la Cour de Cassation pour former à nouveau la Cour suprême, supprimée en 1992.

[344] *« Considérant que le Conseil constitutionnel statue alors sur la question de savoir si la proposition de loi ou l'amendement est du domaine de la loi ; que, dans ce cas, le Conseil constitutionnel ne peut être saisi que par le Président de la République, le Président de l'Assemblée nationale ou le Premier Ministre »* (Décision du Conseil constitutionnel n° 1/2023 du 18 janvier 2023).

en vertu de l'alinéa précédent ». Sur la base de cet article, la décision n° 2/C/2023 du 1er février 2023 rendu par Conseil constitutionnel sénégalais précise : *« Considérant que l'article 3 de la loi n° 2014-03 du 22 janvier 2014 prévoit que la violation des articles premier et 2 de cette loi constitue des infractions sanctionnées par la loi n° 81-21 du 25 juin 1981 qui réprime les délits de hausse illicite du loyer des locaux à usage d'habitation ; qu'au regard de l'article 67 de la Constitution qui dispose que la loi fixe les règles concernant "la détermination des (...) délits ainsi que les peines qui leur sont applicables (...) ; les dispositions des articles premier et 2 de la loi n° 2014-03 du 22 janvier 2014 ont un caractère réglementaire ; les dispositions de l'article 3 de la même loi relèvent du domaine législatif »*. Une fois le déclassement opéré par le Conseil constitutionnel, à la demande facultative du Président de la République ou du Premier ministre, la loi perd sa valeur législative et devient réglementaire. La conséquence est qu'elle peut désormais être modifiée ou certainement abrogée par voie réglementaire, en dehors de la procédure législative. Autrement dit, l'incursion du législateur dans le domaine législatif n'a aucun caractère définitif[345].

Le Conseil constitutionnel dispose d'une compétence en ***matière consultative***. En dispose ainsi l'article 51, alinéas premier et 2 de la Constitution du Sénégal : *« Le Président de la République peut, après avoir recueilli l'avis du Président de l'Assemblée nationale et du Conseil constitutionnel, soumettre "tout projet de loi constitutionnelle" au référendum. Il peut, sur proposition du Premier ministre et après avoir recueilli l'avis des autorités indiquées ci-dessus, soumettre "tout projet de loi au référendum" »*.

Cette nouvelle rédaction issue de la réforme constitutionnelle de 2016 met fin à une polémique entretenue sur l'usage de l'article 46 de la Constitution sénégalaise du 7 mars 1963[346] pour faire approuver par référendum la Constitution du 22 janvier 2001 (Décision n° 75-200

---

[345] Pensé en France en 1958 comme le *« chien de garde de l'Exécutif »*, le Conseil constitutionnel devrait permettre de placer le domaine de la loi sous surveillance. Ce qui n'a pas été le cas : il est progressivement devenu, en France, le protecteur des libertés.

[346] Article 46 de la Constitution du 7 mars 1963 : « Le Président de la République peut, sur proposition du Premier ministre et après avoir consulté les présidents des assemblées et recueilli l'avis du Conseil constitutionnel, soumettre *« tout projet de loi »* - sans qualification aucune, ce qui sous-entend loi ordinaire - au référendum.

portant avis du Conseil constitutionnel sur la régularité du référendum constitutionnel).

Enfin l'article 91 alinéa 2 de la Constitution lui reconnaît une fonction consultative générale[347], en disposant que « *le Conseil constitutionnel peut être saisi par le Président de la République pour avis »*.

L'énumération peut être étendue à la compétence du Conseil, d'une part, de recevoir ***le serment*** et constater la ***vacance de la présidence*** par démission, empêchement définitif ou décès ainsi que la démission, l'empêchement ou le décès du Président de l'Assemblée nationale ou des personnes appelées à le suppléer" et, d'autre part, d'***autoriser***, sauf en cas de flagrant délit, ***la poursuite, l'arrêt, la détention ou le jugement en matière pénale*** des membres du Conseil constitutionnel, de la Cour suprême et de la Cour des Comptes[348].

Enfin, il faut noter deux caractéristiques de l'office du juge constitutionnel. D'une part, la procédure devant elle n'est pas contradictoire et que tout document produit après le dépôt de la requête n'a pour le Conseil qu'une valeur de simple renseignement. D'autre part, les décisions du Conseil constitutionnel ne sont susceptibles d'aucune voie de recours ; elles s'imposent aux pouvoirs publics et à toutes les autorités administratives et juridictionnelles.

4. Les nouveaux territoires jurisprudentiels

Lorsqu'il est interpellé, le juge constitutionnel est obligé de se livrer une lecture interprétative de la Constitution. Cette activité intellectuelle le pousse à trouver un sens déterminé à la disposition constitutionnelle pour pouvoir apprécier la conformité de la loi en cause à celle-ci. Pour remplir son office dans certaines situations, cet acte de simple connaissance de la Constitution ne peut suffire.

---

347 Loi organique n° 2017-09 du 17 janvier 2017 abrogeant et remplaçant la loi organique n° 2008-35 du 08 août 2008 sur la Cour suprême, modifiée par la loi organique n° 2022-16 du 23 mai 2022 : *« La Cour suprême, réunie en assemblée générale, a une compétence consultative. En cas d'urgence, le Premier Président donne, sur demande du Gouvernement, un avis juridique sur les projets de convention entre l'État et ses partenaires techniques et financiers »* (article 4).

348 Articles 31, 41 et 93 de la Constitution du 22 janvier 2001.

Le juge constitutionnel s'oblige à analyser les rapports entre la situation exposée et le système juridique ou la finalité sociale. C'est la fin du phénomène clairement observable du modèle « *exégétique et par la doctrine dite du "sens clair des textes" qui tendaient à maintenir le plus rigoureusement possible le rapport de subordination du juge à la loi, et à minimiser le rôle créateur de l'interprète* »[349]. Si dans d'autres pays en proie à des crises institutionnelles, le juge constitutionnel justifie *« l'extension de sa compétence par la fonction de régulation »*[350], il s'agit au Sénégal des percées jurisprudentielles à faible spectre. Le plus souvent, il martèle *« le Conseil constitutionnel qu'il ne dispose pas d'un pouvoir d'appréciation et de décision identique à celui du législateur, mais seulement d'une compétence pour contrôler la conformité à la Constitution des lois déférées à son examen »*[351].

En droit électoral, *l'influence déterminante* est technique forgée par juge. Par son application systématique du critère de l'influence déterminante, le juge électoral agit de manière obreptice comme le moralisateur de la sincérité du scrutin. Il se préoccupe plus de maintenir en l'état les intérêts politiques en présence ou l'équilibre des partis et la certitude juridique que de faire face à son destin de faire respecter la volonté de l'électorat. Dans les contentieux des élections présidentielles de 1993, 2000 et 2007, le Conseil constitutionnel l'évoque pour repousser les allégations soulevées. Par exemple, il a eu à considérer *« qu'en admettant même que les faits dénoncés soient établis, il n'est nullement prouvé par les requérants qu'ils aient exercé une influence déterminante sur les électeurs pour modifier le résultat du scrutin »*[352].

---

349 François Ost, Michel van de Kerkove, *De la pyramide au réseau. Pour une théorie dialectique du droit*, Bruxelles, Université Saint-Louis, 2010, p. 102.

350 Mamadou Falilou Diop, « L'étendue des compétences des juges constitutionnels dans les situations de crise politique en Afrique francophone subsaharienne », *Annales africaines. Nouvelle série*, n° spécial, Janvier 2019, p. 153.

351 Pour une illustration récente, Décision n° 2/C/2021du 20 juillet 2021. *Los n° 10/2021 modifiant la n°65-60 du 21 juillet 1965 portant Code pénal et n°11/2021 modifiant la loi n°65-61 du 21 juillet 1965 portant Code de Procédure pénale adoptées le 25 juin 2021 par l'Assemblée nationale.*

352 Décision n° 7 à 12 /E/93 du 13 mars 1993 ; Décision n° 4 à 11/E/2000 du 10 mars 2000, *Demande en annulation partielle, demande en rectification ou redressement de certains bureaux de votes, Annulation des résultats de bureau de vote pour violation de l'article L 64 du Code électoral (rejet des recours)* ; Décision n° 4/E/2007 et 5/E/2007 du 10 mars 2007, *Ousmane Tanor DIENG et Abdoulaye BATHILY recours tendant à l'annulation des procès-verbaux de la commission nationale de recensement des votes*

À travers la Décision n° 2/C/2021 du 20 juillet 2021, le Conseil évoque audacieusement son pouvoir prétorien de régulation. Secoué par le décès d'un de ses membres et surpris par l'expiration du mandat de deux autres membres, le Conseil devrait être, en présence des quatre membres restants, légalement dans l'impossibilité de statuer[353]. Il use de son pouvoir jurisprudentiel expansif pour dissiper sa frilosité habituelle. Ainsi a-t-il considéré : *« Qu'au regard de l'esprit et de la lettre de la Constitution et de la loi organique n° 2016-23 du 14 juillet 2016 relative au Conseil constitutionnel, le Conseil constitutionnel doit toujours être en mesure d'exercer son pouvoir régulateur et de remplir ses missions au nom de l'intérêt général, de l'ordre public, de la paix, de la stabilité des institutions et du principe de la nécessaire continuité du fonctionnement des institutions ; que dans les cas où des circonstances particulières l'exigent, il est tenu de délibérer et statuer, dès lors que la majorité des membres qui doivent la composer est présente »*.

On note encore l'expression d'un pouvoir normateur en matière électorale. En effet, dans deux cas, le Conseil constitutionnel sénégalais a fait œuvre de jurislateur. D'où la force de ce propos : *« L'incise du juge dans la production normative le transforme, de fait, en une troisième autorité ayant l'initiative, fut-elle indirecte des lois, voire (...) des normes constitutionnelles »*[354].

C'est par une jurisprudence supplétive, voire dérogatoire, qu'il a contribué, en faisant suite à une demande du Président de la République, à la normalisation du processus électoral. En l'espèce, le juge constitutionnel était d'avis : *« À titre exceptionnel, pour les élections législatives prévues le 30 juillet 2017, l'électeur n'ayant pu retirer sa carte d'identité CEDEAO faisant office de carte d'électeur, mais dont l'inscription sur les listes électorales est vérifiée, peut voter sur présentation de son récépissé d'inscription accompagné de l'un des*

---

*et du 1er tour du scrutin présidentiel du 25 février (*Rejet et proclamation de l'élection de Me Abdoulaye WADE au 1er tour).

353 L'article 23 de la loi organique n° 2016-23 du 14 juillet 2016 relative au Conseil constitutionnel dispose : *« le Conseil constitutionnel ne peut délibérer qu'en présence de tous ses membres sauf empêchement temporaire de trois d'entre eux au plus, dûment constaté par les autres membres. Si l'un des membres du Conseil, temporairement empêché, est le président, le vice-président assure son intérim.*

354 Sidy Alpha Ndiaye, « Le pouvoir d'injonction du juge constitutionnel en Afrique noire francophone », *Annales africaines*, Volume 1, n° 10, Avril 2019, p. 69.

documents (...) dès lors que celui-ci permet de s'assurer de son identité : une carte d'identité nationale numérisée ; une carte d'électeur numérisée ; un passeport ; un document d'immatriculation pour les primo-inscrits non détenteurs d'un des trois premiers documents administratifs ».

Pour arriver à ses fins juridiquement contestables mais politiquement correctes, le Conseil constitutionnel absout, à trois jours d'intervalle du scrutin, les manquements de l'Administration à ses obligations.

L'argument jurisprudentiel est adossé à cette nécessité : *« Considérant qu'en raison des circonstances exceptionnelles dans lesquelles se déroule le processus d'organisation des prochaines élections législatives prévues le 30 juillet 2017, caractérisées notamment par des inscriptions massives ainsi que par des lenteurs et dysfonctionnements dans la distribution des cartes d'électeurs non imputables aux citoyens eux-mêmes, de nombreux Sénégalais jouissant de leurs droits civils et politiques et inscrits sur les listes électorales risquent d'être privés de l'exercice du droit de vote garanti par la Constitution »* (Décision n° 8 /2017 du 26 juillet 2017). Par rapport à cet office, on pourrait valablement objecter que *« la vocation du juge n'est pas de créer des règles, mais de les mettre en dynamique afin de pouvoir trancher un différend porté devant lui »*[355].

Pour au moins la circonstance, le juge constitutionnel ne s'est pas présenté comme un simple *« régulateur de l'activité normative »*[356]. Il a fait mieux en se mettant sous les apparats d'un législateur de fait.

En plus, la question des réserves d'interprétation aurait pu être un autre atout à saisir par le juge Constitutionnel pour conquérir de nouvelles frontières jurisprudentielles. Toutefois, il a tendance à formuler des observations destinées à dépouiller le texte des termes inappropriés, des formes fautives et des dispositions redondantes. Ce sont donc des observations de forme adressée au législateur ou au Constituant que plus

[355] El Hadj Mbodj, « Le juge : un déterminant du processus électoral en Afrique », *Espaces du service public, Mélanges en l'honneur de Jean du Bois de Gaudusson, Tome 1. Espace du service public*, PUB, 2014, p. 427.

[356] Demba Sy, « La justice constitutionnelle dans les systèmes politiques africains : une approche par les fonctions », *Annales africaines. Nouvelle Série*, n° 5, Volume 2, Décembre 2016, p. 19.

des réserves d'interprétation de tout autre ordre[357]. C'est l'exemple que fournit la Décision n° 1/C/2016 du 12 février 2016 : « *Considérant que l'énumération des lois ordinaires, destinée à illustrer les avancées démocratiques, étant à la fois inutile et préjudiciable à la qualité du texte, il y a lieu de la supprimer ; Considérant que l'exposé des motifs pourrait se limiter à présenter le contexte, les objectifs et le contenu de la réforme ; Considérant qu'il n'est pas utile de présenter, par des articles séparés, chaque modification proposée ; Considérant que, pour une meilleure lisibilité, la réforme pourrait tenir en cinq articles (..)* ».

Tout compte fait, on pourrait se demander : est-ce que les fleurons jurisprudentiels donneront ils le meilleur un rendement d'eux-mêmes ? Ont-ils un avenir dans la perspective d'une garantie efficace et durable des droits fondamentaux ou la protection des droits politiques ? Jusqu'ici, le juge constitutionnel n'excelle que sur des options pressenties par les pouvoirs publics pour apporter de nécessaires palliatifs aux dysfonctions de l'Exécutif ou de l'Administration. Globalement, les jurisprudences sus-évoquées constituent des mesures plus curatives que prophylactiques.

---

[357] Pour une étude de référence en droit sénégalais, voir Abdou Aziz Daba Kébé, « Les réserves d'interprétation dans la jurisprudence constitutionnelle des États de l'Afrique noire francophone », *Annales africaines, Nouvelles Série*, Volume 1, Avril 2015, pp. 255-294 ; Mayacine Diagne, « Le juge constitutionnel africain et la technique des réserves d'interprétations », *in* Mamadou Badji, El Hadji Omar Diop, *Administrer la justice...*, *op. cit.*, pp. 405-434.

TITRE IX.- DES TRAITÉS INTERNATIONAUX

***Article 95**. - Le Président de la République négocie les engagements internationaux.*

Il les ratifie ou les approuve éventuellement sur autorisation de l'Assemblée nationale.

***Article 96**.- Les traités de paix, les traités de commerce, les traités ou accords relatifs à l'organisation internationale, ceux qui engagent les finances de l'État, ceux qui modifient les dispositions de nature législative, ceux qui sont relatifs à l'état des personnes, ceux qui comportent cession, échange ou adjonction de territoire ne peuvent être ratifiés ou approuvés qu'en vertu d'une loi.*

Ils ne prennent effet qu'après avoir été ratifiés ou approuvés.

Nulle cession, nulle adjonction de territoire n'est valable sans le consentement des populations intéressées.

La République du Sénégal peut conclure avec tout État africain des accords d'association ou de communauté comprenant abandon partiel ou total de souveraineté en vue de réaliser l'unité africaine.

***Article 97**. - Si le Conseil constitutionnel a déclaré qu'un engagement international comporte une clause contraire à la Constitution, l'autorisation de le ratifier ou de l'approuver ne peut intervenir qu'après la révision de la Constitution.*

***Article 98**. - Les traités ou accords régulièrement ratifiés ou approuvés ont, dès leur publication, une autorité supérieure à celle des lois, sous réserve, pour chaque accord ou traité, de son application par l'autre partie.*

Note n° 12. L'État, un sujet de droit international doté d'une volonté souveraine

Le droit international se définit comme une branche du droit public, et précisément un droit public externe de l'État. À la différence du droit constitutionnel, du droit administratif et des finances publiques, c'est un droit applicable à la société internationale ou interétatique, distincte de la société étatique nationale ou étatique. Au-dessus des ordres juridiques nationaux trône désormais une volonté supranationale[358].

En plus d'être sujet de la société internationale, les États africains sont depuis quelque temps les animés d'une volonté commune de s'intégrer au niveau régional africain ou dans le cadre des espaces de solidarité sous régionale.

1. Aperçu général sur le droit des traités

Le droit international est régi par un ensemble de principes. L'égalité souveraine entre les États exclut tout pouvoir politique organisé et superposé à eux, sans leurs consentements respectifs. Le droit international repose nécessairement sur *la volonté de l'État* et le *consentement* des États souverains. Les traités proviennent d'un consentement exprès et les coutumes d'un consentement tacite.

L'on comprendra que des facteurs de fait peuvent influer sur les relations internationales tels que la puissance militaire et la puissance économique. Mais du point de vue juridique, ces facteurs sont dépourvus de pertinence en droit international.

Deux courants de pensée se partagent une vérité juridique sur les rapports de force entre l'ordre juridique international et le droit national. Les partisans du *monisme* sont d'avis que le monde juridique est unitaire ; les deux catégories de règles sont soumises au principe de subordination. Ils récusent toute « réception » formelle des normes internationales dans les ordres juridiques internes en soutenant que le droit international s'applique directement dans l'ordre juridique des États (rapports

[358] Babacar Sarr, « La dimension supranationale du démembrement communautaire ouest-africain », », *in* Mamadou Badji, Saïdou Nourou Tall, *Les transformations de l'État..., op. cit.*, pp. 645-687.

d'interpénétration). Les partisans du *dualisme* théorisent l'idée que les normes respectivement issues du droit interne et du droit international n'ont pas le même objet. Dans leur entendement, le droit interne et le droit international constituent deux systèmes politiques juridiques égaux, indépendants et séparés. La conséquence qu'ils en tirent est que la norme interne s'applique exclusivement dans le cadre de l'État et ne pénètre pas, en tant que norme, dans l'ordre juridique international.

Au-delà de ces divergences de vues, les praticiens du droit international s'accordent, dans la perspective internationale, sur le principe de la primauté des normes internationales. La Cour permanente de justice internationale (CPJI[359]), ancêtre de la Cour internationale de Justice siégeant à La Haye a eu à le rappeler : *« C'est un principe généralement reconnu du droit des gens que, dans les rapports entre Puissances contractantes d'un traité, les dispositions d'une loi interne ne sauraient prévaloir sur celles d'un traité. »* (Avis consultatif du 31 juillet 1930, *aff. Des communautés gréco-bulgares*).

La Convention de Vienne du 23 mai 1969 régit principalement le droit des traités entre États[360]. Il définit la notion de traité comme étant un *« accord international, quelle que soit sa dénomination particulière, conclu par écrit entre États, ou entre un État et une organisation internationale ou entre organisations internationales et régi par le droit international »* (art. 2, paragr. 1 a).

En pratique, il existe une grande variété de termes, tous équivalents : conventions, acte constitutif, charte, protocole, constitution[361], etc. Dans tous les cas, le texte international reste subordonné au principe *pacta sunt servanda*, un principe coutumier repris par l'article 26 de la Convention

[359] La Cour permanente de Justice internationale (CPJI) est l'ancêtre de la Cour internationale de Justice (CIJ) dont la création était prévue par le Pacte de la Société des Nations. Elle est la première juridiction internationale permanente dotée d'une compétence générale. Elle a été dissoute en 1946.

[360] En plus, des conventions spéciales sont conclues : Convention de Vienne pour la « succession d'États en matière de traités, 13 août 1978 ; convention de Vienne pour le droit des traités entre États et organisations internationales ou entre organisations internationales, 21 mars 1986.

[361] L'acte constitutif de l'OIT, qui est l'instrument international qui lie les États membres, est dénommé *« Constitution »* de l'Organisation Internationale du Travail, OIT, 1919. La Convention signée à Londres le 16 novembre 1945 est aussi intitulée *« Constitution »* de l'Organisation des Nations Unies pour l'Education, la Science et la Culture.

de Vienne du 23 mai 1969 stipulant que *« tout traité en vigueur lie les parties et doit être exécuté par elles de bonne foi »*.

Il appartient à chaque État de réglementer les conditions d'application éventuelles des traités dans son ordre juridique interne. Sur ce, l'article 98 de la Constitution sénégalaise instaure une *« insertion conditionnée des normes internationales »*[362] pour fonder leur primauté des normes internationales sur les lois nationales, en raison de l'hégémonie affirmée de la souveraineté étatique. L'autorité supérieure des normes internationales sur la *« loi »* — et non sur la *« Constitution »* — ressort ainsi de la satisfaction de ces trois conditions : *« le respect de la réciprocité, de la publication, de la régularité de la ratification ou de l'approbation »*[363].

Au Sénégal, le Président de la République dispose de la prérogative constitutionnelle de négocier les engagements internationaux qu'il ratifie ou approuve éventuellement sur autorisation du Parlement. La Cour internationale de Justice a intériorisé cette règle du droit international public. Elle l'extériorise par un *obiter dictum* dans l'affaire *Bosnie Herzégovine c. Yougoslavie* (arrêt du 11 juillet 1996), en proférant que *« conformément au droit international, il ne fait aucun doute que tout chef d'État est présumé pouvoir agir au nom de l'État dans ses relations internationales »*[364].

Dans l'exercice de son droit de légation, actif ou passif, le Président de la République est secondé par le Ministre chargé des Affaires étrangères qui, à ce titre, négocie les accords et traités internationaux, et représente l'État dans les réunions internationales et les commissions mixtes. Il coordonne les relations officielles du Sénégal avec les États étrangers et les organisations internationales.

Certaines catégories exigent, pour leur réception dans l'ordre juridique étatique, l'intervention du législateur pour autoriser leur ratification ou approbation. Pour certaines matières expressément énumérées par la Constitution, la ratification est *objet d'un partage de compétences. Il*

---

[362] Ibrahima Diallo, « Normes internationales et normes constitutionnelles dans l'ordre juridique interne sénégalais », *Annales africaines*, Volume 2, Décembre 2014, p. 6.

[363] Saïdou Nourou Tall, P. 317. « La justice constitutionnelle sénégalaise et le droit international public », *in* Oumarou Narey, *La justice constitutionnelle*, *op. cit.*, p. 317.

[364] Saïdou Nourou Tall, « La Constitution sénégalaise de 2001 et le droit international public », *Nouvelles Annales africaines*, n° 1, 2007, p. 375.

s'agit notamment *« les traités de paix, les traités de commerce, les traités ou accords relatifs à l'organisation internationale, ceux qui engagent les finances de l'État, ceux qui modifient les dispositions de nature législative, ceux qui sont relatifs à l'état des personnes, ceux qui comportent cession, échange ou adjonction de territoire »*. En particulier, le consentement *des populations intéressées est requis pour* tout accord de *cession ou adjonction de territoire.*

Le régime des traités comporte deux procédures : la procédure en forme simplifiée et la procédure en forme solennelle.

Concernant la *« procédure en forme simplifiée »*, l'authentification et l'engagement sont fondus en une seule formalité. C'est dire que l'accord international devient obligatoire par la seule signature. Cette procédure prend sa source dans la tradition américaine des *executive agreements* réservant au Président des États-Unis, pour se réserver un maximum d'autonomie dans la conduite de la politique extérieure (négociations militaires, économiques, financières).

La procédure en forme solennelle, quant à elle, se décompose en trois phases : la négociation, la signature et l'engagement définitif ?

Traditionnellement, la participation à la « *négociation* » nécessite une habilitation sous forme écrite appelée, « *lettre de pleins pouvoirs* », remise par l'autorité compétente (chef de l'État) à un représentant officiel ou *« plénipotentiaire »*. L'article 7 de la Convention de Vienne dispose que certaines personnes (chef de l'État, chef de Gouvernement, Ministre des Affaires étrangères[365], Chef de mission diplomatique) n'ont pas à établir qu'elles sont habilitées.

---

[365] L'article premier du décret n° 2022-1786 du 26 septembre 2022 relatif aux attributions du Ministre des Affaires étrangères et des Sénégalais de l'Extérieur dispose : *« Sous l'autorité du Premier Ministre, le Ministre des Affaires étrangères et des Sénégalais de l'Extérieur est chargé de préparer et de mettre en œuvre la politique extérieure du Sénégal définie par le Président de la République ainsi que la gestion et l'assistance des Sénégalais vivant à l'étranger. A ce titre, il négocie les accords et traités internationaux, et représente l'État dans les réunions internationales et les commissions mixtes. Il coordonne les relations officielles du Sénégal avec les États étrangers et les organisations internationales. Il représente l'État dans les instances compétentes de la CEDEAO et de l'Union Africaine. Il assure la mise en œuvre, le suivi et la coordination en liaison avec les départements ministériels compétents, des politiques d'intégration sous régionale et régionale africaines. Il est tenu informé par les Ministres chargés de l'Economie, des Finances, du Plan et de la Coopération des négociations qui se*

La phase de négociation se clôt par la *« signature ou l'authentification »* du texte suivant *« la procédure établie ou convenue »* par les États participant à l'élaboration du traité, et à défaut par *la signature ad referendum* (jusqu'à confirmation du pouvoir de signer) *ou le paraphe* (signature abrégée permettant aux plénipotentiaires de consulter leur gouvernement), par les représentants de ces États, du texte du traité ou de l'acte final d'une conférence dans lequel le texte est consigné.

L'étape ultime est l'*« expression par l'État de son consentement à être lié (l'engagement définitif) »*. Elle suit la négociation et la signature et consiste en un nouvel examen par *les organes internes compétents* pour engager internationalement l'État. Le refus de se lier définitivement n'engage pas la responsabilité de l'État ; il ne peut avoir que des conséquences politiques ou économiques.

Pour l'accord en forme solennelle, l'engagement de l'État résulte d'une formalité particulière que l'article 11 de la convention de Vienne du 23 mai 1969 nomme *« la ratification, l'acceptation, l'approbation ou tout autre moyen convenu »*.

La ratification donne lieu à un acte par lequel l'autorité étatique la plus haute, détenant la compétence constitutionnelle de conclure les traités internationaux, confirme le traité élaboré par ses plénipotentiaires, consent à ce qu'il devienne définitif et obligatoire et s'engage solennellement au nom de l'État à l'exécuter. Formellement, c'est un acte écrit selon des formes traditionnelles (exemple décret, communiqué aux Hautes Parties contractantes ; échange des *ratifications* pour les traités bilatéraux et dépôt de *ratification auprès* d'un État ou une organisation internationale pour les traités multilatéraux). Une « a*pprobation »* ou une « *acceptation »* est un acte rédigé sans utilisation de formes traditionnelles (exemple, l'acte d'approbation peut consister en une simple lettre signée du Ministre des Affaires étrangères). Comme pour la ratification, il est notifié par échange de lettres ou dépôt des instruments d'approbation ou d'acceptation.

---

déroulent dans le cadre de la Zone Franc, de l'OHADA et de l'UEMOA. (...) Les compétences qu'il exerce s'entendent sous réserve des attributions internationales dévolues à d'autres ministres par leur décret d'attribution, et notamment à ceux chargés de la Justice, de l'Economie, des Finances et du Commerce. Il mène, en rapport avec le représentant du Président de la République auprès de la Francophonie, toute action de promotion des initiatives de l'Organisation Internationale de la Francophonie (0IF) ».

Le Conseil constitutionnel sénégalais s'est adonné, dans la décision n° 1/C/2015 du 2 mars 2015, à l'interprétation des stipulations de la Convention de Vienne du 23 mai 1969 et dispositions constitutionnelles relatives aux formes de traité. Le requérant *Hissène Habré*, qui dénonçait l'escamotage de la procédure dédiée au traité en forme solennelle, a soulevé une exception d'inconstitutionnalité visant l'accord du 22 août 2012 entre la République du Sénégal et l'Union africaine sur la création des Chambres africaines extraordinaires. Saisie par la Cour suprême.

Le requérant estimait *que « le décret n° 2013-212 est dépourvu de base légale pour avoir été pris alors que l'accord du 22 août 2012 n'était pas entré en vigueur, faute de publication de la loi d'autorisation de ratification et du décret de ratification, en violation de l'article 96, alinéas 1 et 2 de la Constitution »*. Ainsi, il mettait en cause, sans équivoque, les conditions d'applicabilité de l'accord. Mais, le juge constitutionnel semble être momentanément distrait. Sans sourciller un instant, il se disperse pour rien en conjecturant sur la forme de l'accord. Ce faisant, il considère que *« (...) l'accord du 22 août 2012 entre la République du Sénégal et l'Union africaine a pour objet la création de Chambres africaines extraordinaires au sein des juridictions sénégalaises ; que cet accord n'entre pas dans le champ de l'article 96 de la Constitution qui énumère limitativement les traités et accords qui sont soumis à la procédure prévue à cet effet ; qu'il s'agit, d'accords* dits "*en forme simplifiée" reconnus par le droit international des traités, par opposition aux accords* « en forme solennelle *» visés par l'article 96 de la Constitution »*[366].

---

[366] Au soutien de cette conception, le Conseil constitutionnel s'est fondé à considérer : *« (...) que les accords en forme simplifiée peuvent être conclus au nom du Gouvernement par un représentant de l'État ; (...) qu'aux termes de l'article 7 de la Convention précitée, une personne est considérée comme représentant d'un État si elle produit des pleins pouvoirs appropriés, ou s'il ressort de la pratique ou d'autres circonstances qu'il était de l'intention des parties concernées de considérer cette personne comme représentant de l'État à ces fins sans présentation de pleins pouvoirs ; (...) que le Gouvernement du Sénégal par ses ministres, a eu à s'engager, à plusieurs reprises, dans des situations hors du champ de l'article 96 de la Constitution, notamment avec la Banque africaine de Développement, la Banque mondiale, le Fonds monétaire international sur des projets de financement, ou avec l'Union européenne dans le domaine de la pêche, tous, sujets de droit international de même nature que l'Union africaine ; (...) que le ministre de la justice, agissant ès-qualité, de surcroît au Sénégal même, est en droit de conclure un accord relatif à la mise en place d'une juridiction à caractère international destinée*

Pourtant, une simple lecture abécédaire de la loi qui était en vigueur aurait suffi pour faire l'économie d'une telle acrobatie juridique. Le quatrième alinéa de l'article 4 de la loi n° 70-14 du 6 février 1970 fixant les règles d'applicabilité des lois, des actes administratifs à caractère réglementaire et des actes administratifs à caractère individuel modifiée par la loi n° 71-07 du 21 janvier 1970 modifiant l'article 2 de ladite loi dispose expressément : *« Les dispositions des conventions internationales ne sont pas opposables aux particuliers que le lendemain du dépôt au Secrétariat général du journal officiel où elles ont été publiée. Dans l'hypothèse envisagée ci-dessus où leur publication au Journal officiel est intervenue avant leur entrée en vigueur internationale, elles ne seront opposables aux particuliers qu'à compter de la date de cette dernière »*[367].

La situation juridique de l'État varie relativement au degré d'engagement par rapport au traité. L'État est successivement un *« État signataire »* en phase d'authentification, un *« État contractant* si le traité n'est pas encore internationalement en vigueur et un *État partie* seulement quand, selon les modalités prévues, le traité est internationalement entré en vigueur.

2. L'éclosion du droit communautaire

Le ralliement à l'unité africaine est une préoccupation constante de l'État du Sénégal liée à l'idéologie panafricaniste de ses gouvernements. Sa consécration est perceptible dans les propos préambulaires du 24 janvier 1959 en ces termes : *« Conformément à l'article 76, et dans les perspectives ouvertes par les articles 86 et 88 de la Constitution de la Communauté, la République du Sénégal, par une libre décision des représentants élus de son peuple, se propose de tout mettre en œuvre pour aboutir à l'Unité africaine, dans le cadre d'une Fédération démocratique ».*

à faire juger des infractions de même nature ; que l'Union africaine, partie contractante, ne l'a pas considéré autrement ; qu'il y a lieu , dès lors, d'admettre la régularité de l'accord conclu par le ministre de la justice et confirmé par l'instrument de ratification en date du 4 février 2013 adressé par le Président de la République au Président de la Commission africaine suivant lettre n° 0080/ASA/C1AS/ en date du 12 février 2013 ».

[367] Loi n° 2021-21 du 02 mars 2021 fixant les règles d'applicabilité des lois, des actes administratifs à caractère réglementaire et des actes administratifs à caractère individuel abrogeant la loi n° 71-07 du 21 janvier 1970 simplifie et précise le délai d'opposabilité qui est désormais plus précisément de *« un jour franc à compter de leur publication au Journal officiel"* au lieu d'en être vaguement "*le lendemain du dépôt au Secrétariat général du journal officiel où elles ont été publiée" ».*

Dans la même orientation, judiciarisée dans la Décision du Conseil constitutionnel n° 3/C/93 du 16 décembre 1993, le Constituant sénégalais du 26 août 1960, *« soucieux de préparer la voie de l'unité des États de l'Afrique et d'assurer les perspectives que comporte cette unité ; conscient de la nécessité d'une unité politique, culturelle, économique et sociale, indispensable à l'affirmation de la personnalité africaine ; conscient des impératifs historiques, moraux et matériels qui unissent les États de l'Ouest africain, décide que la République du Sénégal ne ménagera aucun effort pour la réalisation de l'unité africaine »*.

La loi constitutionnelle du 7 mars 1963, modifiée par la loi n° 67-32 du 20 juin 1967, institue un serment enjoignant le Président de la République de *« consacrer toutes mes forces à défendre les institutions constitutionnelles, l'intégrité du territoire et l'indépendance nationale »*.

Le préambule et l'article 96, alinéa 4 de la Constitution du 22 janvier 2001 pour affirment enfin que le peuple sénégalais est *« attaché à l'idéal de l'unité africaine » ;* elle dispose en son que *« la République du Sénégal peut conclure avec tout État africain des accords d'association ou de communauté comprenant abandon partiel ou total de souveraineté en vue de réaliser l'unité africaine »*.

La dynamique d'intégration communautaire[368] raffermit les systèmes juridiques des États membres en les libérant de l'étroitesse des limites du droit interne. L'intégration suppose *« qu'une entité interétatique, créée par un traité de base, assure, concurremment ou parallèlement aux États membres, des activités dont ces derniers avaient traditionnellement le monopole »*[369].

---

[368] Adama Kpodar, Dodzi Kokoroko, « Remarques sur quelques mutations du droit constitutionnel par les crises politiques en Afrique », *in* Koffi Ahadzi-Nonou et *alii*, *Démocratie en questions ... op. cit.*, p. 254 ; Ismaïla Madior Fall, Alioune Sall, « Une constitution régionale pour l'espace CEDEAO : le protocole sur la démocratie et la bonne gouvernance, *la-constitution-en-afrique.over-blog.com*, consulté le 22 mars 2023 ; François Kuessi Deckon, « La valeur juridique des normes communautaires en droit comparé », *RTSJ*, n° 0000, Janvier-juin 2011, p. 154 ; Sanwé Médar Kienou, « L'incident du droit régional sur le droit constitutionnel des États francophones d'Afrique de l'Ouest », *RFDC*, n° 110, 2017, pp. 413-436.

[369] Saidou Nourou Tall, *Droit des organisations internationales africaines. Théorie générale, Droit communautaire comparé, Droit de l'Homme, Paix et Sécurité*, Paris, L'Harmattan, 2015, p. 47 ; Ameth Ndiaye, « La charte africaine des droits de l'homme

Grâce à d'importants textes (le Protocole A/SP1/12/01 sur la Démocratie et la Bonne gouvernance de 2001 de la CEDEAO[370] ; la Charte africaine de la Démocratie, des Élections et de la Gouvernance de 2007[371]), la sécrétion abondante d'un droit dérivé et l'affirmation progressive des Cours de justice[372], le droit communautaire innerve les droits nationaux soit en conditionnant soit en neutralisant les législateurs nationaux.

Le Traité révisé de la Communauté économique des États de l'Afrique de l'Ouest (CEDEAO) du 16 février 2010 fixe, en son article 9 nouveau un régime juridique des actes édictés par les organes de la Communauté : Actes additionnels, Règlements, Directives, Décisions, Recommandations et Avis.

Le respect des « *actes additionnels s'impose* » aux États membres et aux institutions de la Communauté, sous réserve des dispositions de l'article 15 du Traité révisé.

Les « *Règlements* », de portée générale, sont *« obligatoires en toutes leurs dispositions et sont directement applicables dans les États membres »*. Ils ont force obligatoire à l'égard des institutions de la Communauté.

Les *« Directives lient tous les États membres quant aux objectifs à atteindre »* ; les modalités de réalisation de ces objectifs sont *« laissées à l'initiative des États »*.

Les *« Décisions sont obligatoires pour les destinataires »* qu'elles désignent.

Les *« Recommandations et les Avis n'ont pas force exécutoire »*.

---

et des peuples et la charte africaine de la démocratie, des élections et de la gouvernance : regard croisé », *Annales africaines*, Volume 2, n° 11, 2019, pp. 81-117.

370 Au niveau régional, le Protocole A/SP1/12/01 sur la Démocratie et la Bonne gouvernance de 2001 de la CEDEAO est d'une grande richesse en *« principes de convergence constitutionnelle »*.

371 Abdoul Aziz Mbodji, *L'Union africaine et les élections en Afrique*, Thèse de doctorat, Université Cheikh Anta Diop, 2018, pp. 48-62.

372 Alioune Sall, *La justice de l'intégration. Réflexions sur les institutions judiciaires de la CEDEAO et de l'UEMOA*, Deuxième édition revue, corrigée et augmentée, L'Harmattan-Sénégal, 2018, 480 p.

Sauf dispositions contraires dans le présent protocole additionnel ou dans tout autre, les Actes de la Communauté sont adoptés à l'unanimité, par consensus ou à la majorité des deux tiers.

De même, il est instauré un régime juridique des Actes pris par les Organes de l'Union économique et monétaire ouest africaine (UEMOA) du 10 février 1994. Aux termes de l'article 42 (modifié) du Traité modifié de l'Union, il est de règle que *« pour l'accomplissement de leurs missions et dans les conditions prévues par le présent Traité : - la Conférence prend des actes additionnels, conformément aux dispositions de l'article 19 ; - le Conseil édicte des règlements, des directives et des décisions ; il peut également formuler des recommandations et/ou des avis ; - la Commission prend des règlements pour l'application des actes du Conseil et édicte des décisions ; elle peut également formuler des recommandations et/ou des avis ; - Le Parlement prend des actes dont le régime juridique est déterminé par le Traité portant création de cet organe »*[373].

Cette tendance favorable à la prévalence du droit communautaire se confirme sur le plan jurisprudentiel. À titre d'exemple, la Décision n° 1-C-2020 du 12 février 2016 du Conseil constitutionnel sénégalais en est une récente confirmation. Par cette jurisprudence, le Conseil soutient la logique d'intégration régionale en Afrique en considérant que *« parmi les obligations pour l'État du Sénégal de la conclusion [du traité de l'UEMOA »], il y a celle de respecter les exigences communautaires.* Mais, quelques jurisprudences en sont dissonantes. C'est ce que révèle une cordiale analyse intitulée *« La pyramide des normes entre l'interne et l'externe : Quand le droit communautaire courbe l'échine devant le droit national contraire »*. Ils constatent, au travers de la décision que venait de poser la Cour constitutionnelle, que « *le droit communautaire dérivé doit plier devant la loi nationale, si elle viole un droit acquis et, a fortiori, un droit fondamental de la Constitution* »[374].

---

[373] Les articles 43 à 46 du Traité modifié de l'UEMOA réglemente le régime spécifique à chaque Acte déterminé :

[374] Adama Kpodar et Cyrille Monembou, « La pyramide des normes entre l'interne et l'externe : Quand le droit communautaire courbe l'échine devant le droit national contraire », *RCC-Revue constitution et consolidation de l'état de droit de la démocratie et des libertés fondamentales en Afrique*, n° 2 et 3, 2020, pp. 217-244.

Les deux décisions par lesquelles la Cour constitutionnelle béninoise affiche une rébellion jurisprudentielle "apparente" contre une suprématie textuelle "évidente" du droit communautaire sont : i) Décision DCC 18-135 du 28 juin 2018 : *« ...la compétence de la Cour est strictement nationale... » « la Cour ne saurait valablement procéder au contrôle de conformité à la Constitution de l'article 10 du Code d'éthique et de déontologie de la BCEAO »* ; *« il y a lieu de se déclarer incompétente »* ; ii) Décision DCC 19-287 du 22 août 2019 : *« qu'il résulte du préambule de la Constitution, de son titre II, ensemble avec le titre IX, que n'est pas contraire à la Constitution une disposition législative nationale qui accorde aux citoyens des droits plus avantageux que ceux résultant d'une norme communautaire ou internationale ; le droit communautaire antérieur ou postérieur, s'appliquant aussi longtemps qu'il ne diminue ni ne restreint les droits reconnus par la Constitution et les lois en général en faveur des personnes ; qu'il n'en irait autrement que si la disposition contenue dans la législation nationale antérieure ou postérieure fixe des obligations et impose des sujétions plus élevées que ces conventions régulièrement ratifiées par la République du Bénin ».*

L'Organisation pour l'Harmonisation en Afrique du Droit des Affaires (OHADA) vise *« à accomplir de nouveaux progrès sur la voie de l'unité africaine »* et *« à renforcer la sécurité juridique et judiciaire de nature à garantir un climat de confiance concourant à faire de l'Afrique un pôle de développement » (préambule du* Traité relatif à l'harmonisation du droit des affaires en Afrique signé le 17 octobre 1993 à Port-Louis, Ile Maurice, et révisé le 17 octobre 2008 au Québec, Canada). Dans le cadre de ce traité, des ***« actes uniformes »*** sont pris en vue de *« l'harmonisation du droit des Affaires en Afrique dans les États Parties par l'élaboration et l'adoption de règles communes simples, modernes et adaptées à la situation de leurs économies, par la mise en œuvre de procédures appropriées, et par l'encouragement au recours à l'arbitrage pour le règlement des différends »* (article premier du Traité)[375]. Le seul espace abandonné à la souveraineté des États Parties, c'est qu'ils *« s'engagent à déterminer les sanctions pénales encourues »* relativement aux dispositions d'incrimination pénale pouvant être inclues dans les actes uniformes (article 5 du Traité).

---

[375] Article 1er du Traité relatif à l'harmonisation du droit des affaires en Afrique du 10 octobre 2008.

La force juridique des actes uniformes est sans réserve ; ils sont *« directement applicables et obligatoires dans les États Parties nonobstant toute disposition contraire de droit interne, antérieure ou postérieure » (article 10 du Traité).* C'est que la Cour de l'OHADA, dénommée Cour commune de Justice et d'Arbitrage, a eu à affirmer dans un avis du 30 avril 2001 rendu à la demande de l'État ivoirien. Concernant le sort du droit interne mis en vigueur dans les États, la Cour n'y est pas allée pas plusieurs chemins pour prononcer une sentence jurisprudentielle contre le droit interne aux États Parties : *« L'article 10 (...) contient une règle de supranationalité, parce qu'il prévoit l'application directe et obligatoire dans les États Parties des Actes uniformes et institue, par ailleurs, leur suprématie sur les dispositions de droit interne antérieures et postérieures »* [376].

[376] Avis de la CCJA, cité par Babacar Gueye, Saïdou Nourou Tall, Maurice Kamto, *Traité du 17 octobre 1993 relatif à l'harmonisation du droit des affaires en Afrique, tel que révisé à Québec le 17 octobre 2008*, *in* Joseph Issa-Sayegh, Paul-Gérard Pougoué, Filiga-Michel Sawadogo, *Ohada, traité et actes uniformes commentés et annotés*, Juriscope, 4e édition 2014, p. 36.

TITRE X.- DE LA HAUTE COUR DE JUSTICE

***Article 99**. - Il est institué une Haute Cour de Justice.*

***Article 100**. - La Haute Cour de Justice est composée de membres élus par l'Assemblée nationale, après chaque renouvellement.*

Elle est présidée par un magistrat.

L'organisation de la Haute Cour de Justice et la procédure suivie devant elle sont déterminées par une loi organique.

***Article 101**. - Le Président de la République n'est responsable des actes accomplis dans l'exercice de ses fonctions qu'en cas de haute trahison. Il ne peut être mis en accusation que par l'Assemblée nationale, statuant par un vote au scrutin secret, à la majorité des trois cinquièmes des membres les composant ; il est jugé par la Haute Cour de Justice.*

Le Premier ministre et les autres membres du Gouvernement sont pénalement responsables des actes accomplis dans l'exercice de leurs fonctions et qualifiés crimes ou délits au moment où ils ont été commis. Ils sont jugés par la Haute Cour de Justice.

La procédure définie ci-dessus leur est applicable, ainsi qu'à leurs complices, dans le cas de complot contre la sûreté de l'État. Dans les cas prévus au présent alinéa, la Haute Cour est liée par la définition des crimes et délits ainsi que par la détermination des peines, telles qu'elles résultent des lois pénales en vigueur au moment où les faits ont été commis.

Note n° 13. La Haute Cour de Justice, une judiciarisation de la justice politique

La responsabilité est consubstantielle à l'exercice des fonctions publiques. Il peut émaner de cet exercice deux ordres de responsabilité. D'une part, le Président de la République étant politiquement irresponsable, en accordant à l'expression la plénitude historico-politique de son sens [377], il revient au Gouvernement, institution collégiale et solidaire (Premier ministre et les autres membres du Gouvernement) d'assumer l'entière responsabilité politique du Gouvernement devant l'Assemblée nationale[378]. D'autres part, le Président de la République, le Premier ministre et les autres membres du Gouvernement peuvent engager leurs responsabilités pénales respectives devant une juridiction appelée Haute Cour de Justice. La nature politique des fonctions place ainsi ces autorités sous le régime du privilège de juridiction[379].

---

[377] *« Pour être compris, le principe de l'irresponsabilité doit être replacé dans son régime historique. Il est à l'origine le reflet de la majesté royale ; avec le développement du régime parlementaire, il est devenu la conséquence de l'effacement du Chef de l'État. Irresponsabilité et effacement se prêtent d'ailleurs un appui mutuel : on n'a d'autorité que dans la mesure où on en assume la responsabilité, on n'est responsable que dans la mesure où on détient l'autorité »* (Georges Vedel, *Manuel élémentaire de droit constitutionnel*, Réédition, Paris, Dalloz, 2002, p. 429). Ce lien historique explique les interrogations actuelles sur la responsabilité politique du Chef de l'État dans un contexte de bicéphalisme gouvernemental où le Président de la République a autant ou davantage de prérogatives gouvernementales que le Premier Ministre.

[378] En matière d'engagement de la responsabilité politique, la Constitution de la République démocratique du Congo, modifiée par la Loi n° 11/002 du 20 janvier 2011 portant révision de certains articles de la Constitution de la République Démocratique du Congo du 18 février 2006, prévoit l'engagement de la responsabilité politique d'un membre du Gouvernement. En son article 147, celle-ci dispose : *« Lorsque l'Assemblée nationale adopte une motion de censure, le Gouvernement est réputé démissionnaire. Dans ce cas, le Premier ministre remet la démission du Gouvernement au Président de la République dans les vingt-quatre heures. Lorsqu'une "motion de défiance" contre un membre du Gouvernement est adoptée, celui-ci est réputé "démissionnaire" »*.

[379] A la différence de beaucoup de pays africains, en République démocratique du Congo (RDC), la Cour constitutionnelle est, aux termes de l'article 164 de la Constitution, *« le juge pénal du Président de la République et du Premier ministre pour des infractions politiques de haute trahison, d'outrage au Parlement, d'atteinte à l'honneur ou à la probité ainsi que pour les délits d'initié et pour les autres infractions de droit commun commises dans l'exercice ou à l'occasion de l'exercice de leurs fonctions. Elle est également compétente pour juger leurs co-auteurs et complices »*.

Plus qu'un simple privilège de juridiction, la finalité est de créer les conditions d'un traitement congruent avec la nature politique des fonctions exercées par ces autorités. Cependant, l'état des textes en vigueur souffre d'une certaine incomplétude.

1. Des incriminations d'essence politique

La nature politique de la Haute Cour de Justice[380] se dégage de la fonction exercée par les justiciables et du caractère des infractions visées.

Les personnes visées sont des autorités politiques agissant dans le cadre des fonctions étatiques : le Président de la République, le Premier ministre et les autres membres du Gouvernement.

Le Président de la République ne pourra répondre devant la Haute Cour de Justice que des actes de la fonction qui lui sont imputables et qualifiés de *« haute trahison »* ; Sinon il ne sera nullement responsable *« des accomplis dans l'exercice de ses fonctions »* ; mais l'irresponsabilité couvre *« les actes de la fonction et eux seuls »*[381].

Dans une continuité logique, le Premier ministre et les autres membres du Gouvernement seront eux aussi pénalement responsables des actes accomplis *« dans l'exercice de leurs fonctions »* et qualifiés crimes ou délits au moment où ils ont été commis. À travers le procédé du contreseing, le Premier ministre et les ministres sont tenus d'endosser politiquement la responsabilité des actes pourtant posés par le Président, en raison de l'irresponsabilité politique de celui-ci. Toutes incriminations sont de nature politique.

Seule la haute tradition commise par le Président de la République ainsi que les actes commis par les membres du Gouvernement rentrent dans la compétence de la Haute Cour de Justice[382]. Ces infractions devront être

---

L'Assemblée nationale et le Sénat, réunis en Congrès, ont la compétence de déférer le *« Président de la République »* et le *« Premier ministre »* - à l'exclusion des autres membres du Gouvernement - devant la Cour constitutionnelle, notamment pour haute trahison et délit d'initié.

[380] Mamadou Diop, *La gouvernance judiciaire*, L'Harmattan-Sénégal, 2017, pp. 57-61.

[381] Georges Vedel, *Manuel élémentaire de droit constitutionnel*, *op. cit.*, p. 430.

[382] En France, il est fait la part des choses. La Cour de Justice de la République créée en 993 *« juge les membres du gouvernement pour les actes délictueux ou criminels commis dans l'exercice de leur fonction »*. Non plus seulement le Parlement comme c'est le cas devant la Haute Cour de Justice, toute personne, qui se prétend lésée par un crime ou un

matériellement établies dans le cadre de l'exercice des charges présidentielles ou gouvernementales.

En cas de complot contre la sûreté de l'État, la même procédure est applicable aux auteurs (Président de la République, Premier ministre et autres membres du Gouvernement) ainsi que, étant donné que l'accessoire suit alors le principal, leurs complices, quels que soient leurs statuts. En conséquence, *« [ils ne peuvent] être mis en accusation que par l'Assemblée nationale, statuant par un vote au scrutin secret, à la majorité des trois cinquièmes des membres les composant ; il est jugé par la Haute Cour de Justice »,* étant entendu que dans ce cas précis, cette dernière *« est liée par la définition des crimes et délits ainsi que par la détermination des peines, telles qu'elles résultent des lois pénales en vigueur au moment où les faits ont été commis »*[383].

Les constituants organique et matériel confirment la substance politique de ces incriminations. C'est dans le sens de la préservation de cette identité politique que la constitution de partie civile n'est pas recevable devant la Haute Cour. Sous ce rapport, les actions en réparation de dommages justifiées par les crimes et délits poursuivis devant la HCJ ne peuvent être plaidées que devant les juridictions de droit commun.

2. Une procédure de politico-judiciaire

La procédure, l'instruction et le jugement de la haute trahison sont au point de rencontre du juridique et du politique : le vote en assemblée plénière d'une résolution de mise en accusation ; une décision de renvoi précisant s'il y a preuve suffisante de l'existence des faits énumérés dans la résolution parlementaire, et la composition mixte de la Commission d'Instruction et de la juridiction de jugement (parlementaires, magistrats).

---

délit commis par un membre du Gouvernement dans l'exercice de ses fonctions peut porter plainte auprès d'une commission des requêtes. La Haute Cour de Justice reste l'unique juridiction compétence pour juger le président de la République *« en cas de manquement à ses devoirs incompatibles avec l'exercice de son mandat ».* Cette compétence est limitée à la procédure de destitution du président de la République. Sans doute, le Président n'est pas judiciairement responsable des actes accomplis dans l'exercice de ses fonctions dans les domaines politique, pénal, civil et administratif (www.vie-publique.fr, consulté le 22 mars 2023.

[383] Article 101, alinéa 3 de la Constitution du Sénégal en vigueur.

La *« résolution de l'Assemblée nationale »* votée dans les conditions prévues à l'article 101 de la Constitution et portant mise en accusation devant la Haute Cour contient les prénoms, noms et fonctions des accusés, *« l'énoncé sommaire des faits qui leur sont reprochés »* et, dans les cas prévus à l'alinéa 2 de l'article 101 de la Constitution, *« le visa des dispositions législatives »* en vertu desquelles est exercée la poursuite.

Toutefois, la mise en œuvre de la procédure de haute trahison demeure problématique dans l'ambiance protectrice des gouvernants en Afrique, accentuée par les affinités politiques avec les juges élus, la présence de membres du Gouvernement aux travaux parlementaires, l'exigence de majorité aggravée des 3/5e des membres composant l'Assemblée nationale, et l'adoption de la résolution de mise en accusation au scrutin public.

Le jeu partisan déteint, comme c'est le cas dans beaucoup de démocraties électives, sur l'opérationnalité de cette juridiction d'essence politique. Elle est appelée *« fait majoritaire »* pour désigner une situation de fait et non de droit réalisant une *« convergence des majorités présidentielle et parlementaire en ce sens que le Président de la République, le Premier ministre et l'Assemblée nationale appartiennent à la même majorité politique. Elle correspond à un Président de la République, en situation de capitaine, qui domine le jeu constitutionnel et dont l'action est mise en œuvre par le Premier ministre, allié du président, qui s'appuie, à cet effet, sur sa nécessaire majorité à l'Assemblée nationale »*[384].

Dans ces conditions, le vote d'une mise en accusation est probablement compromis par les affinités qui se tissent entre le Gouvernement et l'Assemblée nationale.

Mais une fois la résolution votée, elle est transmise sans délai par le Président de l'Assemblée nationale au Procureur général. Ce dernier notifie la mise en accusation au Président de la Haute Cour et au Président de la Commission d'Instruction, dans les vingt-quatre heures de la réception de la résolution.

Actuellement, la composition porte l'empreinte d'une certaine hybridité. Tel qu'il résulte de ses articles 1er, 2 et 3, la loi n° 2002-10 du 22 février

---

[384] Olivier Gohin, *Droit constitutionnel*, *op. cit.*, pp. 646-647.

2002 portant loi organique sur la Haute Cour de Justice, modifiée[385] : *« La Haute Cour de Justice se compose du Premier Président de la Cour suprême, Président, et de huit juges titulaires. Elle comprend en outre, un Président suppléant, le Président de la Chambre pénale de la Cour suprême et huit juges suppléants (...). Après chaque renouvellement et dans le mois qui suit sa première réunion, l'Assemblée nationale élit huit juges titulaires et huit juges suppléants en son sein. Le scrutin est secret. L'élection est acquise à la majorité absolue des membres composant l'Assemblée nationale. Il est procédé dans les mêmes conditions au remplacement des juges titulaires ou suppléants dont les fonctions ont pris fin avant leur terme normal pour quelque cause que ce soit »*.

Mais il n'en était pas ainsi toujours. C'est exactement en perspective du procès de Mamadou Dia et de ses co-accusés que la Constitution a été placée sous l'autorité d'un magistrat soumis pour carrière, ou plus exactement sa promotion, à la haute appréciation du Président[386]. Les modifications que porte la loi n° 63-02 du 04 janvier 1963 portant révision des articles 64et 65 de la Constitution en sont une confession publique. Premièrement, la mise en accusation du Président de la République par l'Assemblée nationale en cas de haute trahison passe de *« la majorité des deux tiers des membres »* à *« la majorité des trois cinquièmes »* des membres la composant. Deuxièmement, la présidence de la Haute Cour de Justice, qui était jusque-là pourvue par élection *« parmi ses membres »* élus par l'Assemblée nationale, échoit désormais à un *« magistrat »*[387].

Instruite par termes de la résolution portant mise en accusation, la Commission d'Instruction[388] procède à *« tous les actes qu'elle juge utiles*

---

[385] Elle est modifiée par la Loi organique n° 2008-39 du 20 août 2008 relative à la Haute Cour de Justice et la loi n° 2012-26 du 28 décembre 2012 portant loi organique sur la Haute Cour de Justice).

[386] UMS (Union des Magistrats sénégalais), *L'indépendance de la justice au Sénégal. États des lieux et perspectives de réforme*, (Actes du Colloque national), Dakar, 28 et 29 décembre 2019), Dakar, UMS-OSIWA-ONG-3D, 258 p.

[387] En comparant la loi n° 60-045 A.N. du 26 août 1960 portant révision de la Constitution avec la loi n° 63-02 du 04 janvier 1963 portant révision des articles 64et 65 de la Constitution et la loi n° 63-03 du 04 janvier 1963 portant modification de la loi organique relative à la Haute Cour de Justice (JORS n° 3572 du 07 janvier 1963, pp. 21-22).

[388] Il est créé auprès de la Haute Cour une Commission d'Instruction présidée par le Premier Président de la Cour d'Appel de Dakar, suppléé en cas d'empêchement par le Président de la Chambre d'accusation de ladite Cour et comprenant quatre membres

à la manifestation de la vérité » selon les règles édictées par le Code de Procédure pénale et spécialement celles qui assurent les droits de la défense, sous réserve des dérogations prévues par la loi organique.

Les *« actes de la Commission d'Instruction »* ne sont susceptibles *« d'aucun recours ».* La Commission statue sur les incidents de procédure et notamment sur les nullités de l'Instruction. Toute nullité non évoquée avant la décision de renvoi est couverte. Lorsque la procédure lui paraît complète, la Commission ordonne, s'il y a lieu, le renvoi devant la Haute Cour[389] ou décerne, le cas échéant, un non-lieu.

Après le vote de la résolution de mise en accusation contre Idrissa Seck et Salif Bâ, la procédure d'instruction commença auprès de la Commission d'instruction près la HCJ. Au final *« elle décida qu'il n'y a pas lieu de renvoyer les prévenus devant la HCJ pour jugement. En effet, dans son arrêt [n°4 du 7 février 2006], la Commission d'instruction "ordonne, au bénéfice des contestations sérieuses, la mise en liberté d'office de l'accusé Idrissa Seck, s'il n'est détenu pour autre cause". En même temps, elle prononce le non-lieu partiel sur les faits d'usurpation de titre et de détournements de deniers publics relatifs à la gestion des fonds politiques ainsi que "la continuation de l'information sur les faits visés dans la résolution de mise en accusation". Pour arriver à ses conclusions, la commission d'instruction a admis qu'aussi bien sur les Chantiers de Thiès que sur les fonds politiques, aucune preuve de la culpabilité d'Idrissa Seck ne peut être assise sur la base des pièces et auditions faites »*[390].

Les peines encourues devant la Haute Cour de Justice sont, en principe, des sanctions *« essentiellement politiques et accessoirement pénales »*[391]. Elles sont, en cas de haute tradition, de nature politique surtout pour le

---

titulaires et quatre suppléants. Les membres titulaires et suppléants de la Commission sont désignés au début de chaque année judiciaire parmi les magistrats du siège de la Cour d'Appel de Dakar par l'Assemblée générale de ladite Cour hors la présence des membres du parquet (article 11 de la loi n° 2002-10 du 22 février 2002 portant loi organique sur la Haute Cour de Justice, modifiée).

[389] Sur tous les points ci-dessus, se référer aux articles 20 à 37 de la loi n° 2002-10 du 22 février 2002 portant loi organique sur la Haute Cour de Justice, modifiée.

[390] Oumar Sow, *La Haute trahison*, Thèse de Doctorat, Université Cheikh Anta Diop de Dakar, 2017, p. 331.

[391] Jean-Pierre Rougeaux, « La Haute Cour de justice sous la Ve République », *RDP*, 1978, p. 1028.

Président de la République, en l'occurrence une destitution[392]. Le rappel du Conseil constitutionnel français est édifiant à ce sujet : *« la Haute Cour (...) ne constitue pas une juridiction chargée de juger le Président de la République pour des infractions commises par lui en cette qualité, mais une assemblée parlementaire compétente pour prononcer sa destitution en cas de manquement à ses devoirs manifestement incompatibles avec l'exercice de son mandat »*[393].

Dans l'affaire du Président du Conseil (des Ministres), Mamadou Dia, la Commission d'Instruction a rendu une ordonnance de renvoi devant la Haute Cour de Justice pour les faits suivants : *« atteinte à la sûreté de l'État, arrestations arbitraires, réquisition de la force publique pour s'opposer à l'exécution des lois et des dispositions légales »*[394]. À l'issue de du procès, la Cour qui n'a ni accueilli des circonstances atténuantes, ni entendu la demande de clémence a lourdement servi : *« déportation perpétuelle dans une enceinte fortifiée, vingt ans de détention criminelle, cinq ans d'emprisonnement et dix ans d'interdiction des droits civiques »*[395].

Les *« arrêts »* de la Haute Cour ne sont susceptibles *« ni d'appel ni de pourvoi en cassation »*. Toutefois ils sont susceptibles de révision dans les formes et conditions légales.

3. Une incomplétude juridique évidente

À l'examen des dispositions constitutionnelles et organiques, il est avéré que l'encadrement juridique de la Haute Cour de Justice éprouve quelques insuffisances.

---

[392] Boubacar Bâ « La destitution des chefs d'État : fortunes et infortunes d'une pratique aléatoire », *in* Alioune Sall, Ismaïla Madior Fall (dir.), *Actualités du droit public et de la science politique en Afrique. Mélanges en l'honneur de Babacar Kanté,* L'Harmattan-Sénégal, 2017, pp. 185-204.

[393] Décision n° 2014-703 DC du 19 novembre 2014, *Loi organique portant application de l'article 68 de la Constitution.*

[394] Ordonnance de renvoi du 27 avril 1963 citée par Seydou Madani Sy, *Les régimes politiques sénégalais de l'indépendance à l'alternance politique 1960-2008, op. cit.*, p. 41.

[395] Le souvenir d'un *« jeune assistant de droit public (...) présent dans la salle des audiences de la Cour suprême »,* Seydou Madani Sy, , *Les régimes politiques sénégalais de l'indépendance à l'alternance politique 1960-2008, op. cit.*, p. 41.

D'abord, on note le caractère vague et imprécis de la notion de *« haute trahison »*, pour ne pas dire le droit sénégalais n'informe pas sur le point de savoir à quoi renvoie la haute trahison. Le silence complice observé sur la question par le Constituant et le législateur organique ne semble pas satisfaire au principal général de légalité des peines.
Le Président de la République ne pourra répondre devant la Haute Cour de Justice que des actes de la fonction qui lui sont imputables et qualifiés de *« haute trahison »* ; Sinon, il ne sera responsable d'aucun *« des accomplis dans l'exercice de ses fonctions »*. L'irresponsabilité couvre *« les actes de la fonction et eux seuls »*[396], donc ceux qui ne sont pas détachables des fonctions officielles exercées. Au demeurant, il y a lieu de clarifier que « cette responsabilité qui ne joue que devant la Haute Cour de justice, mais seulement pour les actes commis dans l'exercice des fonctions et qui sont constitutifs de haute trahison, *« n'exclut pas la compétence des juridictions de droit commun, pour les actes commis en dehors de l'exercice des fonctions »*[397].

En guise d'exemplification d'une autre situation paradoxale, il faut que l'enrichissement illicite soit constitutif de haute trahison pour qu'un Président de la République ou un ministre ne soit pas attrait devant la Haute Cour de Justice [398]. Dès lors, comment les dissocier en l'absence de critères matériels légaux relativement à la haute trahison ?

En droit constitutionnel comparé africain, il existe des textes indéterminés. Il nous vient à l'esprit de citer l'article 145 de la Constitution nigérienne en vigueur qui incrimine *« la compromission des intérêts nationaux en matière de gestion des ressources naturelles et du sous-sol »*, pour en faire un acte éligible à l'engagement de la responsabilité du Président de la République pour haute trahison devant la Haute Cour de Justice. La peine est implacable car le Président de la République reconnu coupable d'un tel crime de haute trahison est déchu de ses fonctions.

Certaines Constitutions font plus preuve de clarté et d'intelligibilité. Ce sont les exemples révélateurs du Bénin, Niger, République de la

[396] Georges Vedel, *Manuel élémentaire de droit constitutionnel*, *op. cit.*, p. 430.
[397] Ibrahima Diouf, *La responsabilité du chef de l'État en Afrique : essai d'analyse à partir des exemples du Bénin, de la Côte d'ivoire, de Madagascar, du Niger et du Sénégal*, Thèse de doctorat, Université Cheikh Anta Diop, 2019, p. 11.
[398] Ibrahima Diouf, *ibid.* p. 184.

Centrafrique, entre autres, qui ont pris la meilleure option de décliner expressément les actes constitutifs de haute trahison. Sont notamment, en fonction des pays, qualifiés de haute trahison : la violation grave des droits de l'homme, la violation du serment, la cession d'une partie du territoire national, le refus d'obtempérer à un arrêt de la Cour constitutionnelle, la cession frauduleuse d'une partie du territoire national, la compromission des intérêts nationaux en matière de gestion des ressources naturelles et du sous-sol, l'introduction de déchets toxiques sur le territoire national, les actes attentatoires au maintien d'un environnement sain et le comportement personnel contraire aux bonnes mœurs[399].

Une autre incomplétude concerne les modalités de saisine. Ni la Constitution ni la loi organique n'ont répondu à la question : qui peut saisir la Haute Cour de Justice ? S'agirait-il des autorités politiques (Président de la République, Premier ministre, les députés) ou, le cas échéant, les particuliers ou personnes morales ayant intérêt à agir. La Haute Cour de Justice est-elle saisie par voie de projet, de proposition ou de pétition ? Le mutisme des textes actuellement invocables n'y apporte la moindre réponse.

Le dernier point critique engage une réflexion sur l'ordonnancement judiciaire sénégalais. L'internationalisation du précédent de la Cour de Répression de l'Enrichissement illicite (CREI)[400] amène, non sans raison, à réfléchir au mieux la portée des arrêts de la Haute Cour de Justice. En dépit, au plan national, de la solidité de nos institutions judiciaires et, au plan international, le rayonnement de nos magistrats et la prestance de nos avocats, la réputation de l'État du Sénégal est parfois décréditée en matière de droits humains, le plus souvent sur la base de standards formels. Hélas ! Mais ne faudrait-il pas continuer d'en souffrir ?[401]

---

[399] Voir article 74 de la Constitution béninoise du 11 décembre 1990, article 142 de la Constitution nigérienne du 25 novembre 2011 modifiée, article 157 de la Constitution tchadienne du 04 mai 2018 ; article 118 de la Constitution de la République de Guinée du 07 mai 2010 ; article 165 de la Constitution de la République démocratique du Congo du 18 février 2006 ; article 124 de la Constitution centrafricaine du 30 mars 2016.

[400] Cheikh Tidiane Lam, *La modernisation de la justice au Sénégal. Vers la recherche de performance*, L'Harmattan-Sénégal,2019, pp. 168-171.

[401] La presse internationale et nationale ne cesse d'ébruiter un projet de loi portant modification du Code pénal aux fins d'une suppression de la Cour de répression de l'enrichissement illicite. L'option pourrait être, de créer un dispositif judiciaire financier

En plus du besoin de justice qui se fait sentir au sein de l'opinion publique, l'image du Sénégal est surtout écornée par rapport à l'absence d'un *« double degré de juridiction »*, gage d'un procès judiciaire attaché à l'impérieuse nécessité d'un procès équitable et à la garantie fondamentale des droits de la défense. Il y va du respect des principes directeurs indispensables au procès pénal.

---

hébergeant un parquet financier, des magistrats instructeurs financiers, une chambre de jugement financière, une chambre d'accusation financière, une chambre des appels financière doté d'une compétence. Les infractions visées devraient concomitamment élargies, entre autres, à la corruption et pratiques assimilées, au détournement de derniers publics, aux infractions fiscales ou douanières, aux atteintes à la législation bancaire.

TITRE XI.- DES COLLECTIVITÉS TERRITORIALES

Article 102. *- Les collectivités territoriales constituent le cadre institutionnel de la participation des citoyens à la gestion des affaires publiques. Elles s'administrent librement par des assemblées élues au suffrage universel direct. Elles participent, à la territorialisation des politiques publiques, à la mise en œuvre de la politique générale de l'État ainsi qu'à l'élaboration et au suivi des programmes de développement spécifiques à leurs territoires.*

Leur organisation, leur composition et leur fonctionnement sont déterminés par la loi.

La mise en œuvre de la décentralisation est accompagnée par la déconcentration qui est la règle générale de répartition des compétences et des moyens entre les administrations civiles de l'État.

Note n° 14. Brèves historique et actualité sur la forme de l'État sénégalais

Mises à part les éphémères expériences de regroupement (fédération du Mali, la Confédération de la Sénégambie), l'État du Sénégal s'inspire largement du modèle d'organisation unitaire. C'est une organisation juridique et politique simple mais qui *« fait partie des "masses de granits" du droit public français »*[402].

Dans le contexte de nos fragiles États, la forme unitaire de l'État a pour mission de cimenter l'idéal État-Nation par l'atténuation ou la résorption des clivages ethniques, des rivalités territoriales et des particularismes religieux. Mais la rigidité de l'organisation centrée autour de l'unicité juridique et institutionnelle oblige les États à engager des réformes déconcentralisantes ou décentralisantes sur le plan territorial.

1. Les éphemères expériences d'État composé

L'expérience des formes composée a toujours été très éphemère : la fédération du Mali et la Confédération de Sénégambie[403].

La première formule, la fédération est réalité constitutionnelle de plus en plus étudiée. La notion de fédération ou État fédéral signifie *« un État à part entière et composé dans sa structure de plusieurs entités dites États fédérés ;(...) une union d'États constituée sur la base d'un acte juridique de droit interne »*[404]. La Fédération du Mali incarne les éléments de caractérisation de la version moderne du fédéralisme : d'une part, une Constitution de la Fédération approuvée puis adoptée par la République du Soudan français (actuel Mali) et la République du Sénégal les 21 et 22 janvier et, d'autre part, des organes fédéraux (l'Assemblée fédérale composée de vingt députés par État, le Gouvernement fédéral collectivement responsable devant l'Assemblée fédérale, une Haute Cour

---

[402] Arnaud Haquet, « Proposition de rédaction : l'unité de l'État », p. *in* Jean-Jacques Bienvenu, Jacques Petit, Benoît, Plessix, Bertrand Seiller, *La Constitution administrative de la France*, Paris, Dalloz, 2012, p. 119.

[403] Loi n° 82-01 du 6 janvier 1982 autorisant le Président de la République à ratifier le pacte entre la République de Gambie et la République du Sénégal, instituant la Confédération de la Sénégambie (JORS n° 4873 du 09 janvier 1982, p. 22).

[404] Yédoh Sébastien Lath, *Droit constitutionnel. Théorie générale du droit constitutionnel. Systèmes politiques contemporains*, Abidjan, ABC, 2019, p. 44.

de Justice, une Cour fédérale). La Fédération ne dura qu'une courte période comprise entre janvier 1959 et août 1960. Un tournant décisif a été ainsi raté, à l'inverse des fédérations abouties qui sont devenues aujourd'hui des puissances économiques et militaires, et des régulateurs de la dynamique géopolitique mondiale.

La seconde formule, la confédération une réalité constitutionnelle de moins en moins enseignée. La notion de confédération ne décrit pas un super-État ; c'est une association d'États, *« une organisation internationale à objet politique, et non pas un État de sorte qu'elle est régie par un traité et non par une Constitution. (...) La confédération maintient ainsi la séparation des ordres juridiques des différents États membres de la confédération. Cette organisation internationale produit son propre ordonnancement juridique qui n'est pas superposé, mais juxtaposé à celui de chacun des États membres. Du reste, cet ordonnancement juridique de la Confédération s'élabore sur la base d'un processus de décision à l'unanimité des États membres »*[405]. Cette définition coïncide exactement avec les contextures de la Confédération de la Sénégambie, notamment l'existence d'un *« pacte entre la République de Gambie et la République du Sénégal »*[406] signé à Dakar le 17 décembre 1981 et ratifié par les deux États et la détermination d'un domaine de coopération limité à des matières hautement stratégiques, notamment *« l'intégration des Formes armées et des Forces de sécurité pour défendre leur souveraineté, leur intégrité territoriale et leur indépendance ; développement d'une union économique et monétaire ; coordination de leur politique dans le domaine des relations extérieures ; coordination de leur politique en matière de communication et dans tous les autres domaines dans lesquels les États confédérés conviendraient d'exercer, en commun, leurs compétences ; des institutions communes à savoir : le Président et le Vice-Président de la Confédération, le Conseil des Ministres de la Confédération, l'Assemblée confédérale »*.

Entrée en vigueur 1er février 1982 Confédération n'a pas su résister à l'appel fatal des sirènes de la division ; elle est dissoute le 30 septembre 1989. On peut apprendre de cette expérience les deux particularités d'une Confédération : en premier lieu, il n'existe pas un *« État confédéral »* mais bien une Confédération d'États ; en second lieu, la confédération d'État est toujours une organisation provisoire, toujours condamnée

405 Olivier Gohin, *Droit constitutionnel*, *op. cit.*, p. 56.
406 JORS n° 4873 du 09 janvier 1982, p. 22.

positivement à se muer en un État fédéral ou négativement à se désintégrer en États unitaires.

2. Le socle colonial de la décentralisation

La décentralisation peut se glorifier d'une longue et belle histoire au Sénégal. *« L'administration des villes fondées au Sénégal à l'aube du peuplement européen suggère une politique d'assimilation constamment adaptée à leur croissance »*[407].

Avant 1995, le tissu local était composé de communes au moins de trois catégories. Les communes de plein exercice apparentées aux communes de la Métropole[408] (Communes de Saint-Louis et Gorée le 10 août 1872, Commune de Rufisque le 12 juin 1880[409], Commune de Dakar scindée de celle de Gorée le 17 juin 1887, puis fusionnées du 09 avril 1929 jusqu'en 1955)[410]. Mais l'équivalence était loin d'être complète, car *« la centralisation administrative, qui culmine outre-mer modère les velléités assimilatrices »*[411]. Les Communes mixtes dirigées par un administrateur-maire nommé par l'autorité de tutelle et classées en 1er, 2e ou 3e degré selon que la commission municipale procède d'une nomination, d'une élection au suffrage restreint ou d'une élection au suffrage universel. Les communes de moyen exercice, instituées par décret du 26 novembre 1947, sont comparables aux communes mixtes de 3e degré. Les communes indigènes, créées à partir du 6 décembre 1891, rament à contre-courant des principes de la décentralisation : *« si maires et commissions municipales obtiennent des compétences traditionnelles, en revanche, c'est le*

---

[407] Henri Jacques Légier, « Institutions municipales et politique coloniale : les Communes du Sénégal », *Revue française d'Histoire d'Outre-Mer,* T. LV, n° 201, 1968, p. 414.

[408] Loi du 5 avril 1884 sur l'organisation municipale.

[409] Le 09 juin 1937 la localité de Rufisque est rattachée au *« territoire de Dakar et dépendances »* créé en 1921 ; elle se réduit ainsi au statut de chef-lieu de subdivision.

[410] Charles Cros, *Ce qu'il faut savoir sur le statut des municipalités africaines et malgaches*, Chez l'auteur, 1956, p. 11. *« Ces villes, érigées selon le modèle des communes françaises de métropole et dénommées "les quatre communes", bénéficient d'un statut spécifique : leurs habitants sont citoyens français, contrairement aux populations des autres régions sous domination française qui sont des sujets ou des indigènes »* (Stéphanie Lima, « Politiques du découpage local au Sénégal sous influences : inachèvement, hybridation, fragmentation », *journals.openedition.org*, consulté le 22 mars 2023).

[411] Henri Jacques Légier, *ibid.* p.430.

gouverneur qui nomme, d'autorité, le maire — administrateur colonial — l'adjoint africain et les membres de la commission »[412].

La loi du 18 novembre 1955 légifère sur un régime municipal simplifié et plus adapté aux réalités locales. Elle organise, en ses articles 2 et 3, un régime de *« plein exercice »* pour les communes : *« Ne peuvent être constituées en communes de plein exercice que les localités ayant un développement suffisant pour qu'elles puissent disposer des ressources propres nécessaires à l'équilibre de leur budget. Sont et demeurent des communes de plein exercice les villes de Dakar, Saint-Louis (territoire du Sénégal). Par dérogation aux dispositions de l'article premier ci-dessus, des communes de plein exercice sont instituées, en outre et par l'effet de la présente loi, dans les localités ci-après : Thiès, Kaolack, Ziguinchor, Diourbel, Louga, Gorée »*[413]. La loi de 1955 ajoute un second régime relatif aux communes dites de *« moyen exercice »* : *« Les communes de moyen exercice sont administrées par un maire et un conseil municipal. Le maire est un fonctionnaire nommé par le chef de territoire. Le Conseil municipal est élu par un collège unique conformément à la législation en vigueur pour les élections municipales dans les communes de plein exercice »*[414].

Après l'indépendance acquise dans le cadre de la Fédération du Mali 1960, toutes les communes vont migrer vers le régime de plein exercice, le droit commun : loi sénégalaise[415] n° 60-023 du 1er février 1960 portant transformation des communes mixtes de *« Podor, Matam, Bignona précédemment en communes de plein exercice institue des communes de plein exercice dans les localités*[416] *; loi sénégalaise n° 60-024 du 1er février 1960 portant transformation des communes de moyen exercice de « M'bour*[417]*, Khombole, Tivaoune, Meckhé, Fatick, Foundiougne,*

---

[412] Henri Jacques Légier, *ibid.* p.429.

[413] Charles Cros, *Ce qu'il faut savoir sur le statut des municipalités africaines et malgaches*, *op. cit.*, pp. 88-89.

[414] Charles Cros, *ibid.*, p. 17.

[415] Cet intitulé permettait de faire la distinction avec les lois adoptées en Assemblée fédérale.

[416] JORS n° 3361 du 22 février 1960 p. 229.

[417] Cette forme *« M'B »* est proscrite par les instructions suivantes : « *II -Orthographe des noms propres commençant par M ou N et une consonne : l'usage de séparer, dans ces cas, le M et le N de la consonne suivante a été introduit par les Français au siècle dernier. Un décret qui vient de paraître supprime l'apostrophe. Donc les noms propres tels que Ndiaye, Mbengue, Mbour, Ndoffane, etc. s'écrivent, désormais, sans apostrophe* ». *Je*

Gossas, Guinguinéo, Bambey, M'Backé, Kolda, Kébémer, Tambacounda » en communes de plein exercice[418] *; loi sénégalaise n° 60-025 du 1er février 1960 portant création de communes de plein exercice pour les villes de Kaffrine, Nioro du Rip, Sédhiou, Dagana, Linguère, Bakel, Vélingara, Kédougou et Oussouye, pour compter du 1er janvier 1960 »*[419].

3. La codification du régime municipal en 1966

Loi n° 66-64 du 30 juin 1966 portant Code de l'Administration communale (CAC)[420] est apparu comme une codification à deux degrés. Sous l'angle de la codification à droit constant, elle agglomère tous les textes relatifs aux communes, *« textes antérieurs et postérieurs à l'indépendance »*. Du point de vue de la codification dynamique, elle initie un *« réaménagement des organes municipaux afin d'écarter la mauvaise gestion et d'accroître le contrôle de tutelle, réorganisation des finances communales aux mêmes fins »*[421].

Les Communes existantes étaient celles-ci : *« Bakel, Bambey, Bignona, Dagana, Dakar, Diourbel, Fatick, Foundiougne, Gossas, Guinguinéo, Joal-Fadiouth, Kaffrine, Kaolack, Kébémer, Kédougou, Khombole, Kolda, Linguère, Louga, Matam, M'Backé, M'bour, Mékhé, Nioro-du-Rip, Oussouye, Podor, Saint-Louis, Sédhiou, Tambacounda, Thiès, Tivaouane, Vélingara, Ziguinchor. Cette liste peut être modifiée ou complétée (...) »*.

Le CAC était exclusivement limité aux Communes, seules personnes morales de droit public. Il s'appliquait aux organes et aux activités des communes, l'unique échelon de la décentralisation.

Il était aussi prévu la possibilité de créer des *« communautés urbaines »*, personne morale de droit public. Aux termes du CAC, une communauté urbaine peut être créée : *« 1. - lorsque les conseils municipaux de deux*

---

vous demande, par conséquent, d'appliquer, scrupuleusement, les instructions qui précèdent » (extrait de la circulaire présidentielle n° 659/PR/SP du 19 mars 1975).

[418] JORS n° 3361 du 22 février 1960 p. 229.

[419] JORS n° 3361 du 22 février 1960 p. 230.

[420] JORS n° 3832 du 30 juin 1966, pp. 773-798. Le CAC est modifié par la loi n° 69-36 du 19 juin 1969 modifiant l'article 156 (JORS n° 4041 du 28 juin 1969, p. 828).

[421] Pour les deux citations qui se suivent, Jean-Claude Gautron, Michel Rougevin-Baville, *Droit public du Sénégal*, *op. cit.*, p. 193.

ou plusieurs communes ont fait connaître, par délibérations concordantes, leur volonté d'associer les communes qu'ils représentent en vue d'œuvres ou services d'intérêt communal et qu'ils ont décidé de consacrer en commun à ces œuvres et à ces services les ressources suffisantes; 2. - lorsque, pour la création ou la gestion en commun d'un service public, les conseils municipaux des deux tiers des communes intéressées représentant plus de la moitié de la population totale de celles-ci, ou de la moitié au moins des communes intéressées représentant plus des deux tiers de la population totale ont fait connaître leur volonté de créer une communauté urbaine réunissant la totalité des communes intéressées. Les déclarations prises à cet effet sont soumises au Président de la République qui "autorise par décret" pris sur le rapport du Ministre chargé de la tutelle et des Ministres intéressés, la création de la Communauté. La communauté urbaine est administrée par un comité »[422].

Le CAC a été plusieurs modifié ou complété : loi n° 64-02 du 19 janvier 1964 supprimant la commune de Rufisque[423] et portant réforme du régime municipal de la Commune de Dakar [424] ; loi n° 65-46 du 25 juin 1965 portant réforme du régime municipal de la Commune de Saint-Louis[425] ; loi n° 69-68 du 30 octobre 1969 portant réforme du régime municipal de la Commune de Kaolack[426], loi n° 70-08 du 28 janvier 1970 portant réforme du régime municipal des communes de Diourbel, Tambacounda et Ziguinchor[427] ; loi n° 70-12 du 06 février 1970 abrogeant l'alinéa de l'article 9 de la loi n° 64-02 du 19 janvier 1964 supprimant la Commune de Rufisque et portant réforme du régime municipal de Dakar[428].

Au sortir des péripéties au sommet de l'État, les pouvoirs publics ont finalement pris en charge la problématique de la périphérie de l'État : les

---

[422] Articles 128 à 130 du CAC.

[423] La loi n° 61-01 du 14 janvier 1960 portant organisation des Communes de Dakar et Gorée : *« La Commune de Gorée est supprimée, son territoire est réuni à celui de la Commune de Dakar, dont il constitue un arrondissement »* (*www.dri.gouv.sn*, consulté le 23 mars 2023).

[424] En supprimant la commune de Rufisque, et les cantons de Sangalkam et de Sébikhotane il a été créé la Commune de Dakar dans les limités territoriales se confondant avec celle de la région du Cap-Vert (JORS n° 3656 du 19 janvier 1984, pp. 98-101).

[425] JORS n° 3755 du 17 juillet 1965, pp. 785-787.

[426] JORS n° 4066 du 08 novembre 1969 p. 1324.

[427] JORS n° 4084 du 07 février 1970, p. 158.

[428] JORS n° ° 4084 du 07 février 1970, p. 159.

collectivités locales. Ils ont imprimé un rythme prudent, progressif et réformateur.

Ainsi, *« la première réforme de 1972 pose l'acte précurseur des libertés locales plus affirmées, avec la création des communautés rurales, la promotion de la déconcentration et la régionalisation de la planification. Réalisée en 1996, la deuxième réforme, dans le souci d'accroître la proximité de l'État et la responsabilité des collectivités locales, consacre la régionalisation avec notamment l'érection de la région en collectivité locale, la création des communes d'arrondissements, le transfert aux collectivités locales de compétences dans neuf domaines, l'institution, comme principe, du contrôle de légalité a posteriori et la libre administration des collectivités locales »*[429].

4. Acte I : l'union de la décentralisation et de la déconcentration

À partir de 1972, la réforme de l'organisation administrative célèbre l'union intime de la déconcentration et de la décentralisation en matière territoriale[430].

Par définition, ces deux notions renvoient à deux réalités administratives nuancées.

La déconcentration territoriale *« est un système d'administration consistant à confier des pouvoirs de décision à des autorités administratives réparties sur le territoire et placées à la tête de circonscriptions administratives »*[431].

La décentralisation *« permet d'abord de mieux administrer le territoire par une grande proximité entre les responsables et les citoyens (...) vise ensuite à faire vivre la démocratie locale en confiant aux élus locaux la*

---

[429] *https://decentralisation.gouv.sn/services/lacte-iii-de-la-decentralisation*, consulté le 26 mars 2023.

[430] On les distingue de la concentration technique ou par service qui bénéfice à une autorité en raison de sa spécialité (directeur central d'un ministère, chef de service départemental ou régional quelconque) et de la décentralisation technique ou par services qui consiste à autonomiser une personne morale de droit dans l'exécution d'une mission de service public déterminée (établissements publics, agences, office ...). Pour en faire une meilleure distinction, voir Demba Sy, *Droit administratif*, 3e édition revue, corrigée et augmentée L'Harmattan-Sénégal, 2021, pp. 196-197.

[431] Nicolas Kada, Martial Mathieu (dir.), *Dictionnaire d'administration publique*, PUG, 2014, p. 134.

gestion des affaires locales (...) autorise [enfin] une participation plus directe des citoyens à la vie locale »[432]. Le principe qui prévaut ici est celui de la libre administration des collectivités locales[433] dont les traits caractéristiques ou les signes les plus évidents de son souffle vital sont l'autonomie administrative et, difficilement, l'autonomie financière[434]. Ainsi conçu, cela amène à considérer cette vérité de l'esprit : *« C'est dans la commune que réside la force des peuples libres. Les institutions communales sont à la liberté ce que les écoles primaires sont à la science : elles la mettent à la portée du peuple »*[435].

- ***En matière de déconcentration***

Au Sénégal, les fondations de l'administration territoriale ont été édifiées sous les auspices du général Faidherbe. En 1854, la colonie *« Sénégal et Dépendances » est morcelée en trois arrondissements : Saint-Louis et le bas Fleuve ; Bakel et le haut-Fleuve ; Gorée et les Comptoirs du Sud »*[436]. À la veille de son accès à l'indépendance, le Sénégal comptait 12 cercles, scindés en 24 subdivisions, qui a leur tour découpées en 139 cantons (correspondant à des entités coutumières)[437].

---

[432] Nicolas Kada, Martial Mathieu (dir.), *Dictionnaire d'administration publique*, PUG, 2014, p. 231.

[433] A propos des courants de pensée et de la notion de *« le principe de libre administration des collectivités locales »*, voir Jean Benoit, « La libre administration locale », *RFDA*, Novembre-Décembre 2002, pp. 1065-1079 ; Me Mamadou Diop, *Le pouvoir local. Décentralisation et développement urbain*, Dakar, Clairafrique, 2011, pp. 31-45 ; Abdourahmane Diokhané, « Le principe de la libre administration des collectivités locales », *in* UCAD/FSJP, *La régionalisation*, (Actes du Colloque international de Dakar, 1er au 3 juillet 1996), Dakar, CREDILA, 1998, pp. 95-115.

[434] Mor Fall, Ibrahima Touré, *Finances des collectivités territoriales. Eléments de gestion administrative, budgétaire, financière et comptable*, Dakar, ELMA Editions, 2022, 405 p. ; Sadikou Koufédji, *« Problématique des transferts financiers entre l'État et les collectivités locales : l'exemple du Sénégal*, Thèse de doctorat, Université Gaston Berger de Saint-Louis, 2021, pp. 349-415.

[435] Alexis de Tocqueville, cité par Maître Mamadou Diop, *Propos d'un député : Réflexion sur le fonctionnement de l'État sous le régime de l'alternance*, *op. cit.*, p. 64.

[436] Stéphanie Lima, « Politiques du découpage local au Sénégal sous influences : inachèvement, hybridation, fragmentation », *op. cit.*, consulté le 23 mars 2023.

[437] Amadou Diop, *Contribution à une politique d'aménagement et de développement des territoires du Sénégal. Donner du sens à l'Acte 3 de la Décentralisation*, L'Harmattan-Sénégal, 2022, p. 40.

Au début de l'année 1960, la République du Sénégal[438] rompt le lien ombilical qui le relie au système colonial. En article premier, la loi sénégalaise n° 60-015 du 13 janvier 1960 A.L. portant réforme de l'organisation administrative dispose, ainsi qu'il suit, que *« 1° l'ensemble du territoire de la République du Sénégal est divisé en sept (07) régions (Cap-Vert, Thiès, Diourbel, Fleuve, Sénégal oriental, Sine-Saloum, Casamance) ; 2° Chaque région est divisée en un nombre variable de cercles ; 3° Chaque cercle est divisé en arrondissements comprenant la totalité des communautés rurales et des villages inclus dans le territoire du cercle ; le nombre maximum d'arrondissements est fixé pour l'ensemble du territoire de la République du Sénégal à quatre-vingt-dix (90) ; 4° La communauté rurale est constituée par un ensemble de villages groupés pour des raisons économiques ; 5° Le village est la cellule administrative de base ».*

Cette loi du 13 janvier 1960 créée, bien avant la réforme décentralisatrice de 1972, la « *communauté rurale* ». Elle dispose aux termes de l'article 42 : *« À l'intérieur des arrondissements, il peut être institué des groupements de villages qui prennent le nom de communauté rurale. La liste des villages composant ces communautés rurales et leurs limites territoriales sont fixées par le décret qui les institue. Chacune de ces communautés rurales est désignée par le nom de son chef-lieu, qui est le centre habituel des activités commerciales, économiques et sociales, et le siège de la coopérative villageoise de production pour l'ensemble des villages du groupement de villages considéré »*[439]. Cette loi ne se situait pas dans une logique de décentralisation car la communauté rurale était composée, en fonction de la taille de la population de la localité, des représentants désignés par l'assemblée villageoise des producteurs mise en place au sein chaque village du terroir et des représentants désignés par l'assemblée générale de chaque coopérative fonctionnant sur le terroir. En particulier, elle était chargée de la gestion des terres de la zone des terroirs sous l'autorité de l'État et, dans les conditions fixées par décret, par un conseil rural et le président dudit conseil (les terres

[438] JORS n° 3355 du 20 janvier 1960, p. 75.

[439] La loi avait prévu, en son article 43, un texte particulier pour fixer les conditions d'institution et les modalités de fonctionnement de ces communautés rurales.

régulièrement exploitées pour l'habitat rural, la culture ou l'élevage)[440]. Par ces dispositions, se sont créées une série de communautés rurales [441].

Depuis cette période, *« le maillage n'a cessé d'être remanié dans le sens du renforcement du dispositif de contrôle et d'encadrement de la population »*[442].

Le décret n° 64-282 du 3 avril 1964 apporte des modifications au découpage administratif ainsi qu'il suit également : *« L'organisation administrative de la République est fixée ainsi qu'il suit : 1° L'ensemble du territoire est divisé en sept régions ; 2° Chaque région est divisée en un nombre variable de départements ; 3° Chaque département est divisé en communes et en départements ; 4° Le village est la cellule administrative de base »*[443].

Historiquement, c'est la loi n° 72-02 du 1er février 1972 relative à l'organisation de l'administration territoriale[444] qui révolutionne le mode d'administration territoriale du Sénégal indépendant. Les pouvoirs des autorités politico-administratives (Président de la République, Premier ministre, ministres sectoriels) sont déconcentrés au profit des chefs de circonscription administrative (gouverneur, préfet). La réforme transforme *« en véritable autorité administrative de l'ancien chef d'arrondissement qui devient le sous-préfet »*[445]. Cette loi de 1972 cite les sept (07) régions du Sénégal, en prenant la peine de restaurer l'ordre

---

[440] Loi n° 64-46 du 17 juin 1964 relative au domaine national (JORS n° 3692 du 11 juillet 1964, pp. 905-906).

[441] Quelques communautés rurales progressivement créées avant la réforme de 1972 : décret n° 69-1350 du 3 décembre 1969 portant création de la Communauté rurale de Thiènaba ; décret n° 69-1351 du 3 décembre 1969 portant création de la Communauté rurale de Boki-Diawé ; décret n° 69-1352 du 3 décembre 1969 portant création de la Communauté rurale de Méouane ; décret n° 69-1353 du 3 décembre 1969 portant création de la Communauté rurale de Sébikhotane ; décret n° 70-1418 du 21 décembre 1970 portant création de la Communauté rurale de Ngayokhèm, décret n° 70-1419 du 21 décembre 1970 portant création de la Communauté rurale de Médina El Hadji ; décret n° 71-357 du 26 mars 1971 portant création de la Communauté rurale de Labgar.

[442] Amadou Diop, *Contribution à une politique d'aménagement et de développement des territoires du Sénégal. Donner du sens à l'Acte 3 de la Décentralisation, op. cit.* p. 42.

[443] JORS n° 3679 du 2 mai 1964, pp. 587-589.

[444] JORS n° 4209 du 19 février 1972, pp. 252-253.

[445] Alain Bockel, *Droit administratif*, Dakar-Abidjan, NEA, 1978, p. 277.

alphabétique (Cap-Vert, Casamance, Diourbel, Fleuve, Sénégal oriental, Sine-Saloum, Thiès)[446].

En même temps, chaque région est scindée en départements, excepté la région du Cap-Vert. Puis, chaque département est divisé en communes, d'une part, et en arrondissements, d'autre part. Chaque arrondissement est composé de communautés rurales. Chaque communauté rurale comprend un certain nombre de villages appartenant au même terroir et constitue *« l'échelon de participation »* des populations. Le village, formé par la réunion de plusieurs familles ou carrés en une seule agglomération, est la cellule administrative de base.

La loi n° 72-27 du 26 mai 1972 fixe l'organisation, les attributions et le fonctionnement des conseils régionaux, des conseils départementaux et des conseils d'arrondissement[447]. Elle prévoit que chaque région, à l'exception de celle du Cap-Vert, chaque département, chaque arrondissement, est doté d'un conseil.

Dans chaque région siège un *« conseil régional ayant un rôle de coordination* et peut, à cet effet, intervenir plus particulièrement dans le domaine de la programmation du développement régional et l'harmonisation de cette programmation avec les orientations nationales.

---

[446] La création de nouvelles régions s'est poursuivie avec la région de Louga en 1976 (Loi n° 76-61 du 26 juin 1976) ; les Régions de Fatick et Kolda en 1984 (loi n° 84-22 du 24 mars 1984) ; la Région de Matam en 2002 (loi n° 2002-02 du 15 février 2002) ; les Régions de Kaffrine, Sédhiou et Kédougou en 2008 (loi n° 2008-14 du 18 mars 2008). Les enjeux, c'étaient de séparer Louga au moment où la réforme de l'administration locale va s'appliquer à la région de Diourbel, de rapprocher plus l'Administration des administrés dans les régions de Fatick et Kolda, de corriger les dysfonctionnements inhérents aux découpages antérieurs en constituant un nouveau pôle régional autour de Matam, de réduire les déséquilibres constatés dans ces zones tout en créant des dynamismes territoriaux nouveaux pour assurer à toutes les régions un développement harmonieux et durable des régions de Kaffrine, Sédhiou et Kédougou.

[446] JORS n° 4224 du 13 mai 1972, pp. 755-763.

Il s'en suit la création des régions de Louga en 1976, Fatick et Kolda en 1984, Matam en 2002, Kaffrine, Sédhiou et Kédougou en 2008. L'enjeu, c'était de séparer Louga au moment où la réforme de l'administration locale va s'appliquer à la région de Diourbel, corriger les dysfonctionnements inhérents aux découpages antérieurs en constituant un nouveau pôle régional autour de Matam, de réduire les déséquilibres constatés dans ces zones tout en créant des dynamismes territoriaux nouveaux pour assurer à toutes les régions un développement harmonieux et durable des régions de Kaffrine, Sédhiou et Kédougou.

[447] JORS n° 4228 du 03 juin 1972.

Ce conseil est associé à la préparation des programmes établis en vue de l'élaboration du plan de développement économique et social. Le conseil régional *comprend des représentants élus des communes, des communautés rurales ainsi que des représentants des groupements à caractère économique ou social désignés sur proposition des organes les plus représentatifs ».* Il donne des avis requis par les lois et règlements ou à la demande de l'autorité administrative ou des collectivités locales incluses dans la région.

Le conseil départemental est composé de représentants élus des communes, des conseils d'arrondissement choisis parmi les délégués des communautés rurales, ainsi que des représentants des groupements à caractère économique et social désignés par arrêté du gouverneur, sur proposition des organismes les plus représentatifs. Sa compétence se limite notamment à la fixation du taux de la taxe rurale et du montant de la taxe sur les animaux ou, plus modestement, à la formulation d'avis requis par les lois et règlements ou à la demande de l'autorité administrative ou des collectivités locales incluses dans le département.

Le conseil d'arrondissement est composé de représentants élus des communautés rurales, des conseils d'arrondissement choisis parmi les délégués des communautés rurales, ainsi que des représentants des groupements à caractère économique et social désignés par arrêté du préfet, sur proposition des coopératives de l'arrondissement réunies en assemblée générale. Ce Conseil donne des avis requis par les lois et règlements ou à la demande de l'autorité administrative ou des collectivités incluses dans l'arrondissement, et émet des vœux sur toutes les questions ayant un intérêt pour l'arrondissement, et notamment les questions concernant le développement économique et social.

Les séances du conseil régional, du conseil départemental et du conseil d'arrondissement sont publiques.

Concernant la nomination aux fonctions de sous-préfet, les dispositions de la loi n° 72-01 du 1er février 1972 précisent que *« l'arrondissement est administré par un fonctionnaire du corps des administrateurs civils, nommé par décret et qui reçoit le titre de sous-préfet ».* C'est à titre transitoire qu'une disposition de l'article 15 prévoyait que *« pour une période de cinq ans, des fonctionnaires de la hiérarchie B pourront être nommés sous-préfet ».* Ce transitoire est durci par le temps et la pratique semble le rendre définitif. Pour l'autre disposition transitoire du même article, le droit est de rigueur ; *« À titre transitoire et pour une période de deux ans, des officiers de l'Armée nationale ou de la gendarmerie nationale pourront être délégués dans les fonctions de préfets ».* Mais rien ne s'oppose à la nomination, aux fonctions de gouverneur, des officiers précités ou des autres fonctionnaires de la hiérarchie A et quel que soit leur corps d'appartenance ou leur niveau hiérarchique. L'explication est inséparable des dispositions de l'article 6 de la loi n° 72-02 du 1er février 1972 exigeant que le département soit administré par un fonctionnaire du *« corps des administrateurs civils »* alors que celles de l'article 5 de ladite loi se limitent à réclamer génériquement, pour l'administration de la région, *« un fonctionnaire de la hiérarchie A »*, sans introduire un discriminant d'appartenance à un corps spécifique ou une démarcation entre les hiérarchies A3, A2, A1 de la fonction publique.

- ***En matière de décentralisation***

La loi n° 72-25 du 19 avril 1972 relative aux communautés rurales[448] a sonné la révolution dans le monde rural. Après la zone urbaine depuis le temps colonial, la décentralisation pénètre ainsi dans les profondeurs du milieu rural. Certes cette loi de 1972 n'est pas à l'origine de la création de la notion de *« communauté rurale »*, mais elle lui a permis d'accéder au statut de personne morale de droit public progressivement dotée de l'autonomie administrative et financière.

La loi n° 72-25 du 19 avril 1972 relative aux communautés rurales vient en parallèle au CAC de 1966. Sur le plan financier, il s'agit cependant d'une démocratie entravée par les dispositions des articles 69 et 84 de cette loi de 1972 : *« Le budget de chaque communauté est proposé par le sous-préfet. Il est voté par le Conseil rural et arrêté par l'autorité de tutelle »* ; *« Le sous-préfet est ordonnateur du budget de la communauté rurale ».*

L'autre épine au pied de la décentralisation a été la mise en branle de régimes spéciaux pour la région du Cap-Vert (Dakar) et les autres communes chefs-lieux de région. Le régime des communes à statut spécial, dérogatoire au droit commun (CAC), est globalement commandé par la montée du péril politique dans les grandes agglomérations urbaines

[448] JORS n° 4224 du 13 mai 1972, pp. 755-763.

et l'impératif d'implémenter une gestion vertueuse des ressources des collectivités locales.

La loi n° 72-63 du 26 juillet 1972 fixe le régime municipal des communes chefs-lieux de région autres que la Commune de Dakar[449]. Elle dispose que, outre la Commune de Dakar, le corps municipal de la *« commune à statut spécial »* se compose du conseil municipal, de l'administrateur municipal et de son adjoint (Communes de Diourbel, Kaolack, Saint-Louis, Tambacounda, Thiès, Ziguinchor). L'administration est confiée, *« à titre dérogatoire »*, à un fonctionnaire appartenant à la hiérarchie A qui reçoit le titre de *« administrateur municipal »*. Ce dernier exerce, sous l'autorité du Premier ministre et du Ministre chargé de la tutelle, l'ensemble des attributions conférées au maire par les lois et règlements en vigueur, à l'exception des attributions conférées au président du conseil municipal (officier de l'état civil, présidence du conseil municipal). Le Conseil municipal est chargé, en remplacement du syndic[450], de contrôler la gestion de l'administrateur municipal. Après quelques années de pratique, la loi n° 90-35 du 08 octobre 1990 abrogeant la loi n° 72-63 du 26 juillet 1972 modifiée fixant le régime municipal des communes chefs-lieux de région autres que la Commune de Dakar[451] fait son *mea culpa* en reconnaissant que l'action des élus municipaux chargés de conduire les destinées de ces communes était entravées, en autres, par le manque de cadres de haut niveau se consacrant entièrement à la gestion. La présence de cadres compétents, en nombre croissant, au sein des conseils municipaux et des services administratifs et techniques municipaux rend opportune la suppression

---

[449] JORS n° 4242 du 12 août 1972, pp. 1257-1261.

[450] Deux ans antérieurement à la réforme de 1972, les bureaux des conseils municipaux des communes à statut spécial étaient chargés de la gestion des crédits afférents aux frais de représentation, de déplacement et de missions du conseil municipal, de la gestion des crédits afférents aux indemnités des délégués de quartier, aux subventions et secours ainsi que de l'organisation, de l'aménagement et de la surveillance des locaux abritant ledit conseil. Mais, la loi prévoyait que *« les décisions prises par les bureaux des conseils municipaux (...) sont exécutées par un syndic. Le syndic est élu parmi les membres du conseil municipal pour la même durée que celui-ci. (...) Le syndic est membre du bureau du conseil municipal »*., Loi n° 70-09 du 28 janvier 1970 relative à la création d'un syndic dans les communes à statut spécial (JORS n° 4084 du 07 février 1970, p. 158.

[451] JORS n° 5372 du 13 octobre 1990, p. 477.

des administrateurs municipaux pour transférer la gestion au maire[452]. À partir de cette modification substantielle de la loi, *« sont applicables aux communes chefs-lieux de région les textes régissant les communes de droit commun, notamment le Code de l'Administration communale »*. À part la Commune de Dakar, le régime d'exception des communes chefs-lieux de région venait d'être abrogé.

Plus spécifiquement, la Commune de Dakar a pendant longtemps bénéficié d'un régime municipal important en raison de son statut officiel de capitale de la République du Sénégal, de ses masses démographique et financière, et plus particulièrement de ses enjeux politiques. La loi n° 72-26 du 19 avril 1972 fixant le régime municipal de Dakar[453] dispose que le territoire de la Commune de Dakar est la Région du Cap-Vert ; ce territoire est subdivisé, par décret, en *« circonscriptions urbaines »* à la tête desquelles est nommé un préfet, à la différence des autres régions du Sénégal qui épousent des départements. En outre, le Conseil municipal de Dakar comprend 100 membres, dont 75 membres élus au suffrage universel au scrutin de liste majoritaire à un tour sur une liste communale, sans panachage ni vote préférentiel, et sans liste incomplète, ainsi que 25 membres représentant les groupes à caractères économique et social désignés sur proposition des organes les plus représentatifs.

La loi n° 83-48 du 18 février 1983[454] portant réorganisation administrative de la région de Dakar[455] entraîne la transformation des circonscriptions urbaines, en éclatant l'ancienne Commune de Dakar en trois communes : Dakar, Pikine, Rufisque-Bargny. Le texte créé *« d'office »* entre ces trois communes de la Région du Cap-Vert[456] une institution de coordination intercommunale, dénommée *« Communauté urbaine de Dakar »*, et un *« Conseil régional »* composés de représentants élus des communes et des communautés rurales ainsi que de représentants des groupements à caractères économique et social les plus représentatifs désignés par le Ministre de l'Intérieur. Le préfet exerce, dans les communautés rurales de la Région du Cap-Vert, l'ensemble des attributions conférées au sous-

[452] Déjà en 1980, Jean Colin, alors Ministre d'État chargé de l'Intérieur, en avait un levier de transformation qualitative des collectivités locales dans son *Rapport au Conseil national de Développement des collectivités locales,* 17 avril 1980, pp. 17-18.

[453] JORS n° 4224 du 13 mai 1972, pp. 763-767.

[454] JORS n° 4987 du 28 février 1984 p. 60.

[455] www.dri.gouv.sn, consulté le 23 mars 2023.

[456] Une différence de degré avec le CAC de 1966 qui renvoyait à un décret du Président de la République pour autoriser la création de la communauté urbaine.

préfet par les lois et règlements en vigueur. L'autre constant est que *« la loi n° 83-48 du 18 février 1983 portant réorganisation de la région du Cap-Vert met fin au statut municipal particulier de Dakar. Le conseil municipal et le maire sont désormais élus »*[457]. En complément indispensable à la réforme, « le gouvernement a choisi *« la création du Secrétariat d'État à la décentralisation rattaché au Ministère de l'Intérieur »*[458].

Loi n° 90-36 du 08 octobre 1990 abrogeant et remplaçant l'article premier de la loi n° 83-48 du 18 février 1983 portant réorganisation administrative du Cap-Vert[459] divise la région en trois départements[460], et chaque département en une ou plusieurs communautés rurales. Subséquemment, la division des départements en communes s'est fait l'écho des préoccupations des populations de Bargny et de Guédiawaye. D'un côté, les motifs exposés tiennent compte de l'émergence de l'agglomération de Bargny avec ses propres potentialités et sa possible capacité de s'administrer est devenue une nécessité souhaitée par ses populations. D'un autre côté, ils considèrent qu'il s'est avéré nécessaire de remédier les entraves à l'exécution des missions de la Commune de Pikine écrasée par l'étendue de son territoire, l'importance de sa population ainsi que l'immensité et l'acuité des besoins en infrastructures socio-économiques. La solution trouvée était d'ériger Bargny et Guédiawaye en communes.

Après une première phase essentiellement consacrée au montage institutionnel de la décentralisation en zone rurale, à la formation et à la sensibilisation des populations locales et de leurs élus, la loi n° 90-37 du 08 octobre 1990 modifiant la loi n° 72-25 du 19 avril 1972 relative aux communautés rurales a mis un terme à cette interférence de l'autorité administrative dans la gestion financière, une des conditions d'autonomie de la communauté rurale. À la demande de son article 56 nouveau, cette

---

[457] Sérigne Mansour Tall, « La Décentralisation et le Destin des Délégués de Quartier à Dakar (Sénégal) Plaidoyer pour les délégués de quartier de Dakar après la loi de décentralisation de 1996 », *Bulletin de l'APAD*, n° 15, 1998, p. 2.

[458] Jacques Mariel Nzouankeu, « Aspects récents de la réforme de l'Administration territoriale, et élections municipales et rurales de 1984 au Sénégal, *RIPAS*, n° 12-13, Janvier-Juin 1985, p. 23.

[459] JORS n° 5372 du 13 octobre 1990 pp. 477-479.

[460] Dakar, Pikine, Plus tard, le département de Guédiawaye est instauré en 2002 et le Département de Keur Massar, plus récemment, en 2021.

loi de 1990 restitue le budget à son propriétaire : *« Le président du conseil rural est ordonnateur du budget de la communauté rurale. À ce titre, il est chargé, sous le contrôle du conseil rural et la surveillance de l'autorité de tutelle : 1) de préparer et proposer le budget et d'ordonnancer les dépenses ; 2) de gérer les revenus de la communauté rurale ; 3) de diriger les travaux, de souscrire les marchés, de passer les baux des biens et adjudication des travaux selon les règles établis par les lois et règlements pour les communes ; 4) de passer selon les mêmes règles des actes de vente, échange, partage, acceptation de dons et legs, lorsque ces actes ont été autorisés par le conseil rural et, éventuellement, par l'autorité de tutelle conformément à la présente loi ; 5) de conserver et administrer les propriétés de la commune, et de faire, en conséquence, tous actes conservatoires de ces droits ».*

À l'analyse, les pouvoirs publics de chaque régime politique, depuis le transfert de la capitale de Saint-Louis jusqu'au département de Keur Massar, ont joué leur partition dans le sectionnement du territoire pour concrétiser, allèguent-ils, une lancinante demande sociale exprimée par les populations concernées. Mais, ces réformes soutiennent, dans tous les cas, un agenda légitimement électoraliste. Finalement, le découpage territorial n'est-il pas en définitive l'arbre administratif qui cache une forêt électorale ? L'analyse confirmée ou le sentiment éprouvé est que *« ces promotions par fragmentation relèvent d'une logique politique, au détriment de la cohérence territoriale et le maillage du territoire sénégalais s'est ainsi opéré plus sur des bases politiques et sociales, notamment via des groupes de pression (politique, économique, ethnique, confrérique, etc.), que sur la viabilité territoriale et économique »*[461].

Bien plus, il est à peine besoin de constater la pratique des délégations spéciales sur fond de reports des élections locales et de prorogation de mandats des conseils. Le calendrier électoral est sans cesse ébranlé. La liste s'est étiré comme suit : *i) Loi sénégalaise n° 60-26 du 1er février 1960 prorogeant le mandat des conseils municipaux et des commissions municipales des communes du Sénégal*[462] *et, par dérogation aux dispositions de l'article 41 de la loi du 5 avril 1884, prorogé jusqu'à la proclamation des résultats des élections municipales, qui auront lieu*

---

[461] Yousouf Sané, « La décentralisation au Sénégal, ou comment réformer pour mieux maintenir le *statu quo* », *Cybergeo European Journal of Geography*, 2016, *journals.openedition.org*, p. 5, consulté 26 mars 2023.
[462] JORS n° 3361 du 22 février 1960, p. 230.

dans le délai de six mois au plus tard après la date de l'indépendance de la Fédération du Mali ; ii) Loi n° 65-58 du 19 juillet 1965 relative aux délégations spéciales prorogeant les pouvoirs des délégations spéciales en fonctions dans les communes jusqu'au renouvellement général des conseils municipaux[463] *; iii) Loi n° 75-69 du 09 juillet 1975 prorogeant la durée du mandat de certains conseils municipaux de la Région de Diourbel ; iv) Loi n° 77-97 du 09 décembre 1977 prorogeant la durée du mandat des conseils municipaux et ruraux de la Région de Thiès et du Conseil municipal de la Commune de Dakar ; v) Loi n° 81-62 du 24 novembre 1981 prorogeant la durée du mandat des conseils municipaux de la Commune de Dakar, des Communes des Régions de Diourbel, Louga, Thiès, Sine-Saloum et du Sénégal-oriental ainsi que des conseils ruraux des Régions de Diourbel, Thiès et du Sine-Saloum ; vi) Loi n° 83-70 du 30 juin 1983 fixant la date de renouvellement général des conseils municipaux et ruraux, prorogeant la durée de certains conseils municipaux et ruraux et reportant l'entrée en vigueur de la loi n° 83-43 du 18 février 1983 portant réorganisation administrative de la Région du Cap-Vert ; vii) loi n° 84-13 du 04 janvier 1984 fixant la date de renouvellement général des conseils municipaux et ruraux et prorogeant le mandat des conseils municipaux et ruraux et reportant la date d'entrée en vigueur de la loi n° 83-48 du 18 février 1983 portant réorganisation administrative de la Région du Cap-Vert*[464] *; viii) Loi n° 89-23 du 06 juillet 1989 prorogeant la durée du mandat des conseillers municipaux et des conseillers ruraux ; ix) Loi n° 95-27 du 05 octobre 1995 prorogeant le mandat des conseillers municipaux et des conseillers ruraux ; ix) Loi n° 2001-10 du 3 décembre 2001 portant report de la date des élections aux conseils régionaux, aux conseils municipaux et aux conseils ruraux ; xi) Loi organique n° 2007-24 du 22 mai 2007 prorogeant le mandat des Conseillers régionaux, des Conseillers municipaux et des Conseillers ruraux élus à l'issue des élections du 12 mai 2002 ; xii) Loi n° 2008-15 du 18 mars 2008 portant prorogation et renouvellement du mandat des conseillers régionaux, municipaux et ruraux élu le 12 mai 2002 ; xiii) Loi n° 2013-09 du 28 décembre 2013 prorogeant les mandats des conseillers municipaux et des conseillers ruraux élus le 22 mars 2009 ; ivx) La loi n° 2019-16 du 29 novembre 2019 portant report des élections prévues le 1*er *décembre 2019 et prorogation du mandat des conseillers départementaux et municipaux*

[463] Loi n° 65-58 du 19 juillet 1965 relative aux délégations spéciales n° 3761 du 14 août 1965, p. 892.
[464] JORS n° 4987 du 28 février 1984, p. 60.

(pour la tenue des élections au plus tard le 28 mars 2021)[465] *; vx) loi n° 2021-24 du 12 avril 2021 portant report des élections territoriales et prorogation du mandat des conseillers départementaux et municipaux*[466].

Du point de vue du droit constitutionnel, l'institution de délégations spéciales a été également attentatoire à la libre administration des collectivités locales. Par définition, les délégations spéciales sont *« des commissions administratives temporaires composées de membres nommés par le pouvoir exécutif, se substituent aux assemblées élues des collectivités locales »*[467].

Parfois, la dissolution des conseils ou le report des élections locales font recourir à des solutions *ad hoc*. Plusieurs décrets sont pris le 12 juin 1963 aux fins de révocation de maires (Diourbel, Kaolack, Tambacounda, Matam, Kaffrine) ou de dissolution de conseils municipaux (Kaffrine, Nioro-du-Rip, Kaolack, Matam, Fatick, Podor, Diourbel, Kébémer, Bakel, Sédhiou, Tambacounda). Des arrêtés ont été diligentés le 20 juin

---

[465] La Commission politique du Dialogue national instituée par le Président de la République a décidé, par consensus, du principe du report des élections départementales et municipales, prévues le 1er décembre 2019 en application des articles L. 232 et L. 266 du Code électoral. Néanmois, les participants au dialogue ont convenu du la nécessité d'auditer le fichier et le processus électoral, d'évaluer les élections présidentielles du 24 février 2019, de discuter de l'opportunité de maintenir le parrainage ainsi que la caution pour les prochaines élections locales. A l'issue de ses travaux, la commission proposera one date pour les élections départementales et municipales. Cette loi a ainsi pour objet premier de reporter lesdites élections et de laisser le soin à un décret de fixer la date des élections, lorsque les acteurs du dialogue trouveront un accord.

[466] Le décret n° 2021-562 du 10 mai 2021 fixe la date du prochain scrutin pour le renouvellement général du mandat des conseillers départementaux et municipaux au dimanche 23 janvier 2022.

[467] Alioune Sall « Observations sous Décision 3/C/2001 et4C/2001 du 11 décembre 2001, *Loi n° 09-2001 du 21 novembre 2001 instituant à titre transitoire, des délégations spéciales pour la gestion des Conseils régionaux, municipaux et ruraux jusqu'aux prochaines élections locales fixées au 12 mai 2002* », Ismaïla Madior Fall (dir.), *Les décisions et avis du Conseil constitutionnel du Sénégal*, *op. cit.*, p. 350.

1963[468] pour imposer des délégations spéciales à ces différentes communes[469].

Au début de l'alternance démocratique, l'article 105 de la nouvelle Constitution disposait : *« À titre exceptionnel, et en attendant l'élaboration de la réforme municipale, les pouvoirs des délégations spéciales actuellement en fonctions dans les communes, sont prorogés jusqu'au renouvellement général des conseils municipaux. »*. Le Président de la République profite promptement des largesses que lui permettaient les dispositions de l'article 105[470] : *« En vue de la mise en application rapide de toutes les dispositions de la présente Constitution, le Président de la République est autorisé à regrouper le maximum d'élections dans le temps. À cet effet, il peut prononcer la dissolution de tous les conseils des collectivités locales »*. La loi n° 2001-11 du 18 décembre 2001 propage les délégations spéciales sur l'étendue du territoire national. Elle institue, à titre transitoire, des délégations spéciales pour la gestion des conseils régionaux, aux conseils municipaux et aux conseils ruraux[471], en raison du déroulement de certains évènements religieux ou sociaux à la période légalement prévue pour le renouvellement général des organes élus : ces conseils régionaux, municipaux et ruraux dont le mandat expire le 24 novembre 2001. D'après les arguments soutenus par le Gouvernement, les évènements en perspective - ramadan, fêtes de fin d'année, coupe d'Afrique des Nations,

---

[468] Loi n° 63-53 du 03 juillet 1963 relative aux délégations spéciales venait d'abroger et remplacer l'article 44 de la loi du 18 novembre 1955 en ces termes : *« En cas de dissolution d'un conseil municipal ou de démission de tous ses membres en exercice, et lorsqu'un conseil municipal ne peut être constitué, une délégation spéciale en remplit les fonctions. Dans les huit jours qui suivent la dissolution ou l'acceptation de la démission, cette délégation spéciale est nommée par arrêté du ministre de l'intérieur (..). »* (JORS n° 3620 du 10 août 1963, p. 1097).

[469] Ces délégations spéciales principalement présidées et composées des catégories socio-professionnelles suivantes : instituteur, directeur d'école, proviseur de lycée, inspecteur de la coopération, assistant d'élevage, conducteur de travaux agricoles, commis d'administration, inspecteur des douanes, vétérinaire, inspecteur du contrôle économique, agent technique de santé[469], commerçant, commerçant en retraite.

[470] Le projet de loi en discussion dont l'objet est la prorogation du mandat des conseillers municipaux et des conseillers ruraux, disposait en son article unique que *« le mandat des conseillers régionaux, des conseillers municipaux et des conseillers ruraux élus le 24 novembre 1996 est prorogé jusqu'à l'installation de nouveaux conseillers élus lors du scrutin du 12 mai 2002 »*. Au cours de la procédure, l'amendement Moussa Sy proposé et adopté l'avait assorti d'une disposition instituant des délégations spéciales dans toutes les collectivités locales.

[471] JORS n° 6021 du 19 décembre 2001 p. 738.

pèlerinage à la Mecque, fêtes de Pâques, Grand Magal de Touba dont les célébrations mobilisent une grande partie de l'électorat - constituent une gêne pour la bonne organisation matérielle des élections locales.

Cette union de la décentralisation et de la déconcentration reçoit l'onction de la loi constitutionnelle n° 2016-10 du 05 avril 2016 qui, en son article 102, objet de notre étude, dispose que *« la mise en œuvre de la décentralisation est accompagnée par la déconcentration qui est la règle générale de répartition des compétences et des moyens entre les administrations civiles de l'État »*.

Aux fins d'approfondissement de la déconcentration, le décret n° 2020-1784 du 23 septembre 2020[472] détermine, dans une Charte de la déconcentration, les modalités de cette répartition des compétences entre les niveaux central et déconcentré. Telle que rédigé dans l'exposé des motifs, la charte draine plusieurs innovations : *« i) un décret va désormais établir la liste des compétences à déléguer dans les différentes matières, aux autorités et services déconcentrés qui vont les assumer au plus près des citoyens ; ii) les acteurs territoriaux sont davantage responsabilisés par rapport à la mise en œuvre des politiques de l'État. Désormais, les autorités peuvent déléguer leurs signatures jusqu'au niveau des chefs de service déconcentré ; iii) des guichets uniques de proximité appelés « maisons de service public » sont créés au niveau des préfectures et sous-préfectures en vue de réduire les délais et mieux satisfaire les usagers en améliorant la qualité du service public ; iv) des pools régionaux sont mis en place. Ils sont constitués par un ensemble de services déconcentrés dont les missions présentent des convergences dans le but de rendre l'Administration plus efficiente face au déficit des ressources ; v) le suivi et de l'évaluation du développement territorial sont institutionnalisés avec la création d'un nouveau cadre de concertation entre acteurs territoriaux, à savoir les conférences territoriales régionales qui, jusqu'ici, sont tenues sur instruction du Président de la République ; vi) le pouvoir de direction du chef de circonscription administrative sur les services déconcentrés de l'État est renforcé. Pour se faire, les services déconcentrés vont intégrer les organigrammes des gouvernances, préfectures et sous-préfectures ; les appellations des services régionaux, départementaux et locaux sont harmonisées ; vii) la coopération entre l'État et les collectivités territoriales est institutionnalisée, à travers les contrats de projet qui*

---

[472] JORS n° 7361 du 25 septembre 2020, pp. 1745-1751.

visent à favoriser la coordination des interventions et surtout la mutualisation des ressources au niveau territorial ; vii) la planification territoriale est consacrée avec les programmes d'Action stratégiques de l'État dans la région (PASER) et les programmes d'Actions stratégiques de l'État dans le département (PASED) qui sont des instruments articulés à la stratégie globale du Plan Sénégal Émergent (PSE) et vont servir à l'évaluation des acteurs territoriaux ; viii) un mécanisme de coordination interrégionale est institué ».

5. Acte II.- La rationalisation du régime des collectivités locales

Après plusieurs décennies de maturation, le régime des collectivités locales entame un processus de rationalisation. L'acte 2 prend son solide ancrage dans la loi n° 94-55 du 13 juin 1994 portant révision de la Constitution. L'article 90 de la loi constitutionnelle énonce : *« Les collectivités locales de la République sont la région, la commune et la communauté rurale. Dans le respect des lois et règlements, les collectivités locales s'administrent librement par des conseils élus ».* Les ordres de collectivité locale sont, pour la première fois, constitutionnalisés.

L'apport de cette loi constitutionnelle a été d'avoir entériné la volonté politique d'inaugurer l'acte 2 autour de la philosophie du régionalisme administratif. Cette forme d'organisation encore limitée n'est pas à confondre avec la forme avancée du *« régionalisme politique »*[473].

La loi n° 96-06 du 22 mars 1996 portant Code des Collectivités locales (CCL)[474] donne forme à l'architecture de la nouvelle réforme.

Le premier pavé réalise l'unification en un seul document des textes législatifs disparates régissant les collectivités locales. Cette inspiration découle de la nécessaire mise à la disposition des exécutifs locaux un support normatif unique qui rassemble les règles organisatrices de la

---

[473] *« Le régionalisme politico-administrative du territoire, retenue dans le cadre de certains États unitaires, appelés régionaux, régionalistes, régionalisés ou autonomiques, dans lesquels les régions ou entités interétatiques autrement dénommées bénéficie d'un statut intermédiaire entre celui de la collectivité décentralisée et celui de l'État fédéré. En Europe, un tel statut est notamment accordé aux régions italiennes et aux communautés autonomes espagnoles »* (Thierry Debard, *Dictionnaire de droit constitutionnel, op. cit.*, p. 376).

[474] JORS n° 5689 du 20 mai 1996 pp.195-227.

démocratie locale[475]. À ce titre, l'article 370, en ses dispositions diverses, abroge *« toutes dispositions contraires au présent code et notamment la loi n° 66-64 du 30 juin 1966 portant Code de l'Administration communale ; la loi n° 72-25 du 19 avril 1972 relative aux communautés rurales ; la loi n° 72-27 du 26 mai 1972 relative aux conseils régionaux, aux conseils départementaux et aux conseils d'arrondissement ».*

Le deuxième pavé de la réforme consiste à étendre la décentralisation à l'échelon régional. Après avoir expérimenté et développé la décentralisation à l'échelon local reposant sur les communes et les communautés rurales, il est paru important d'embarquer la région dans le processus pragmatique et irréversible de la décentralisation. La raison est d'encourager la démocratie locale à s'exercer sur des complexes géographiques plus vastes. La région devient une collectivité locale, une personne morale de droit public, dotée d'organes élus et d'une autonomie financière. Appelée *« régionalisation »*[476], la réforme de 1996 a plus misé sur le potentiel économique régional. L'approche tend à faire des régions des structures intermédiaires viables entre les administrations centrales d'État et les collectivités territoriales de base (communes, communautés rurales).

Le troisième pavé constitue le bloc de compétences transférées grâce à la loi n° 96-07 du 22 mars 1996 portant transfert de compétences aux régions, aux communes et aux communautés rurales[477]. Cette loi prise en application de l'article 5 du Code des Collectivités locales qui dispose que toute détermination de compétence doit être autorisée par la loi et que tout transfert de compétences doit être accompagné du transfert concomitant de par l'État de ressources nécessaires à leur libre exercice (mécanisme de compensation). À ce titre, la liste ci-après répartit les compétences entre les trois ordres de collectivités locales : *« 1. Domaine; 2. Environnement et gestion des ressources naturelles ; 3. Santé,*

---

[475] Une présentation de Monsieur Aly Diouf, « L'expérience sénégalaise de la décentralisation, facteur d'approfondissement de la démocratie locale, d'organisation de la gouvernance locale et de promotion du développement local », *in* UCAD/FSJP, *La régionalisation*, *op. cit.*, pp. 347-362.

[476] Mayacine Diagne, *Droit administratif local*, Dakar, IGS, pp. 50-53 ; Papa Djibril Diallo, « La régionalisation et ses enjeux », *Cahiers africaines du Travail social*, n° 03, Juillet 2011, pp. 46-49.

[477] Abdoulaye Dièye, « Cadre institutionnel, juridique et organisationnel de la décentralisation : les compétences transférées, état de mise en œuvre », *Assisses nationales de la Décentralisation au Sénégal*, 26, 27 et 28 novembre 2007, 17 p.

population et action sociale ; 4. Jeunesse, sports et loisirs ; 5. Culture ; 6. Éducation ; 7. Planification ; 8. Aménagement du territoire ; 9. Urbanisme et habitat. Tout autre transfert de compétence fera l'objet d'un nouveau texte de loi ».

Le quatrième pavé de la nouvelle étape du processus de décentralisation va dans le sens d'un allègement de la tutelle qu'exercent les autorités administratives sur les collectivités locales. Sous le régime de la tutelle, aussi pesante qu'au sens civil, l'autorité administrative recevait compétence pour même annuler des délibérations du conseil. Sous le régime de la loi la loi n° 72-25 du 19 avril 1972 relative aux communautés rurales, l'article 33, par exemple, disposait que *« la nullité de droit [délibération d'un conseil rural portant sur un objet étranger à ses attributions ; les délibérations prises en violation d'une loi ou d'une réglementation en vigueur ; les délibérations prises hors du chef-lieu de la communauté rurale] est déclarée par arrêté motivé de l'autorité de tutelle, soit d'office soit à la demande de toute personne intéressée. Le recours devant l'autorité de tutelle est obligatoire avant l'exercice du recours pour excès de pouvoir. Sont annulables les décisions auxquelles auraient pris part des membres du conseil intéressés, soit en leur nom personnel, soit comme mandataires, à l'affaire qui en fait l'objet. L'annulation est prononcée par arrêté motivé de l'autorité de tutelle »*. Ces dispositions sont une copie conforme avec les articles 51, 52 et 53 de loi n° 66-64 du 30 juin 1966 portant Code de l'Administration communale. Ainsi, il est temps en 1996, reconnaît l'exposé des motifs de la loi, *de mieux approfondir la décentralisation, en considérant les collectivités locales comme majeures ; ce qui conduit à substituer un contrôle de légalité a posteriori à l'actuel contrôle d'approbation a priori, centralisé »*.

Le contrôle de légalité des actes des collectivités locales[478] est structuré en deux régimes : les actes simplement soumis à l'obligation de transmission et les actes obligatoirement soumis à l'approbation du représentant de l'État. Les actes à transmission obligatoire légalement énumérés à l'article 334 du CCL deviennent exécutoires, si l'autorité

---

478 Alioune Badara Fall, « Le contrôle de légalité des collectivités locales en France », *in* UCAD/FSJP, *La régionalisation*, *op. cit.*, pp. 279-288 ; Ismaïla Madior Fall, « Le contrôle de légalité des actes des collectivités locales au Sénégal », *Afrilex* n° 5, pp. 64-110 ; Cheikhou Issa Sylla, Oumar Fall, « La tutelle de l'État sur les collectivités locales », *in* UCAD/FSJP, *La régionalisation*, *op. cit.*, pp. 253-277.

administrative ne réclame pas une seconde[479]. En revanche, l'article 335 du Code écarte les actes administratifs dits réglementaires ou individuels des exécutifs locaux, pris *dans l'exercice de leurs pouvoirs de police, les actes de gestion quotidienne pris au nom des collectivités locales autres que ceux mentionnés à l'article 334 « sont exécutoires de plein droit dès qu'il est procédé à leur publication ou à leur notification aux intéressés, après transmission au représentant de l'État ».*

Par dérogations au caractère exécutoire de ces actes précédemment énumérés, d'autres actes restent *« soumis à l'approbation préalable »* du représentant de l'État[480]. Les délibérations et décisions concernées[481]

---

[479] Article 334 du CCL : *« Les actes pris par les collectivités locales sont transmis au représentant de l'État auprès de la région, de la commune ou de la communauté rurale, lequel en délivre aussitôt accusé de réception.* La *preuve de la réception des actes par le représentant de l'État peut être apportée par tout moyen. L'accusé de réception qui est immédiatement délivré peut être utilisé comme preuve. Pour les actes ci-dessous énumérés, le représentant de l'État dispose d'un délai de quinze jours pour en demander une seconde lecture. Cette demande revêt un caractère suspensif, aussi bien pour le caractère exécutoire de l'acte que pour tout délai de procédure contentieuse. Sont concernés par ces dispositions les actes suivants - les délibérations des conseils ou les décisions prises par délégation des conseils; - les actes à caractère réglementaire pris par les collectivités locales dans tous les domaines qui relèvent de leur compétence en application de la loi; - les conventions relatives aux marchés ainsi que les conventions de concession ou d'affermage de services publics locaux à caractère industriel ou commercial; - les décisions individuelles relatives à la nomination, à l'avancement de grade ou d'échelon d'agents des collectivités locales; - les décisions individuelles relatives aux sanctions soumises à l'avis du conseil de discipline et au licenciement d'agents des collectivités locales. Ces actes sont exécutoires de plein droit quinze jours après la délivrance de l'accusé de réception, sauf demande de seconde lecture de la part du représentant de l'État, et après leur publication ou leur notification aux intéressés. Ce délai de quinze jours peut être réduit par le représentant de l'État à la demande de l'autorité locale ».*

[480] *« Si la tutelle se réduit comme une peau de chagrin dans le dispositif institutionnel de la décentralisation, il reste que le domaine de l'approbation préalable (art. 336 du code des collectivités locales) étend ses tentacules sur tous les domaines stratégiques des collectivités locales, notamment les finances locales, la coopération décentralisée, les marchés, la planification locale, les biens ou l'urbanisation »* (El Hadj Mbodj, « Déconcentration et décentralisation », *in* UCAD/FSJP, *La régionalisation, op. cit.*, pp. 139-145).

[481] Il s'agit, aux termes de l'article 336 des actes pris dans ces domaines : *« - les budgets primitifs et supplémentaires; - les emprunts et garanties d'emprunts; - les plans régionaux, communaux et ruraux de développement et les plans régionaux d'aménagement du territoire, - les conventions financières de coopération internationale comportant des engagements d'un montant fixé par décret; - les affaires domaniales et l'urbanisme; - les garanties et prises de participation dans des sociétés privées exerçant des activités*

sont transmises au représentant de l'État. L'approbation du représentant de l'État est réputée tacite si elle n'a pas été notifiée à la collectivité locale dans le délai d'un mois à compter de la date de l'accusé de réception par le représentant de l'État. Ce délai d'un mois peut être réduit par le représentant de l'État à la demande de l'autorité locale. Au-delà du délai légal, s'il estime entachés d'illégalité les actes ainsi soumis à l'approbation préalable, la seule possibilité qui s'offre au représentant de l'État auprès de la collectivité locale reste le *« déféré »*. Ce dernier peut déférer au Conseil d'État (devenu Cour suprême) les actes mentionnés aux articles 334 et 335 du Code, dans les 2 mois suivant leur transmission[482]. Ces actes déférés au juge ne sont pas susceptibles de recours hiérarchique.

Le cinquième pavé est relatif à l'émergence un nouveau maillon dans la configuration des collectivités locales : la ville et la commune d'arrondissement. Chaque arrondissement est divisé en communautés rurales. La *« ville »* devient une commune *« divisée en communes d'arrondissement »*. Les dispositions des Titres III, V et VI du Code des Collectivités locales leur sont applicables, sous réserve des dispositions de la loi n° 96-09 du 22 mars 1996 fixant l'organisation administrative et financière de la commune d'arrondissement et ses rapports avec la ville.

Le sixième pavé déploie un important dispositif institutionnel de suivi de la politique publique de décentralisation. L'article 336 du CCL institue : i) Le conseil national de développement des collectivités présidé par le Chef de l'État, une fois par an, pour établir le bilan de l'évolution des régions, des communes et des communautés rurales et proposer toutes orientations appropriées ; ii) Un comité interministériel de l'administration territoriale consulté chaque année sur la conduite de la politique de déconcentration de l'État ; iii) Le Comité interministériel d'Aménagement du Territoire est consulté sur toute modification des limites territoriales et du nombre des régions, dans le cadre de la procédure prévue aux articles 21 à 25 du code ; iv) Une commission nationale d'assistance aux centres d'expansion rurale est instituée par décret. Elle est consultée sur l'élaboration et la mise en œuvre de la

---

d'intérêt général à participation publique, - les marchés supérieurs à un montant fixé par décret et les contrats de concession d'une durée supérieure à trente ans ».

[482] Ibrahima Diallo, *Le droit des collectivités locales au Sénégal*, Paris, L'Harmattan, 2007, pp. 141-217 ; Ngor Ngom, *« Le contrôle juridictionnel des actes des collectivités locales »,* in *UCAD/FSJP,* La régionalisation, *op. cit., pp. 289-298*

politique et des programmes de développement à la base, avec l'appui des commissions régionales d'assistance aux centres d'expansion rurale.

Cette panoplie d'instances d'orientation, de pilotage et de suivi de la vie et de l'évolution des collectivités locales sont instituées par décret. Mais elles peinent tous à fonctionner conformément aux prescriptions du CCL.

Le septième pavé du dispositif a pour matière la loi n° 2011-08 du 30 mars 2011 portant statut général des fonctionnaires des collectivités territoriales. Cette dernière met en place un statut clair mais aussi harmonisé pour les travailleurs des collectivités territoriales. La dotation en ressources humaines performantes est devenue indispensable pour aider les collectivités territoriales à s'engager dans la prise en charge des multiples défis du développement. La sécurisation des emplois est source d'attraction pour les collectivités territoriales et de motivation pour les travailleurs.

Depuis la loi n° 66-64 du 30 juin 1966 modifiée, portant Code de l'Administration communale que vient confirmer la loi n° 96-06 du 22 mars 1996 portant Code des Collectivités locales, il n'y a eu que le statut du *« personnel communal »* comprenant *« les fonctionnaires régis par le statut de la fonction publique communale*[483] *; les autres fonctionnaires affectés par l'État auprès des communes ; le personnel non titulaire régi par le Code du travail et les conventions collectives en vigueur ; les agents non-fonctionnaires*[484] *régis par les textes réglementaires »*[485]. À la comparaison avec la loi n° 61-33 du 15 juin 1961 relative au statut général des fonctionnaires, on découvrait dans la loi n° 69-54 du 16 juillet 1969 relative au statut général de la Fonction publique communale ce qu'il est convenu d'appeler *« le phénomène de l'extension ou l'effet "placebo" de la fonction publique (...) une impression de "déjà vu" (la même subdivision en cinq titres avec les mêmes intitulés). En ce qui*

[483] Loi n° 69-54 du 16 juillet 1969 relative au statut général de la Fonction publique communale (JORS n° 4050 du 02 août 1969, pp. 980-988). La loi n° 2011-08 du 30 mars 2011 portant statut général des fonctionnaires des collectivités territoriales fait revenir le naturel au galop.

[484] Le décret n° 74-347 du 12 avril 1974 fixant le régime spécial applicable aux agents non fonctionnaires de l'État, modifié, dispose : *« Les agents non fonctionnaires comprennent deux catégories : 1. les agents engagés par référence à un corps de fonctionnaires ; 2. les personnels de secrétariat, secrétaires dactylographes, sténodactylographes, sténotypistes, sténodactylographes correspondanciers, secrétaires de direction. »*, selon son article 3 (JORS n° 4353 du 27 avril 1974, p. 654).

[485] Article 118 du CAC et article 163 du CCT.

concerne les agents non fonctionnaires, la démarche est d'ailleurs plus éloquente dans la mesure où un décret d'extension fait l'économie d'une répétition »[486].

6. Acte III.- Vers un nouvel ordre de décentralisation

La loi n° 2013-10 du 28 décembre 2013 portant Code général des Collectivités territoriales[487] ouvre l'ère d'une refondation majeure de l'action territoriale de l'État chevillée autour d'un remembrement des dynamiques territoriales.

Cette réforme répond chronologiquement au nom de *« Acte III de la décentralisation »*.

Sur ce classement, la doctrine n'est loin d'être unie. À l'écoute des différentes analyses doctrinales, *« les qualificatifs Acte I, Acte II et Acte III utilisés pour marquer les différentes phases de la décentralisation ne font pas l'unanimité. Si certains incluent la période coloniale dans le processus de décentralisation, d'autres l'excluent et retiennent uniquement les dispositions intervenues après l'indépendance »*[488], et même reconfirmées, voire nationalisées par la loi n° 66-64 du 30 juin 1966 portant Code de l'Administration communale.

La réforme initiée en 2013 vise à réorganiser le pays en territoires viables, compétitifs et porteurs de développement durable et de construire les bases de la territorialisation des politiques publiques. Les motifs de la réforme se déclinent en quatre objectifs fondamentaux : *« un ancrage de la cohérence territoriale pour une architecture administrative rénovée ; une clarification des compétences entre l'État et les collectivités locales ; un développement de la contractualisation entre ces deux niveaux décisionnels ; une modernisation de la gestion*

---

[486] Babacar Cissé, « Quel statut pour le personnel communal ? », *in* UCAD/FSJP, *La régionalisation, op. cit.*, pp. 190-191.

[487] JORS n° 6765 du 28 décembre 2013, pp. 1254-1293. Par exemple, la loi n° 2018-15 du 08 juin 2018 prescrivant le remplacement dans tous les actes législatifs et réglementaires de la dénomination « Collectivité locale » par *« Collectivité territoriale »* (JORS n° 7107 du 06 juillet 2018, pp. 979-980).

[488] Alioune Badara Fall, « La décentralisation au Sénégal …, en attendant Godot », *in* Frédéric Joël Aivo et *alii L'amphithéâtre et le prétoire. Au service des droits de l'homme et de la démocratie. Mélanges en l'honneur du Président Robert Dossou*, Paris, L'Harmattan, 2020, pp. 582-583.

publique territoriale, avec une réforme des finances locales et une promotion soutenue de la qualité des ressources humaines ».

Les aspects de contrôle de légalité[489] ou des finances locales étant approximativement reconduits ou positivement renforcés[490], l'essentiel de la première phase de la réforme, contenus dans les limites actuelles des entités administratives concernées, engagent concrètement la restructuration de l'ordre institutionnel de la décentralisation[491]. L'on assiste ainsi à la suppression de la région comme collectivité locale ; à l'érection les départements en collectivités locales ; à la communalisation intégrale du fait de la mutation, en communes, des communautés rurales et des communes d'arrondissement érigées au sein des villes ; à la création de la ville en vue de mutualiser les compétences des communes la constituant ; à la répartition des neuf domaines de compétences entre le département et la commune.

À ces évolutions juridiques se joint, et c'est important de le souligner, l'émergence d'une volonté politique affirmée par le Chef de l'État, lorsqu'il prenait l'engagement solennel, lors de la cérémonie de lancement de l'acte 3 de la décentralisation tenue le 19 mars 2013. Le ton est sérieux : il s'engage à *« veiller à ce que la légitimité électorale des élus ne soit plus entravée par voie réglementaire. Il en est de même pour la création des procédures de délégations spéciales à des fins purement politiques ».*

---

[489] Léopold Wade, *Le contrôle de légalité des actes des collectivités territoriales au Sénégal*, L'Harmattan-Sénégal, 2022, 179 p. L'importance accordée à ce contrôle justifie que l'Assemblée nationale soit informée de son effectivité et de son efficacité, par le biais de l'article 272 du Code disposant que *« Dans le cadre d'une large déconcentration, les mesures qui déterminent la répartition des pouvoirs entre les autorités centrales et les représentants de l'État auprès des collectivités territoriales, font l'objet d'un rapport annuel à l'Assemblée nationale, après avis du Comité interministériel de l'Administration territoriale prévu au Titre VII du Livre premier du présent Code ».*

[490] Zeinaba Kane, « La réforme de la décentralisation dans le Code général des collectivités locales au Sénégal », *Raspos*, n° 24, Décembre 2019, pp. 350-362.

[491] L'article 331 du Code dispose que *« sont abrogées toutes dispositions contraires au présent code, notamment la loi n° 96-06 du 22 mars 1996, modifiée, portant Code des Collectivités locales, la loi n° 96-07 du 22 mars 1996, modifiée, portant transfert de compétences aux régions, aux communes et aux communautés rurales et la loi n° 96-09 du 22 mars 1996 fixant l'organisation administrative et financière de la commune d'arrondissement et ses rapports avec la ville ».*

Tirant quelques leçons de la pratique et sans encore bouleverser l'économie de la *loi n° 2013-10 du 28 décembre 2013,* quelques innovations sont introduites dans le dispositif normatif par *la loi n° 2014-19 du 24 avril 2014 ; la loi n° 2018-15 du 08 juin 2018 prescrivant le remplacement dans tous les actes législatifs et réglementaires de la dénomination « Collectivité locale » par « Collectivité territoriale » ; la loi n° 2018-16 du 08 juin 2018 abrogeant et remplaçant l'article 328 et* loi n° 2021-38 du 03 décembre 2021.

Pour des raisons de commodité conceptuelle, la loi n° 2018-15 du 08 juin 2018 prescrit le remplacement dans tous les actes législatifs et réglementaires de la dénomination « Collectivité locale » par « Collectivité territoriale. Mais, il faut regretter la présence simultanée des deux formules dans la version mise à jour de la Constitution. Si les récentes révisions constitutionnelles ont repris le changement de concept *« collectivité territoriale »*, tel n'est pas le cas des dispositions déjà contenues dans la version initiale du 22 janvier 2001. C'est la raison qui explique la persistance de ces dispositions dans la Constitution du 22 janvier 2001 : *« De la libre administration des "collectivités locales", de leurs compétences et de leurs ressources »* (article 67) *; « [la Cour des Comptes] sanctionne les fautes de gestion commises à l'égard de l'État, des "collectivités locales" et des organismes soumis à son contrôle »* (article 92). Cette disharmonie juridique fait naître une préoccupation en liaison avec l'orthodoxie juridique : une loi ordinaire modificatrice serait-elle en mesure de modifier des dispositions d'une Constitution hissée au sommet de l'organisation pyramidale ? Sans présager de la réponse convenable, il importe de retenir que la rationalité juridique impose de suivre licitement le principe du parallélisme des formes pour atteindre de telles dispositions.

À la lecture de la motivation du texte, les éléments structurants de la première phase sont suffisamment exposés. La phase 1 de l'Acte III étant confortablement acquise, on reste accroché au silence mystérieux du législateur dans le Code de 2013.

À quels axes réformateurs renverrait la phase 2 évasivement énoncée dans l'exposé des motifs sans y attribuer le moindre contenu ? Néanmoins, d'autres textuels parviennent à mettre en perspective l'accroissement substantiel des moyens humains et financiers des collectivités territoriales et la mise en place des pôles-territoires fait partie des provisions de l'avenir de la décentralisation[492].

La phase 2 de l'Acte III peut déjà mettre en compte l'apport du Plan national d'Aménagement et de Développement territorial (PNADT) avec la déclination des niveaux du schéma de structure du territoire en *« métropole internationale »*, *« métropoles d'équilibres »*, *« métropoles régionales »* et *« villes secondaires »*[493]. Sur le plan fonctionnel, les élus et les citoyens locaux sont en droit d'attendre une meilleure amélioration de la gouvernance locale[494].

---

[492] Anat, *Plan national d'Aménagement et de Développement territorial (PNADT). Horizon 2035 (Rapport final)*, Juin 2020, *www.anat.sn*, p. 137.

[493] - *i) La « métropole internationale » est constituée de Dakar et d'une partie de la région de Thiès. - ii) Les « métropoles d'équilibre » : au nombre de dix (10), elles sont constituées des agglomérations de l'intérieur du pays qui auront une population supérieure ou égale à 300.000 habitants à l'horizon 2035 ou ayant une position géographique stratégique pour le rééquilibrage de l'armature urbaine ; iii) Les « métropoles régionales » sont constituées de villes ayant le statut de chef-lieu de région ou pouvant abriter une population comprise entre 100 000 et 300 000 habitants à l'horizon 2035 ; iv) Les « villes secondaires » sont composées de l'ensemble des chefs-lieux de département excepté les chefs-lieux de métropoles auxquels s'ajoutent des villes qui ne sont pas chef-lieu de département, mais dont la population pourrait atteindre 25 000 habitants au moins et 100 000 au plus à l'horizon 2035* (Anat, *ibid.* p. 169).

[494] Mouhamadou Moustapha Aïdara, « Réflexion sur la portée de la loi portant code générales des collectivités locales », *in* Alioune Sall, Ismaïla Madior Fall (dir.), *Actualités du droit public et de la science politique en Afrique. Mélanges en l'honneur de Babacar Kanté,* L'Harmattan-Sénégal, 2017, 677-682 ; Mayacine Diagne, « Gouvernance de proximité et développement local : le chaînon manquant de l'acte 3 de la décentralisation », *in* Alioune Sall, Ismaïla Madior Fall (dir.), *Actualités du droit public et de la science politique en Afrique. Mélanges en l'honneur de Babacar Kanté,* L'Harmattan-Sénégal, 2017, pp. 637-660.

TITRE XII.- DE LA RÉVISION

***Article 103**.- L'initiative de la révision de la Constitution appartient concurremment au Président de la République et aux députés.*

Le Premier ministre peut proposer au Président de la République une révision de la Constitution.

Le projet ou la proposition de révision de la Constitution doit être adopté par l'Assemblée nationale selon la procédure prévue à l'article 71 de la présente Constitution. La révision est définitive après avoir été approuvée par référendum.

Toutefois, le projet ou la proposition n'est pas présenté au référendum lorsque le Président de la République décide de le soumettre à l'Assemblée nationale.

Dans ce cas, le projet ou la proposition n'est approuvé que s'il réunit la majorité des trois cinquièmes des suffrages exprimés.

Les articles 65 et 77 de la présente Constitution ne sont pas applicables aux lois constitutionnelles.

La forme républicaine de l'État, le mode d'élection, la durée et le nombre de mandats consécutifs du Président de la République ne peuvent faire l'objet de révision.

L'alinéa 7 du présent article ne peut être l'objet d'une révision.

Note n° 15. – Faut-il finalement protéger la révision constitutionnelle au Sénégal ?

Il est d'une vérité doctrinale que *« les Constitutions ne sont pas des tentes dressées pour le sommeil ; les gouvernements sont placés sous la loi universelle de la création et sont condamnés au travail »,* écrivait Royer-Collard en 1820.

Une Constitution doit être faite pour durer ; c'est souvent un consensus solidifié aux fins d'une résistance aux intempéries sociales, politiques et économiques. La réalité étant cependant tout autre, il peut *« être nécessaire de la modifier sur certains points, sans que pour autant le régime soit remis en cause »*[495]. Malgré tout, le penchant à jouir de ce postulat de bon sens fait que les pouvoirs publics nourrissent la forte propension à user parfois et abuser souvent des révisions constitutionnelles.

Entre 2001 et 2021, il est dénombré une vingtaine lois portant révision de la Constitution, soit le record exceptionnel d'une modification par an contre 25 révisions entre 1959 et 2000. D'ailleurs à ce propos, il est temps que l'État du Sénégal s'inspire des bonnes pratiques. En République du Cap-Vert, la Constitution du 25 septembre 1992, modifiée, dispose, en son article 312 (nouveau texte de la Constitution) : *« 1. Les modifications de la Constitution sont insérées à l'endroit approprié, moyennant les remplacements, les suppressions et les additions nécessaires. 2. Le nouveau texte de la Constitution sera publié conjointement avec la loi de révision ».* Pareille disposition nous éviterait de devoir nous demander quelle est la version officielle mise à jour de notre Constitution, sachant que celle-ci est par moments introuvable.

Ces précisions faites, nous allons explorer les différents compartiments du dispositif de révision de la Constitution du 22 janvier 2001 en vigueur à la mesure des impératifs démocratiques.

---

[495] Ferdinand Mélin-Soucramanien, Pierre Pactet, *Droit constitutionnel*, 3e édition, Paris, Sirey, 2015, p. 69.

1. Une dérigidification de la procédure de révision

Pour prévenir l'obsolescence de la Constitution, favoriser l'adaptation continue de l'ordre constitutionnel ou éviter les éventuels blocages institutionnels, le pouvoir constituant originaire (le peuple ou une assemblée constituante), patriarche fondateur de la Constitution initiale, balise une voie juridiquement aménagée à un pouvoir constituant dérivé (l'Assemblée nationale ou le peuple), son subalterne acteur des révisions constitutionnelles dans les conditions prévues. Cela voudrait signifier que *« le pouvoir constituant originaire »* est l'organe qui a le pouvoir *« d'élaborer le texte constitutionnel qui va fonder le nouvel ordre juridique »*[496]. Tandis que le pouvoir constituant est dit dérivé, institué ou constitué, *« lorsque la révision, l'organe de révision ainsi que les conditions de celle-ci ont été prévues par le pouvoir constituant originaire lors de l'élaboration de la Constitution »*[497].

La conservation du patrimoine constitutionnel nécessite sans doute que ce pouvoir dérivé soit canalisé et limité pour éviter les dérives constitutionnelles. Ainsi, la puissance normative d'une constitution s'apprécie à l'aune de la rigidité de la procédure de révision. Acte solennel et suprême, la Constitution doit être protégée contre tout effort de banalisation de sa révision.

Quel est l'état de la procédure de révision constitutionnelle au Sénégal ? La réponse ne surprend guère : une procédure cavalière.

Au-delà du fait que sa mise en branle est exclusivement réservée aux autorités politiques (Président de République, députés, proposition du Premier ministre fait au Président de la République), la procédure de révision constitutionnelle est, en plus, caractérisée par une procédure formellement allégée au point de n'avoir pas apparemment d'égale dans le voisinage subsaharien francophone.

La digue de protection posée à l'alinéa 4 de l'article 103 de la version initiale de la Constitution du 22 janvier 2001 disposait que si le Président de la République ne choisit pas la voie référendaire, *« (...) le projet ou la proposition n'est approuvé que s'il réunit la majorité des trois*

---

[496] Ferdinand Mélin-Soucramanien, Pierre Pactet, *Droit constitutionnel*, *op. cit.*, p. 65.

[497] Ibrahima David Salami, Diane O. Melone Gandonou, *Droit constitutionnel et institutions du Bénin*, Editions CeDAT, 2014, Abomey-Calavi, p. 85.

cinquièmes (3/5) "des membres composant l'Assemblée nationale" ». Cette digue que formait la majorité qualifiée des 3/5e rapportée au nombre de députés composant l'Assemblée nationale a cédé sous l'effet ravageur de la loi constitutionnelle n° 2007-06 du 12 février 2007 créant un Sénat qui dispose que *« dans ce cas, le projet ou la proposition n'est approuvé que s'il réunit la majorité des "trois cinquièmes (3/5) "des suffrages exprimés" ».*

Le plus inexplicable, c'est que si le Président emprunte la voie du *« parlement constituant »*[498], le projet ou la proposition franchit allègrement l'obstacle procédural.

La force de l'interprétation du Conseil constitutionnel abolit le temps de la sérénité que favorisait le fractionnement de la procédure en deux phases : l'adoption et l'approbation. Le découplage des deux phases, tout comme l'adoption en termes identiques puis approbation en congrès (dans un système de bicaméralisme ou de bicamérisme), d'une part, et l'exigence d'une majorité ayant pour base de calcul les membres composant l'Assemblée nationale, d'autre part, procède de ce qu'il est convenu d'appeler *« les procédures renforcées ou qualifiées »*[499].

La Décision 3/C/2005 du 18 janvier 2006 relative à la loi constitutionnelle portant prorogation du mandat des députés considère que *« dans le cas de révision de la Constitution par la seule Assemblée nationale, le vote à la majorité qualifiée des trois cinquièmes réalise à la fois l'adoption et l'approbation de la loi ».* Le juge venait ainsi de promouvoir une procédure cavalière qui assouplit davantage la procédure en matière de révision. Pourtant, la lettre de la constitution dissocie clairement la phase d'adoption selon la procédure prévue à l'article 71 et la phase d'approbation.

Désormais, une infime minorité de députés peut, en l'absence majoritaire des membres de l'Assemblée nationale, réviser la Constitution juste en observant mécaniquement les convenances procédurales et les contraintes limitatives prévues à cet effet. Cela n'est pas sans rappeler le souvenir de cette disposition de la Constitution de Weimar du 11 août 1919 : *« La Constitution peut être révisée par voie législative. Toutefois*

---

498 Louis Favoreu, « Le Parlement constituant et le juge constitutionnel », *in* Michel Ameller et *alii* (contr. réun.), *La République... op. cit.*, p. 234.
499 Louis Favoreu et *alii*, *Droit constitutionnel*, 22e édition, Paris, Dalloz, 2020, p. 124.

les décisions du Reichstag [assemblée chargée de représenter le peuple] portant révision de la Constitution ne sont valables que si les deux tiers du nombre légal des membres "sont présents" et qu'au moins les "deux tiers des membres présents" se prononcent par l'affirmative. Les décisions du Reichsrat [organe représentatif des Länder] pour la révision de la Constitution doivent être prises à la majorité des deux tiers des "suffrages exprimés" (...) »[500].

Au sortir de la Seconde Guerre mondiale, la loi fondamentale pour la République fédérale d'Allemagne du 8 mai 1949 en va en croisade contre les germes de la Constitution souple du 1919. Elle exige désormais, en son article 79, qu'une telle loi soit *« approuvée par une majorité renforcée des « deux tiers des "membres du Bundestag" » et des « deux tiers des voix du Bundesrat »*.

La Constitution de la République du Bénin prévoit deux phases assorties d'une majorité accrue : préalablement, une *« prise en considération »* du projet ou de la proposition de révision, votée *« à la majorité des ¾ des membres composant l'Assemblée nationale »*, et, obligatoirement soit une *« approbation par référendum »* soit une approbation à la « *majorité des quatre cinquièmes des membres composant l'Assemblée nationale* »[501].

La vigilance est également de mise en République de Côte d'Ivoire exigeant une prise *« en considération »* préalable du projet ou de la proposition de révision, votée à la *« majorité absolue des membres du Congrès »*, obligatoirement suivie soit d'une approbation *« par référendum »* soit d'une adoption qui réunit la majorité des deux tiers des *« membres du Congrès effectivement en fonction »*[502].

La fébrilité du dispositif de révision constitutionnel au Sénégal n'est pas sans appeler énergiquement notre attention sur son nécessaire durcissement pour mettre la Constitution *« hors de portée »* du dilettantisme politique.

---

[500] Article 76 cité par Carl Schmitt, *Théorie de la Constitution (Préface de Olivier Beaud)*, Paris, PUF, 1993, p. 554.

[501] Articles 154 et 155 de la loi n° 90-32 du 11 décembre 1990 portant Constitution de la République de Côte d'Ivoire, modifiée par la loi n° 2019-40 du 07 novembre 2019.

[502] Article 177 de la loi n° 2000-513 du 1er août 2000 portant Constitution de la République de Côte d'Ivoire, modifiée par la loi n° 2012-1134 du 13 décembre 2012.

2. L'injusticiabilité des lois constitutionnelles

Les lois portant révision de la Constitution et les lois adoptées par référendum sont, en principe, insusceptibles d'être contestées devant la juridiction constitutionnelle. Une loi constitutionnelle est l'œuvre du pouvoir constituant dérivé, qu'elle soit approuvée par la voie parlementaire ou la voie référendaire.

Généralement le Conseil constitutionnel avoue son incompétence face à une loi constitutionnelle : *« Considérant qu'il résulte de ce qui précède que la loi contestée prorogeant le mandat des députés à l'Assemblée nationale est une loi constitutionnelle ; que la procédure prescrite par l'article 103 de la Constitution n'a pas été violée ; Considérant que la compétence du Conseil constitutionnel est strictement délimitée par la Constitution et la loi organique sur le Conseil constitutionnel ; que le Conseil ne saurait être appelé à se prononcer dans d'autres cas que ceux limitativement prévus par ces textes ; que le Conseil constitutionnel ne tient ni des articles 74 et 103 de la Constitution ni d'aucune disposition de la loi organique le pouvoir de statuer sur une révision constitutionnelle »* (Décision 3/C/2005 du 18 janvier 2006 relative à la loi portant prorogation du mandat des députés)[503]. Le Conseil se rend-il compte qu'à force de répéter cette formule, il finit par amuser les requérants parlementaires ?

Les arguments explicatifs de l'immunité accordée à la loi constitutionnelle, tout comme à la loi référendaire, tiennent à la fois à l'étroitesse des attributions du juge constitutionnel et à la souveraineté de l'auteur de l'acte. Les seules réserves admises sont relatives, d'une part, aux limitations touchant aux périodes au cours desquelles une révision de la Constitution ne peut être engagée ou poursuivie et, d'autre part, au respect des limitations temporelles ou matérielles en vertu desquelles certaines dispositions ne peuvent faire l'objet d'une révision.

---

[503] Ce fut le cas de la Décision 9/C/98 du 9 octobre 1998, Loi portant révision des articles 21 et 28 de la Constitution, ces articles supprimant simultanément la limitation du mandat du Président de la République et du quart bloquant : *« Considérant que la loi attaquée modifie les articles 21 et 28 de la Constitution ; qu'elle est donc une loi constitutionnelle dont le contrôle échappe à la compétence du Conseil constitutionnel »*.

Ces interdits constitutionnels absolus sont autrement qualifiés de *« dispositions intangibles »* ; *« dispositions irrévisables »* ou, la formule est contestée par certains, de *« "clauses" d'éternité »*.

L'article 103, alinéas 7 sanctuarise certaines dispositions expressément visées et les préserve de toute forme de révision banalisée. Cette protection profite, en particulier, à certaines matières constitutionnelles : *« La forme républicaine de l'État, le mode d'élection, la durée et le nombre de mandats consécutifs du Président de la République ne peuvent faire l'objet de révision »*. Pour verrouiller davantage ces dispositions, le dernier alinéa dudit article exclut de façon absolue toute possibilité de modifier l'article 7 lui-même. En d'autres termes, les autres dispositions de la Constitution, dont celles des alinéas de l'article 103, excepté l'alinéa 7 (y compris donc l'alinéa 8) ne sont pas à l'abri d'une révision constitutionnelle.

Les interdits constitutionnels relatifs s'appliquent dans certaines circonstances. Selon l'alinéa 3 de l'article 52, *« il ne peut, en vertu des pouvoirs exceptionnels, procéder à une révision constitutionnelle »*. L'article 103 ferme également la possibilité à l'Assemblée nationale de déléguer à sa Commission des Délégations[504], en vertu de l'article 65 de la Constitution, le pouvoir de procéder à des révisions constitutionnelles.

Il est tout aussi interdit à l'Assemblée nationale d'habiliter le Président de la République, dans le cadre de l'article 77 de la Constitution, à prendre des mesures de révisions constitutionnelles. Ce sont là des interdits constitutionnels qui ne peuvent s'appliquer qu'en périodes relativement anormales.

La Décision n° 1-C-2016 du 12 février 2016 apporte une embellie jurisprudentielle qui n'est point à négliger. Saisi par le Président de la République, le juge constitutionnel sénégalais s'essaie en contrôle de constitutionnalité d'une loi constitutionnelle. Dans la décision, le juge constitutionnel emploie des normes "méta-positives" pour sanctuariser la volonté du peuple. Il repousse ainsi les frontières de l'injusticiabilité en acceptant d'examiner *la* conformité du projet de révision de la Constitution à soumettre au référendum, *« dans son ensemble, à l'esprit*

---

504 Article 26 du RIAN : *« La Commission des Délégations prend des délibérations sur les affaires qui lui sont renvoyées par l'Assemblée nationale, dans les limites de la délégation qui lui est donnée conformément aux dispositions de l'article 65 de la Constitution. Elle est, en outre, chargée de l'évaluation et du suivi de l'exécution des lois votées »*.

général de la Constitution du 22 janvier 2001 et aux principes généraux du droit ».

3. La comptabilité des valeurs démocratiques

À travers l'évolution politique depuis 1960, les révisions successives sont au nombre de 23 révisions consolidantes et 14 révisions déconsolidantes[505].

Qualitativement, les révisions constitutionnelles s'apprécient en fonction de deux critères que sont la légitimité de procédure et la contribution démocratique, selon l'auteur de la taxonomie *« révisions consolidantes / révisions déconsolidantes »* en droit sénégalais. Dans son analyse, il estime que *« deux préoccupations sont identifiables dans les révisions consolidantes : d'une part, l'élargissement des libertés et l'approfondissement de l'État de droit et de la démocratie, et d'autre part, l'amélioration du fonctionnent des institutions »*[506]. Par contraste, il estime que *« par révision "dé-consolidante", il faut entendre l'ensemble des textes modificatifs de la Constitution qui ont eu pour fonction manifeste ou latente la remise en cause de principes constitutionnels assimilés à des "acquis démocratiques" ou de consacrer des institutions à utilité controversée (...). Elle procède de façon unilatérale et ne tient pas compte des vives contestations de l'opposition et d'une frange importante de l'opinion publique. Les plus motivées par le besoin de conservation du pouvoir, les révisions déconsolidantes tendent à renforcer l'emprise des gouvernants sur le pouvoir et à assurer progressivement leur longévité »*[507].

Après communication de ces échelles de notation, le Professeur distribue équitablement des notes démocratiques aux Présidents de la République successifs : *« le mandat de Senghor 7 révisions consolidantes et 1 révision déconsolidante »* ; *« le mandat d'Abdou Diouf 11 révisions consolidantes et 3 révisions déconsolidantes » ; « le mandat d'Abdoulaye Wade 5 révisons consolidantes et 10 révisions déconsolidantes ».*

---

[505] Compte non tenu de la loi n° 63-02 du 04 janvier 1963 portant révision des articles 64et 65 de la Constitution.
[506] Ismaïla Madior Fall, *Les révisions constitutionnelles au Sénégal. Révisions consolidantes et révisions déconsolidantes de la démocratie sénégalaise*, *op. cit.*, p. 100.
[507] Ismaïla Madior Fall, *ibid.*, p. 143.

Qu'en est-il alors du mandat de l'actuel Président Macky Sall si l'on maintient le cap indiqué par le Professeur ? Qu'il soit encore tôt ou qu'il soit encore soit temps – bien entendu en fonction des positions des exprimées par les états-majors politiques ou l'appréciation silencieuse de la majorité citoyenne - le régime « républicain » de 2012-2023, à la suite du régime « socialiste » de 1960 à 1980 puis de 1981 à 2000 et du régime « libéral » de 2000 à 2012, mérite d'être coté à la bourse des valeurs démocratiques.

Les réformes ci-après comptabilisent les opérations modificatives de la Constitution à ce stade de la seconde alternance de 2012 :

i) la loi n° 2012-16 du 28 septembre 2012 portant révision de la Constitution a permis une rationalisation de nos institutions par une suppression en cascade du Sénat, du poste de Vice-Président, du Conseil économique et social remplacé par le Conseil économique, social et environnemental ;

ii) la loi constitutionnelle n° 2016-10 du 05 avril 2016 portant révision de la Constitution s'identifie par : l'approbation référendaire ; le renforcement des prescriptions relatives aux partis politiques ; l'évaluation des politiques publiques par l'Assemblée nationale ; augmentation à 7 des membres du Conseil constitutionnel, l'exception d'inconstitutionnalité devant la cour d'appel ; l'attribution des ressources naturelles au peuple ; la consolidation du droit à un environnement sain ; l'option de la territorialisation des politiques publiques. Cependant, cette réforme de 2016 renferme un certain nombre de dispositions contestées, dont la suppression de certaines attributions constitutionnelles de la Cour suprême précédemment dévolues au Conseil d'État et à la Cour de Cassation[508] et la neutralisation par le Conseil Constitutionnel de la promesse électorale de réduire le mandat de 7 à 5 ans. À plus d'un titre, cette réforme est ambivalente. Elle fait partie, ainsi que l'anticipe le

[508] *« Le Conseil d'État est juge en premier et en dernier ressort de l'excès de pouvoir des autorités exécutives et de la régularité des comptes des comptables publics. Il connaît des décisions de la Cour de discipline budgétaire [Cour des Comptes, avec Loi constitutionnelle n° 99-02 du 29 janvier 1999] par la voie du recours en cassation. Il est compétent en dernier ressort dans les contentieux des inscriptions sur les listes électorales et des élections aux conseils des collectivités territoriales. En toute autre matière, la Cour de Cassation se prononce par la voie du recours en cassation sur les jugements rendus en dernier ressort par les juridictions subordonnées »* (loi n° 92-22 du 30 mai 1992 portant révision de la Constitution).

classement, de certaines réformes qui *« allient les deux préoccupations. Il y a lieu de le signaler le cas échéant »*[509] ;

iii) La loi constitutionnelle n° 2018-14 du 11 mai 2018 portant révision de la Constitution généralise le système du parrainage citoyen des candidatures sur fond de désaccord politique et de contestation judiciaire ;

iv) La loi constitutionnelle n° 2019-10 du 14 mai 2019 portant révision de la Constitution supprime le poste de Premier ministre et institue un Gouvernement de régime présidentiel comprenant exclusivement des ministres et des secrétaires d'État ;

v) la loi n° 2021-41 du 20 décembre 2021 portant révision de la Constitution fait revenir, une fois encore, le poste de Premier ministre pour *« borner la puissance présidentielle par une "parlementarisation" du régime »*[510].

Sur cette base de calcul, il est possible de porter au bilan révisionnel du Président en fonction la performance suivante : 2 révisions consolidantes ; deux révisions déconsolidantes et 1 révision mixte qui *« allient »* révision consolidante et révision déconsolidante. À tout point de vue, l'équilibre est *« provisoirement »* parfait à 50%.

4. Les révisions de la Constitution du 22 janvier 2001

Au moins, il s'agit des révisions ci-après qui sont provisoirement intervenues après le 22 janvier 2001.

1re révision.- Loi n° 2003-15 du 19 juin 2003 portant révision de la Constitution et instituant un Conseil de la République pour les affaires économiques et sociales ;

2e révision.- Loi constitutionnelle n° 2006-11 du 20 janvier 2006 prorogeant le mandat des députés élus à l'issue des élections du 29 avril 2001 ;

[509] Ismaïla Madior Fall, *Les révisions constitutionnelles au Sénégal. Révisions consolidantes et révisions déconsolidantes de la démocratie sénégalaise*, *op. cit.*, p. 110.
[510] Alioune Sall, « Quel régime politique pour le Sénégal », *Nouvelles Annales africaines*, n° 1, 2007, p. 436.

3e révision. - Loi n° 2006-37 du 15 novembre 2006 modifiant l'article 33 de la Constitution ;

4e révision.- Loi constitutionnelle n° 2007-06 du 12 février 2007 créant un Sénat ;

5e révision.- Loi constitutionnelle n° 2007-19 du 19 février 2007 modifiant l'article 34 de la Constitution ;

6e révision.- Loi constitutionnelle n° 2007-21 du 19 février 2007 modifiant la loi n° 2006-11 du 20 janvier 2006 prorogeant le mandat des députés élus à l'issue des élections du 29 avril 2001 ;

7e révision. - Loi constitutionnelle n° 2007-26 du 25 mai 2007 relative au Sénat ;

8e révision. - Loi constitutionnelle n° 2008-30 du 7 août 2008 modifiant les articles 7, 63, 68, 71, et 82 de la Constitution ;

9e révision. - Loi constitutionnelle n° 2008 31 du 7 août 2008 portant suppression du Conseil de la République pour les Affaires économiques et sociales ;

10e révision. - Loi constitutionnelle n° 2008 32 du 7 août 2008 portant création du Conseil économique et social (CES) ;

11e révision. - Loi constitutionnelle n° 2008-33 du 7 août 2008 modifiant les articles 9 et 95 et complétant les articles 62 et 92 de la Constitution ;

12e révision. - Loi constitutionnelle n° 2008-34 du 7 août 2008 portant révision de la Constitution ;

13e révision. - Loi constitutionnelle n° 2008-66 du 21 octobre 2008 modifiant la première phrase de l'alinéa premier de l'article 27 ;

14e révision. - Loi constitutionnelle n° 2008-67 du 21 octobre portant modification de l'article 62, alinéa premier de la Constitution ;

15e révision. - Loi constitutionnelle n° 2009-22 du 19 juin 2009 instituant un poste de Vice-président de la République ;

16e révision. - Loi n° 2012-16 du 28 septembre 2012 portant révision de la Constitution ;

17e révision. - Loi constitutionnelle n° 2016-10 du 05 avril 2016 portant révision de la Constitution ;

18e révision. - Loi constitutionnelle n° 2018-14 du 11 mai 2018 portant révision de la Constitution ;

19e révision. - Loi constitutionnelle n° 2019-10 du 14 mai 2019 portant révision de la Constitution ;

20e révision. - Loi n° 2021-41 du 20 décembre 2021 portant révision de la Constitution.

TITRE XIII - DISPOSITIONS TRANSITOIRES (abrogées)

Article 104.- *Le Président de la République en fonction poursuit son mandat jusqu'à son terme.*

Toutes les autres dispositions de la présente Constitution lui sont applicables.

Article 105.- *En vue de la mise en application rapide de toutes les dispositions de la présente Constitution, le Président de la République est autorisé à regrouper le maximum d'élections dans le temps.*

À cet effet, il peut prononcer la dissolution de tous les conseils des collectivités locales. Il peut également, soit prononcer la dissolution de l'Assemblée nationale, soit organiser simplement des élections anticipées sans dissolution.

Dans ce dernier cas, l'actuelle Assemblée nationale continue d'exercer ses fonctions jusqu'à la mise en place de la nouvelle Assemblée nationale.

La nouvelle Assemblée nationale est convoquée par décret.

Article 106.- *Les mesures législatives nécessaires à la mise en place de la nouvelle Assemblée nationale et des nouvelles assemblées locales qui suivent l'adoption de la présente Constitution, notamment celles concernant le régime électoral et la composition de ces assemblées, sont fixées par l'actuelle Assemblée nationale si elle n'est pas dissoute. Dans le cas contraire, elles sont fixées par le Président de la République, après avis du Conseil d'État, par ordonnance ayant force de loi. Les délais de convocation des élections et la durée de la campagne électorale peuvent être réduits.*

Article 107.- *Les lois et règlements en vigueur, lorsqu'ils ne sont pas contraires à la présente Constitution, restent en vigueur tant qu'ils n'auront pas été modifiés ou abrogés.*

En tout état de cause, toutes les dispositions relatives au Sénat et au Conseil économique et social sont abrogées entraînant d'office la suppression de ces institutions.

Pour le Haut Conseil de l'Audiovisuel, le Président de la République est autorisé à mettre fin aux fonctions des membres actuels et à procéder, par consensus, à la nomination de nouveaux membres. Il peut, en tant que de besoin, prendre toutes les mesures nécessaires à cet effet.

Article 108.- *La présente Constitution sera soumise au peuple par voie de référendum. Après adoption, elle sera publiée au Journal officiel comme loi suprême de la République.*

BIBLIOGRAPHIE

A) Dictionnaires

Alcaud David Bouvet, Laurent (dir.) *Dictionnaire de sciences politiques et sociales*, Paris, Sirey, 2004, 411 p.

Alland Denis, Rials Stéphane, *Dictionnaire de la culture juridique,* Paris, PUF, 2003, 1649 p.

Cornu Gérard, *Vocabulaire juridique*, 11e édition, Paris, Quadrige, 2016, 1101 p.

Andriantsimbazovina Joël et *alii*, *Dictionnaire des Droits de l'Homme*, Paris, PUF, 2008, 1074 p.

De Villiers Michel, Le Divellec Armel, *Dictionnaire du droit* constitutionnel, 10e édition, Paris, Sirey, 2015, 408 p.

Debard Thierry, *Dictionnaire de droit constitutionnel*, 2e édition, Paris, Ellipses, 2007, 493 p.

Kada Nicolas, Mathieu Martial (dir.), *Dictionnaire d'administration publique*, PUG, 2014, 575 p.

Schaegis Chrystelle, *Dictionnaire de droit administratif*, Paris, Ellipses, 2008, 314 p.

B) Thèses et mémoires

Bâ Boubacar, L*'institution présidentielle dans le nouveau constitutionnalisme des États d'Afrique et d'Amérique latine (Afrique du Sud-Bénin-Ghana-Sénégal/Brésil-Chili, Colombie)*, Thèse de Doctorat, Université Cheikh Anta Diop, 2013, 640 p.

Diagne Ndèye Madjiguène, *Les méthodes et les techniques du juge en droit administratif sénégalais*, Thèse de doctorat d'État, Université Cheikh Anta Diop, 1995, 518 p.

Diop Abdou khadre, *La notion d'État en droit international et en droit européen : de l'impossible approche conceptuelle à la nécessaire approche fonctionnelle*, Thèse de doctorat, Université de Bordeaux, Université de Laval (cotutelle), 2017, 695 p.

Diop Mamadou Falilou, *Essai de construction de poursuites d'auteurs de crimes internationaux à travers les mécanismes nationaux et régionaux*, Thèse de doctorat en droit, Aix-Marseille Université, 2012, 539 p.

Diop Pape Momar, *L'interprétation de la Constitution par le juge constitutionnel dans les États d'Afrique noire francophone. Les cas du Bénin, du Mali, du Niger et du Sénégal,* Thèse de doctorat, Université Cheikh Anta Diop, 2020, 473 p.

Diop Serigne, *Le Premier ministre africain. La renaissance du bicéphalisme exécutif en Afrique à partir de 1969*, Thèse de doctorat d'État en Droit, Université Cheikh Anta Diop, 1985, 444 p.

Diouf El Hadji Tafsir, *La mutation du contrôle des cours des comptes dans les pays de l'Union économique et monétaire ouest africaine (UEMOA)*, Thèse de doctorat, Université Gaston Berger, 2020, 460 p.

Diouf Ibrahima, *La responsabilité du chef de l'État en Afrique : essai d'analyse à partir des exemples du Bénin, de la Côte d'ivoire, de Madagascar, du Niger et du Sénégal*, Thèse de doctorat, Université Cheikh Anta Diop, 2018, 533 p.

Djitté Mamadou, *La responsabilité personnelle pécuniaire du comptable en droit public financier*, Thèse de doctorat, Université Gaston Berger, 2020, pp. 337.

Fall Ibou Ibrahima, *Contribution à l'étude du droit des peuples à disposer d'eux-mêmes en Afrique*, Thèse de doctorat d'État, Université de Paris 1 – Panthéon-Sorbonne, 1972, 460 p.

Fall Mor, *La protection constitutionnelle des minorités en Afrique : les exemples de l'Afrique du Sud, du Burundi et du Cameroun. Contribution à l'étude du droit constitutionnel des minorités*, Thèse de doctorat, Université Cheikh Anta Diop de Dakar, 2020, 509 p.

Faye Ferdinand, *Les dispositions inexploitées de la Constitution de 1958 Contribution au droit institutionnel de la Ve République*, Thèse de doctorat, Université de Reims Champagne-Ardenne, 2019, 516 p.

Kanté Babacar, *Unité de juridiction et droit administratif. L'exemple du Sénégal*, Thèse de doctorat d'État, Université d'Orléans, 1983, 426 p.

Koufédji Sadikou, *« Problématique des transferts financiers entre l'État et les collectivités locales : l'exemple du Sénégal*, Thèse de doctorat, Université Gaston Berger de Saint-Louis, 2021, 480 p.

Mandiang Ibrahima, Le*s États africains et l'obligation de coopération avec les juridictions pénales internationales*, Thèse de doctorat, Université Cheikh Anta Diop, 2017, 489 p.

Mbodji Abdoul Aziz, *L'Union africaine et les élections en Afrique*, Thèse de doctorat, Université Cheikh Anta Diop, 2018, 503 p.

Mbodj El Hadj, *La succession du chef d'État en droit constitutionnel africain (Analyse juridique et impact politique)*, Thèse de Doctorat en Droit, Université Cheikh Anta Diop de Dakar, 1991, 532 p.

Ndiaye Ameth, *La nouvelle juridiction constitutionnelle en Afrique noire francophone et construction de l'État de droit : exemple du Gabon et du Sénégal »*, Thèse de doctorat, Université de Montpellier, 2003, 731 p.

Ndiaye Cheikh Mbacké, *La protection juridictionnelle de l'ordre constitutionnel au Sénégal*, Thèse de doctorat, Université Cheikh Anta Diop, 2016, 524 p.

Ndiaye Cheikh Ibra Fall, *les systèmes politiques d'Afrique subsaharienne francophone face aux défis de la gestion et du contentieux des élections*, Thèse de doctorat, Université Cheikh Anta Diop, 2017, 412 p.

Ndione Ndèye Seynabou Diop, *Les juridictions constitutionnelles en Afrique subsaharienne francophone. Réflexions transversales sur les dynamiques de démocratisation juridictionnelle*, Thèse de doctorat, Université Cheikh Anta Diop, 2020, 385 p.

Ndongo Cheikh Bass, « *La protection des droits des administres au moyen du recours pour excès de pouvoir au Sénégal* », Thèse de doctorat, Université Cheikh Anta Diop, 2019, 326 p.

Ouédraogo Séni Mahamadou, *La lutte contre la fraude à la constitution en Afrique noire francophone*, Thèse de doctorat, Université Montesquieu-Bordeaux IV, 2011, 449 p.

Sall Thierno Saidy Nourou, *La justice constitutionnelle en Afrique comparée de l'Afrique du Sud, du Bénin Sénégal*, Thèse de doctorat, Université Cheikh Anta Diop, 2019, 508 p.

Sané Mamadou Salif, *Le contentieux des élections nationales dans les États d'Afrique noire francophone subsaharienne : les exemples du Sénégal et du Bénin*, Thèse de doctorat, Université Cheikh Anta Diop, 2019, 423 p.

Sarr Moussa, *Contribution à l'étude de la tendance du nouveau constitutionnalisme dans les États d'Afrique noire francophone*, Thèse de doctorat, Université Gaston Berger, 2021, 349 p.

Sène Cheikh, *L'implication des forces de sécurité et de défense dans le processus de démocratisation de l'État au Sénégal*, Thèse de doctorat, Université Cheikh Anta Diop, 2019, 289 p.

Senghor Mamadou dit Doudou, *Les réponses judiciaires aux crimes internationaux reproches a Monsieur Hissein Habré*, Thèse de doctorat, Université Cheikh Anta Diop, 620 p.

Sow Oumar, *La haute trahison*, Thèse de doctorat, Université Cheikh Anta Diop, 2017, 419 p.

Sy Pape Mamour, *Le développement de la justice constitutionnelle en Afrique noire francophones : les exemples du Bénin, du Gabon et du Sénégal*, Thèse de doctorat d'État, Université Cheikh Anta Diop, 1998, 463 p.

Sy Seydou Madani, *Recherches sur l'exercice du pouvoir en Afrique (Côte d'Ivoire, Guinée, Mali)*, Paris, A. Padone, 1965, 230 p.

Tall Saïdou Nourou, *Théories et réalités du droit international humanitaire : contribution à l'étude de l'application du droit des conflits armes en Afrique noire contemporaine*, Thèse de doctorat d'État, Université Cheikh Anta Diop, 2001, 442 p.

Tambadian Dembélé, *L'égal accès des femmes et des hommes à la vie politique en France et au Sénégal*, Thèse de doctorat de l'Université Sorbonne Paris Cité, 2017, 454 p.

Thioune Mouhamadou Moustapha, *La régulation des partis politiques. Étude comparative entre le Bénin, le Ghana et le Sénégal*, Thèse de Doctorat, Université Cheikh Anta Diop, 2012, 689 p.

C) Ouvrages et cours

Ahadzi-Nonou Koffi, *Les défis du gouvernement démocratique en Afrique subsaharienne depuis 1990*, L'Harmattan-Sénégal, 2020, 306 p.

Aïvo Frédéric Joël, *Le Président de la République en Afrique noire francophone. Genève, mutations et avenir de la fonction,* Paris, L'Harmattan, 2007, 644 p.

avril Pierre, *Les conventions de la Constitution,* Paris, PUF, 1997, 208 p.

Bathily Abdoulaye, *Mai 1968 à Dakar ou la révolte universitaire et la démocratie. Le Sénégal cinquante ans après* ? L'Harmattan-Sénégal, Deuxième édition revue et augmentée, 2018, 281 p.

Bockel Alain, *Droit administratif*, Dakar-Abidjan, NEA, 1978, 541 p.

Bonnardel Régine, *Saint-Louis du Sénégal : mort ou naissance ?* Paris, L'Harmattan, 1993, 432 p..

Cabanis André, Martin Michel Louis, *Les Constitutions d'Afrique francophone*, Paris, Karthala, 1999, 192 p.

Camara Ousmane, *Mémoires d'un juge africain. Itinéraire d'un homme libre*, Dakar-Paris, Karthala-CREPOS, 2010, 306 p.

Caporal-Gréco Stéphane *et alii*, *Droit constitutionnel*, Paris, Ellipses, 397 p.

Carcassonne Guy, *La Constitution, (intr.et com.)*, Paris, Seuil, 13e édition, 2016, 435 p.

Caron Mathieu, *Droit gouvernemental*, Paris, LGDJ, 2020, 228 p.

Chagnollaud Dominique, *Droit constitutionnel contemporain. Tome 2. Le régime politique français*, Paris, Armand Colin, 2005, 439 p.

Chambry Émile, *Platon - Le politique, [ou de la royauté, genre logique], Traduction, notices et notes, beq.ebooksgratuits.com*, 273 p.

Chiu Victoria, Le Quinio Alexis (dir.), *La protection de l'environnement par les juges constitutionnel*, Paris, L'Harmattan, 2021, 284 p.

Chouard Etienne, *Notre Cause commune. Instituer nous-mêmes la puissance politique qui nous manque*, Paris, Max Milo, 2019, 123 p.

Cissoko Sékéné Mody, *Un combat pour l'unité de l'Afrique de l'Ouest. La Fédération du Mai (1959-1960)*, Dakar, NEAS, 2005, 257 p

Combacau Jean, Sur Serge, *Droit international public*, Paris, Montchrestien, 7e édition, 2006, 813 p.

Conseil constitutionnel du Sénégal, *Les mises à jour de la Constitution du Sénégal 2001-2019*, février 2020, 209 p.

Conseil constitutionnel du Sénégal, *Recueil des décisions janvier 1993 - mars 2019*, février 2020, 698 p.

Cros Charles, *Ce qu'il faut savoir sur le statut des municipalités africaines et malgaches*, Chez l'auteur, 1956, 168 p.

Dahl Robert, *La démocratie*, Paris, Nouveaux horizons, 1998, 200 p.

Daillier Patrick, Pellet Alain, *Droit international public*, Paris, LGDJ, 7e édition, 2002, 1510 p.

Debbasch Charles, *Science administrative*, 5e édition, Paris, Dalloz, 1989, 815 p.

Diagne Mayacine, *Le Conseil constitutionnel sénégalais*, Les éditions TCM, 2012, 156 p.

Diagne Mayacine, *Droit administratif local*, Dakar, IGS, 240 p.

Diakhoumpa Cheikh, *Code de procédure civile et voies d'exécution*, Volume III, 1re édition, 2021, 643 p.

Diakité Kémoko, *La justice pénale internationale en Afrique : aspects juridiques, défis et perspectives*, Paris, L'Harmattan, 2014, 232 p.

Diallo Ibrahima, *Le droit des collectivités locales au Sénégal*, Paris, L'Harmattan, 2007, 378 p.

Diarra Mamadou, *Justice et développement*, Dakar-Abidjan, NEA, 1973, 262 p.

Diop Adama Baytir, *Le Sénégal à l'heure de l'indépendance*, Paris, L'Harmattan, 2007, 289 p.

Diop Alioune Badara, *Le Sénégal, une démocratie du phénix ?*, Dakar-Paris, CREPOS-Karthala, 2009, 368 p.

Diop Amadou, *Contribution à une politique d'aménagement et de développement des territoires du Sénégal. Donner du sens à l'Acte 3 de la Décentralisation*, L'Harmattan-Sénégal, 2022, 186 p.

Diop El hadji Omar, *La candidature à l'élection présidentielle en Afrique*, Dakar, OVIPA/CREDILA, 2022, 441 p.

Diop El Hadji Omar, *La justice constitutionnelle au Sénégal*, Dakar, CREDILA/OVIPA, 2013, 333 p.

El Hadji Omar Diop, *L'instrumentalisation de la Constitution dans les régimes politiques africains*, Dakar, CREDILA/OVIPA, 2017, 362 p.

Diop El Hadji Omar, *Partis politiques, démocratie et réalités sociales au Sénégal*, Dakar, CREDILA, 2011, 490 p.

Diop Me Mamadou, *Le pouvoir local. Décentralisation et développement urbain*, Dakar, Clairafrique, 2011, 393 p

Diop Me Mamadou, *Le système politique sénégalais,* Dakar Clairafirque, 2011, 345 p.

Diop Me Mamadou, *Propos d'un député : Réflexion sur le fonctionnement de l'État sous le régime de l'alternance*, Dakar, Clairafrique, 2012, 139 p.

Diop Médoune Samba, *Les élections présidentielles de l'an 2000 au Sénégal. Carnet de bord*, L'Harmattan-Sénégal, 2019, 367 p.

Diouf Mamadou, *Libéralisations politiques ou transitions démocratiques : Perspectives africaines*, Dakar, CODESRIA, Nouvelles pistes n° 1/98, 1998, 91 p.

Diouf Moustapha, *La CEDEAO, entre interétatisme et supranationalité*, Dakar, CREDILA, 2016, 466 p.

Duhamel Olivier Tusseau Guillaume, *Droit constitutionnel et institutions politiques*, 4e édition, Paris, Seuil, 2016, 1042 p.

Duverger Maurice, *Les régimes politiques*, Paris, PUF, 1961, 126 p.

Fall Ismaïla Madior *Évolution constitutionnelle du Sénégal de la veille de l'Indépendance aux élections de 2007*, Dakar, CREDILA-CREPOS, 2007, 181 p.

Fall Ismaïla Madior, *La réforme constitutionnelle du 20 mars 2016 au Sénégal*, L'Harmattan-Sénégal, 2017, 194 p.

Fall Ismaïla Madior, *Le pouvoir exécutif dans le constitutionnalisme des États d'Afrique*, Paris, L'Harmattan, 2008, 310 p.

Fall Ismaïla Madior (dir.), *Les décisions et avis du Conseil constitutionnel du Sénégal*, Dakar, CREDILA, 2008, 565 p.

Fall Ismaïla Madior, *Les élections présidentielles au Sénégal*, L'Harmattan-Sénégal, 2018, 462 p.

Fall Ismaïla Madior, *Les révisions constitutionnelles au Sénégal. Révision consolidantes* et révisions déconsolidantes de la démocratie sénégalaise, Dakar, CREDILA, 2011, 218 p.

Fall Ismaïla Madior, *Sénégal, une démocratie « ancienne » en mal de réforme*, Étude d'Afrimap et d'Osiwa, Open society foundations, 2013, 200 p.

Fall Ismaïla Madior (réun. et prés.), *Textes constitutionnels du Sénégal de 1959 à 2007,* Dakar, CREDILA, 2007, 248 p.

Fall Ismaïla Madior (dir.), *Théorie et contentieux constitutionnels en Afrique, Volume 1. Théorie constitutionnelle, Volume 2. Contentieux constitutionnel*, L'Harmattan-Sénégal, 2022, 1293 p.

Fall Mor, Touré Ibrahima, *Finances des collectivités territoriales. Éléments de gestion administrative, budgétaire, financière et comptable*, Dakar, ELMA Editions, 2022, 405 p.

Fall Moustapha, *Les cours de justice africaines et l'intégration*, L'Harmattan-Sénégal, 2021, 514 p.

Favoreu Louis, *Droit constitutionnel*, Paris, Dalloz, 2020, 1147 p.

Favoreu Louis, Mastor Wanda, *Les cours constitutionnelles,* Paris, Dalloz, 2011, 161 p.

Favoreu Louis, Philip Loïc, *Les grandes décisions du Conseil constitutionnel*, 15e édition, Paris, Dalloz, 2009, 863 p.

Formery Simon-Louis, *La Constitution commentée article par article*, 13e éd. 2010-2011, Paris, Hachette, 176 p.

Gautron Jean-Claude, Rougevin-Baville Michel, *Droit public du Sénégal*, 2e édition, Paris, A. Pedone, 1977, 447 p.

Gohin Olivier, *Droit constitutionnel*, Paris, Litec, 2010, 1497 p.

Haquet Arnaud, *Droit constitutionnel*, Paris, Dalloz, 2017, 441 p.

Hesseling Gerti, *Histoire politique du Sénégal*, Paris, Karthala, 1985, 437 p.

Kamara Mamadou, *Les élections au Sénégal. Rôle, place et responsabilités des différents acteurs*, Édition 2007, 363 p.

Kébé Abdou Aziz Daba et *alii, Vues africaines de droit public et de science politique à partir des thèses dirigées par le Pr Ismaïla Madior Fall*, Volume 1et Volume 2, L'Harmattan-Sénégal, 2022, 702 p et 1440 p.

Lam Cheikh Tidiane, *La modernisation de la justice au Sénégal. Vers la recherche de performance*, L'Harmattan-Sénégal, 2019, 460 p.

Lath Yédoh Sébastien, *Droit constitutionnel. Théorie générale du droit constitutionnel. Systèmes politiques contemporains*, Abidjan, ABC, 2019, 480 p.

Loada Augustin, Ibriga Luc Marius, *Droit constitutionnel et institutions politiques*, PADEG, 2007, 655 p.

Masclet Jean-Claude, Valette Jean-Paul, *Méthodologie du droit constitutionnel*, Paris, Ellipses, 2014, 272 p.

Maurey Hervé, de Guerdavid François, Montassier Wilfrid (prés.), *"L'Austerlitz politique de la Vème République* (Colloque du 25e anniversaire de l'élection du président de la République au suffrage universel), Paris, L'Harmattan, 207 p.

Mbodj El Hadj, *Cours de droit constitutionnel. Théorie constitutionnelle*, Université catholique de l'Afrique de l'Ouest (Bamako) 1re année, 146 p.

Mélin-Soucramanien Ferdinand, Pactet Pierre, *Droit constitutionnel*, 3e édition, Paris, Sirey, 2015, 680 p.

Ndao El Hadji Ibrahima, *Sénégal, histoire des conquêtes démocratiques*, Dakar, NEAS, 2016, 537 p.

Ndoye Doudou, *La Constitution du Sénégal et le Conseil constitutionnel (Les textes annotés et commentés)*, Dakar, EJA,1992, 81 p.

Ngom Benoît S., *L'arbitrage d'une démocratie en Afrique : la Cour suprême du Sénégal*, Paris, Présence africaine, 1989, 190 p.

Nzouankeu Jacques Mariel, *La Constitution sénégalaise commentée*, Tome 11, Dakar, Bibliothèque de l'Autodidacte, 1980, 276 p.

Ost François, van de Kerkove Michel, *De la pyramide au réseau. Pour une théorie dialectique du droit*, Bruxelles, Université Saint-Louis, 2010, 599 p.

Renaut Marie-Hélène, *Histoire des idées politiques de l'Antiquité à nos jours*, Paris, Ellipses, 2005, 153 p.

République du Sénégal, *La justice au Sénégal*, 4 avril 1961, 199 p.

Sacriste Guillaume, *La République des constitutionnalistes. Professeurs de droit et légitimation de l'État en France (1870-1914)*, Paris, Sciences Po Les Presses, 2011, 578 p.

Salami Ibrahima David, Gandonou Diane O. Melone, *Droit constitutionnel et institutions du Bénin*, Éditions CeDAT, 2014, Abomey-Calavi, 492 p.

Sall Alioune, *La justice de l'intégration. Réflexions sur les institutions judiciaires de la CEDEAO et de l'UEMOA*, Deuxième édition revue, corrigée et augmentée, L'Harmattan-Sénégal, 2018, 480 p.

Sall Alioune, *L'affaire Hissène Habré. Aspects judiciaires nationaux et internationaux,* Paris, L'Harmattan, 2013, 93 p.

Sall Alioune, Ndiaye Sidy Alpha (dir.), *Manuel pratique des droits de l'homme*, Presses universitaires de Dakar, 508 p.

Sarr Ndiogou, *Médiation et démocratisation*, L'Harmattan-Sénégal, 2018, 475 p.

Schmitt Carl, *Théorie de la Constitution (Préface de Olivier Beaud)*, Paris, PUF, 1993, 576 p.

Sène Biram, Traoré Adama, *Recueil de textes fonciers et domaniaux, annoté*, 2e édition, 2019, Dakar, Abis éditions, 969 p.

Seck Mariane, *Droit de l'environnement : de l'initiation au mûrissement. Contribution d'une juriste sénégalaise*, L'harmattan-Sénégal, 2018, 231 p.

Sow Abdoul, *Ibrahima Seydou Ndaw, 1890-1969*, L'Harmattan-Sénégal, 2012, 425 p.

Sow Idrissa, *La fonction judiciaire dans les systèmes communautaires de l'UEMOA et de la CEDEAO*, L'Harmattan-Sénégal, 2021, 417 p.

Sy Demba, *Droit administratif*, 3e édition revue, corrigée et augmentée L'Harmattan-Sénégal, 2021, 718 p.

Sy Mouhamadou Mounirou, *La protection constitutionnelle*, Paris, L'Harmattan, 2007, 562 p.

Vedel Georges, *Manuel élémentaire de droit constitutionnel*, Réédition, Paris, Dalloz, 2002, p. 616.

Tall Saidou Nourou, *Droit constitutionnel et ordonnances dans les États d'Afrique noire francophone…*, L'Harmattan-Sénégal, 2021, 394 p

Tall Saidou Nourou, *Droit des organisations internationales africaines. Théorie générale, Droit communautaire comparé, Droit de l'Homme, Paix et Sécurité*, Paris, L'Harmattan, 2015, 547 p.

Téliko Souleymane, *les chambres africaines extraordinaires et la répression des crimes internationaux en Afrique*, L'Hamattan-Sénégal, 2020, 496 p.

Touré Papa Assane, *La réforme de la composition et de la compétence des juridictions du Sénégal. Commentée et annotée*, Dakar, Abis éditions, 2017, 465 p.

UMS (Union des Magistrats sénégalais), *L'indépendance de la justice au Sénégal. États des lieux et perspectives de réforme*, (Actes du Colloque national), Dakar, 28 et 29 décembre 2019), Dakar, UMS, 258 p.

Verpeaux Michel et *alii*, *Droit constitutionnel. Les grandes décisions de la jurisprudence*, 2e édition mise à jour, Paris, PUF, 2017, 704 p.

Villey Michel, *La formation de la pensée juridique moderne,* Paris, PUF, 2003, 624 p.

Wade Léopold, *Le contrôle de légalité des actes des collectivités territoriales au Sénégal*, L'Harmattan-Sénégal, 2022, 179 p.

Zarka Jan-Claude, *Introduction au droit constitutionnel*, Paris, Ellipses, 2014, 176 p.

Tall Saïdou Nourou, *Droit du contentieux international africain*, Dakar, L'Harmattan-Sénégal, 2018, 556 p.

D) Articles et communications

Aïdara Mamadou Moustapha, « Élection présidentielle et parrainage au Sénégal », Oumarou Narey (dir.), *L'Élection présidentielle*, L'Harmattan-Sénégal, 2020, pp. 153-169.

Aïdara Mamadou Moustapha, « Le Sénat au Sénégal où l'impossible ancrage institutionnel », *Afrilex*, janvier 2018, 22 p.

Aidara Mouhamadou Moustapha, « Référé administratif et unité de juridiction », http://afrilex.u-bordeaux.fr, 21 p.

Aïdara Mouhamadou Moustapha, « Réflexion sur la portée de la loi portant Code général des collectivités locales », *in* Alioune Sall, Ismaïla Madior Fall (dir.), *Actualités du droit public et de la science politique en Afrique. Mélanges en l'honneur de Babacar Kanté,* L'Harmattan-Sénégal, 2017, 677-682.

Aïvo Frédéric Joël, « Les constitutionnalistes et le pouvoir politique en Afrique », *RFDC,* n° 104, 2015, pp. 771-800.

Ajami Saïd Michel, « Réflexions sur la déconcentration de l'exécutif au Sénégal après la révision de 1970 », *RJPIC*, volume 25, n° 21971, pp. 247-258.

Avril Pierre, « Le Président de la République, représentant de la nation », Louis Favoreu, Robert Hertzog, André Roux (dir.), *Constitution et finances publiques. Études en l'honneur de Loïc Philip*, Paris, Economica, 2005, pp. 31-41.

Bâ Boubacar « La destitution des chefs d'État : fortunes et infortunes d'une pratique aléatoire », *in* Alioune Sall, Ismaïla Madior Fall (dir.),

Actualités du droit public et de la science politique en Afrique. Mélanges en l'honneur de Babacar Kanté, L'Harmattan-Sénégal, 2017, pp. 185-204.

Bâ Boubacar, « De la Cour suprême au Conseil constitutionnel : ruptures et continuités », *in* Ndiaw Diouf (dir.), *Le Conseil constitutionnel sénégalais dans le contexte d'intégration régionale. Passé, présent, devenir*, (Actes du Colloque de Dakar, 7 et 8 décembre 2020), L'Harmattan-Sénégal, 2021, pp. 45-46.

Bâ Boubacar, « Le préambule de la constitution et le juge constitutionnel en Afrique », *Afrilex*, 2016, 36 p.

Boubacar Bâ, « Présentation de l'exception d'inconstitutionnalité : le dénouement », *in* Ndiaw Diouf (dir.), *Le Conseil constitutionnel sénégalais dans le contexte d'intégration régionale. Passé, présent, devenir*, (Actes du Colloque de Dakar, 7 et 8 décembre 2020), L'Harmattan-Sénégal, 2021, pp. 57-80.

Badji Mamadou, « Le chef d'État dans les régimes politiques africains : miroir des modes traditionnels d'exercice du pouvoir politique », *in* Mamadou Badji, Olivier Devaux, Babacar Gueye (dir.), *Pouvoir et États en Afrique francophone*, *Revue Droit sénégalais*, n° 9, 2010, pp. 33-65.

Badji Mamadou, « Préface », *in* Demba Sy, Alioune Badara Fall, *Cinquante ans de droit administratif en Afrique*, Presses universitaires Toulouse 1 Capitole, 2016, pp. 9-19.

Baldé Abdoulaye, « Le contrôle des finances locales au Sénégal (approche comparée avec le système français de contrôle des finances locales », *in* UCAD/FSJP, *La régionalisation*, (Actes du Colloque international de Dakar, 1er au 3 juillet 1996), Dakar, CREDILA, 1998, pp. 299-319.

Barberis Mauro, « Idéologies de la constitution – Histoire du constitutionnalisme », Michel Troper, Dominique Chagnollaud (dir.), *Traité international de droit* constitutionnel. Théorie de la Constitution, Paris, Dalloz, 2012, pp. 113-141.

Baumont Stéphane, « Élection du président de la République au suffrage universel direct et la crise de la démocratie », *in Annales de l'Université des Sciences sociales de Toulouse*, Tome XL, 1992, pp. 207-222.

Benoît Jean, « La libre administration locale », *RFDA*, Novembre-Décembre 2002, pp. 1065-1079.

Bodian Yaya, « Réflexions sur la signification et la portée de l'immunité d'exécution des personnes publiques (À propos de décisions de la Cour d'Appel de Dakar), *Annales Africaines*, Volume 1, avril 2016, pp. 89-92.

Camara Fatou Kiné, « La loi sur la parité : historique et état des lieux », *La citoyenneté, Revue de l'Association des juristes sénégalaises*, juin 2015, pp. 4-5.

Camara Fatou Kiné, « Droit et langues au Sénégal, les mythes fondateurs de l'unilinguisme d'État à l'épreuve des faits et des exigences de l'État de droit », *in* Mamadou Badji, Olivier Devaux, Babacar Gueye (dir.), *Pouvoir et États en Afrique francophone*, *Revue Droit sénégalais*, n° 9, 2010, pp. 185-238.

Cabanis André, « Constitutions africaines et française, mimétisme inverse ou dialogue des constitutionnalistes francophones ? », *in* Mamadou Badji, Saïdou Nourou Tall, *Les transformations de l'État. Mélanges en l'honneur de Babacar Guèye*, PUT 1 Capitole, 2019, pp. 121-141.

Cissé Babacar, « Quel statut pour le personnel communal ? », *in* UCAD/FSJP, *La régionalisation*, (Actes du Colloque international de Dakar, 1er au 3 juillet 1996), Dakar, CREDILA, 1998, pp. 187-202.

Coulibaly Lamine, Cour de Cassation du Sénégal, *La justice pénale internationale, la souveraineté des États, et les droits de l'homme*, (Discours d'usage- Rentrée des cours et tribunaux), 2003-2004, pp. 64-78.

Camby Jean-Pierre, « Le droit parlementaire, droit de l'opposition ? », *in* Michel Ameller et *alii*, *La République. Mélanges Pierre avril*, Paris, Montchrestien, 2001, pp. 419-434.

Coulon Christian, « La tradition démocratique au Sénégal. Histoires d'un mythe », *in* Jaffrelot Christophe, Démocraties d'ailleurs. Démocraties et démocratisations hors d'Occident, Paris, Karthala, 2000, pp. 65-92.

Coulon Christian, « Le Sénégal : Développement et fragilité d'une semi-démocratie », *in* Diamond Larry, Linz Juan-José, Lipset Seymour Martin (dir.), Les pays en développement et l'expérience de la démocratie, (traduit de l'américain), Paris, Nouveaux Horizons, 1993, pp. 603-654.

Constantin François, Coulon Christian, « Le régime présidentiel sénégalais », Revue française d'études politiques africaines, n° 101, mai 1974, pp. 50-56.

De Chosal Christophe Buffin, « la démocratie est un mythe, une fois confrontée à la réalité «, *https://www.egaliteetreconciliation.fr*, consulté le 21 février 2023.

De Gaudusson Jean du Bois, « Les nouvelles constitutions africaines et le mimétisme », *in* Dominique Darbon, Jean du Bois de Gaudusson, *La création du droit en Afrique*, Paris, Karthala, 1997, pp. 309-316.

Débène Marc, Gounelle Max, « Le Sénégal, du Président L. S. Senghor au Président Abdou Diouf (janvier 1981-janvier 1984), *RDP*, n° 1, Janvier-Février 1983, pp. 1513-1553.

Diagne Mayacine, « Le juge constitutionnel africain et la technique des réserves d'interprétations », *in* Mamadou Badji, El Hadji Omar Diop, *Administrer la justice, transcender les frontières. Mélanges en l'honneur du juge Kéba Mbaye*, PUT 1 capitole, 2018, pp. 405-434.

Mayacine Diagne, « Gouvernance de proximité et développement local : le chaînon manquant de l'acte 3 de la décentralisation », *in* Alioune Sall, Ismaïla Madior Fall (dir.), *Actualités du droit public et de la science politique en Afrique. Mélanges en l'honneur de Babacar Kanté,* L'Harmattan-Sénégal, 2017, pp. 637-660.

Diao Papa Makha, « De la délégalisation ou du déclassement de la loi n° 2014-03, portant baisse des loyers n'ayant pas été calculés suivant la surface corrigée », *www.ceracle.com*, consulté le 18 mars 2023.

Dièye Abdoulaye, « Cadre institutionnel, juridique et organisationnel de la décentralisation : les compétences transférées, état de mise en œuvre », *Assisses nationales de la Décentralisation au Sénégal*, 26, 27 et 28 novembre 2007, 17 p.

Dièye Abdoulaye, « La loi d'habilitation en droit comparé : la situation dans quelques pays d'Afrique noire francophone et en France », *Annales de l'Université des Sciences sociales de Toulouse*, Tomme LV, 2014, pp. 133-167.

Diallo Ibrahima, « A la recherche du modèle africain de justice constitutionnelle », *in Annales internationales de Justice constitutionnelle »*, XX, 2004, pp. 93-120.

Diallo Mamadou Yaya, « Le contrôle de proportionnalité dans la jurisprudence constitutionnelle en Afrique », *Annales Africaines*, Volume 2, n° 7, décembre 2019, pp. 255-310.

Diallo Papa Djibril, « La régionalisation et ses enjeux », *Cahiers africaines du Travail social*, n° 03, juillet 2011, pp. 46-49.

Diokhané Abdourahmane, « Le principe de la libre administration des collectivités locales », *in* UCAD/FSJP, *La régionalisation*, (Actes du Colloque international de Dakar, 1er au 3 juillet 1996), Dakar, CREDILA, 1998, pp. 95-115

Diop Abdou Kh., « La particularité de l'exception d'inconstitutionnalité sénégalaise : une analyse à la lumière du contentieux de l'exception d'inconstitutionnalité en Afrique francophone », *Annales Africaines*, Volume 2, n° 13, décembre 2020, pp. 61-94.

Diop Abdou Khadre, « La protection des droits économiques et sociaux par le juge constitutionnel africain : entre convergence et divergence » (à paraître).

Diop Abdoulaye, « La révision constitutionnelle du 26 février 1970 au Sénégal », *Revue sénégalaise de Droit,* n° 8, 1970, pp. 33-42.

Diop Alioune Badara, « Société civile et gouvernance démocratique : enjeux de pouvoir et pouvoir en jeu », *Nouvelles annales africaines*, n° 2, 2011, pp. 37-88.

Diop El Hadji Omar, « Le juge constitutionnel et le juge administratif en Afrique », *Annales Africaines. Nouvelle Série*, Volume 1, n° 10, avril 2019, pp. 213-269.

Diop Mamadou Falilou, « L'étendue des compétences des juges constitutionnels dans les situations de crise politique en Afrique francophone subsaharienne », *Annales Africaines. Nouvelle série*, N° spécial, janvier 2019, pp. 121-193.

Diop Mamadou Falilou, « Réflexions sur la constitutionnalisation du préambule de la Constitution sénégalaise du 22 janvier 2001, *in* Mamadou Badji, El Hadji Omar Diop, *Administrer la justice, transcender les frontières. Mélanges en l'honneur du juge Kéba Mbaye*, PUT 1 capitole, 2018, pp. 435-475.

Diop Momar-Coumba, Diouf Mamadou, « Sénégal : Par-delà la succession SenghorDiouf », *in* Momar-Coumba Diop, Mamadou Diouf (dir.), *Les figures du politique en Afrique. Des pouvoirs hérités aux pouvoirs élus*, Paris/Dakar, Karthala/CODESRIA, 1999, pp. 139-188.

Diop Serigne, « Justice du politique au Sénégal », Jean du Bois de Gaudusson, Gérard Conac (dir.) *La justice en Afrique*, La documentation française, 1990, pp. 184-194.

Diouf Aly, « L'expérience sénégalaise de la décentralisation, facteur d'approfondissement de la démocratie locale, d'organisation de la gouvernance locale et de promotion du développement local », *in* UCAD/FSJP, *La régionalisation*, (Actes du Colloque international de Dakar, 1er au 3 juillet 1996), Dakar, CREDILA, 1998, pp. 347-362.

Delphine Dulong, « Les poisons et délices de la cinquième république : l'histoire politique de la coordination du travail gouvernemental », *in RFADP*, n° 171, 2019, pp. 587-601.

Esplugas Pierre, « Constitution et contentieux constitutionnel », *in* AIDC, *La constitution aujourd'hui*, Recueil de cours, Volume XV, XXIe Session, 2005, pp. 137-153.

Fall Alioune Badara, « La démocratie sénégalaise à l'épreuve de l'alternance », *in Politeia*, n° 5, 2004, pp. 35-82.

Fall Alioune Badara, « La décentralisation au Sénégal…, en attendant Godot », *in* Frédéric Joël Aivo et *alii L'amphithéâtre et le prétoire. Au service des droits de l'homme et de la démocratie. Mélanges en l'honneur du Président Robert Dossou*, Paris, L'Harmattan, 2020, pp. 574-599.

Fall Alioune Badara, « Le contrôle de légalité des collectivités locales en France », *in* UCAD/FSJP, *La régionalisation*, (Actes du Colloque international de Dakar, 1er au 3 juillet 1996), Dakar, CREDILA, 1998, pp. 279-288.

Fall Alioune Badara, « Le juge, le justiciable et les pouvoirs publics : pour une appréciation concrète de la place du juge dans les systèmes politiques en Afrique », *in Les défis des Droits fondamentaux, Actes des Deuxièmes journées scientifiques du réseau Droits fondamentaux de l'Agence Universitaire de la Francophonie (AUF)*, tenues à Québec du 29 septembre au 2 octobre 1999, AUPELF-UREF, Bruylant/AUF, 2000, pp. 309-346.

Fall Ibrahima, « La réforme constitutionnelle du 22 février 1970 au Sénégal », *Penant*, n° 731, janvier- février- mars 1970, pp. 91-111.

Fall Ibrahima, « Le droit constitutionnel au secours de l'authenticité et de la négritude. Le serment du président de la République, acculturation ou retour aux sources ?», *Annales Africaines*, 1973, Paris, Pedone, 1974, pp. 203-218.

Fall Ismaïla Madior, « La construction des régimes politiques en Afrique : insuccès et succès », *afrilex*, 2014, 37 p.

Fall Ismaïla Madior, « Constitution de 1963 et constitution de 2001 : continuité ou rupture », *Nouvelles Annales Africaines*, n° 2, 2008, pp. 311-336.

Fall Ismaïla Madior, « La présidentielle de 2012 : la routinisation de l'alternance », Ndèye Madjiguène Diagne, El Hadji Omar Diop, *Droit administratif : convergence ou concurrence des disciplines juridiques*, PUT 1 Capitole, 2020, pp. 443-483.

Fall Ismaïla Madior, « La loi organique dans les ordonnancements juridiques des États d'Afrique francophone. Réflexion sur une norme particulière », *RBSJA*, n° 32, 2014, 39 p.

Fall Ismaïla Madior, « La construction des régimes politiques en Afrique : insuccès et succès », *in* Frédéric Joël Aïvo, *La Constitution béninoise du 11 décembre 1990 : un modèle pour l'Afrique ? Mélanges Maurice Ahanhanzo-Glèlè,* Paris, L'Harmattan, 2014, pp. 127-179.

Fall Ismaïla Madior, « Les dynamiques de la construction des régimes politiques en Afrique », *Annales Africaines*, numéro spécial, 2014, pp. 2-36.

Fall Ismaïla Madior, « Le contrôle de légalité des actes des collectivités locales au Sénégal », *Afrilex*, n° 5, pp. 64-110.

Fall Ismaïla Madior, « Quelques progrès remarquables du droit constitutionnel africain », *in* Koffi Ahadzi-Nonou et *alii*, *Démocratie en questions. Mélanges en l'honneur du professeur Théodore Holo,* PUT, 2017, pp. 276-286.

Fall Ismaïla Madior, « Quelques réserves sur l'élection du président de la République au suffrage universel. Les tabous de la désignation démocratique des gouvernants, *Afrique contemporaine*, 2012, pp. 99-113.

Fall Ismaïla Madior, Sall Alioune, « Une constitution régionale pour l'espace CEDEAO : le protocole sur la démocratie et la bonne gouvernance, *la-constitution-en-afrique.over-blog.com*, 7 p.

Fall Moustapha, Mboup Ngouda, « Les juridictions internationales africaines et la CJUE », in Mamadou Badji, El Hadji Omar Diop (dir.), *Administrer la justice. Transcender les frontières. Mélanges en l'honneur du juge Kéba Mbaye*, PUT 1 Capitole 2018, pp. 541-550.

Fall Papa Talla, « La difficile articulation entre le droit à la vie privée et le droit à l'information au Sénégal », *Nouvelles annales africaines*, 2013, pp.151-175.

Favoreu Louis, « Le Parlement constituant et le juge constitutionnel », *in* Michel Ameller et *alii* (contr. réun.), *La République. Mélanges en l'honneur de Pierre avril*, Paris, Montchrestien, 2001, p. 235-242.

Gicquel Jean, « Le présidentialisme négro-africain. L'exemple camerounais », *in Le pouvoir (Mélanges offerts à Georges Burdeau)*, Paris, LGDJ, 1977, pp. 701-725.

Gueye Babacar, « La démocratie en Afrique : succès et résistances », *Pouvoirs* 2009/2, n° 129, pp. 5-26.

Gueye Babacar, « Le mandat unique : un mandat pour le Président de la République en Afrique », *in* Koffi Ahadzi-Nonou et *alii*, *Démocratie en questions. Mélanges en l'honneur du professeur Théodore Holo,* PUT, 2017, pp. 211-227.

Gueye Babacar, Ndiaye Sémou, « L'instabilité institutionnelle en Afrique », *Droits sénégalais*, n°10, 2011-2012, pp.127-188.

Gueye Babacar, Tall Saïdou Nourou, Kamto Maurice, *Traité du 17 octobre 1993 relatif à l'harmonisation du droit des affaires en Afrique, tel que révisé à Québec le 17 octobre 2008*, 4e édition, *in* Joseph Issa-Sayegh, Paul-Gérard Pougoué, Filiga-Michel Sawadogo, *Ohada, traité et actes uniformes commentés et annotés*, Juriscope, 4e édition 2014, pp. 19-71.

Gounou Kora Ahmzat, « Le parrainage électoral en Afrique noire francophone », *Annales Africaines, Nouvelle Série*, Volume 2, 2022, n° 17, pp. 77-123

Haquet Arnaud, « Proposition de rédaction : l'unité de l'État », p. *in* Jean-Jacques Bienvenu, Jacques Petit, Benoît, Plessix, Bertrand Seiller, *La Constitution administrative de la France*, Paris, Dalloz,2012, pp. 119-131.

Illy Ousseni, « La chefferie traditionnelle dans les constitutions des États d'Afrique noire francophone », *Revue Burkinabée de Droit*, n° 53 – 2e semestre 2017, pp. 178-183.

Kamara Mactar, « Supra-constitutionnalité et exercice du pouvoir constituant dérivé », *Revue de la Recherche Juridique Droit Prospectif*, 2008, n° 3, pp. 1431-1476

Kanté Babacar, « Le Sénégal : un exemple de continuité politique et d'instabilité constitutionnelle », RJPEM, n°22, 1989, pp. 145-160.

Kanté Babacar, « Les juridictions constitutionnelles et la régulation des systèmes politiques en Afrique », *Mélanges en l'honneur de Jean Gicquel*, Paris, Montchrestien, 2008, 265-276.

Kanté Boubacar, « L'abstentionnisme électoral dans tous ses États au Sénégal », *Annales Africaines*, Nouvelle série, Volume 1, n° 12, avril 2020, pp. 1-28.

Khouma Ousmane, « La composition des cours constitutionnelles en Afrique, les cas du Bénin et du Sénégal », *Annales Africaines*, Volume 1, n° 6, avril 2017, pp. 157-197.

Kienou Sanwé Médar, « L'incident du droit régional sur le droit constitutionnel des États francophones d'Afrique de l'Ouest », *RFDC*, n° 110, 2017, pp. 413-436.

Kpodar Adama, Kokoroko Dodzi, « Remarques sur quelques mutations du droit constitutionnel par les crises politiques en Afrique », *in* Koffi Ahadzi-Nonou et *alii*, *Démocratie en questions. Mélanges en l'honneur du professeur Théodore Holo,* PUT, 2017, pp. 239-255.

Kpodar Adama, Monembou Cyrille, « La pyramide des normes entre l'interne et l'externe : Quand le droit communautaire courbe l'échine devant le droit national contraire », *RCC-Revue constitution et consolidation de l'état de droit de la démocratie et des libertés fondamentales en Afrique*, n° 2 et 3, 2020, pp. 217-244.

Laouel Kader Mahamadou, « L'opposition dans les nouveaux parlements africains : évolution ou régression ? », *in* CMDID/CREDILA-UCAD, *Dialogue politique entre majorité et opposition pour la construction de la démocratie*, (Journées de réflexion, Hôtel Savana, Dakar/Sénégal, 26 au 30 mai 2014, pp. 233-263

Lauvaux Philippe, « Régimes (classifications », *in* Denis Alland, Stéphane Rials, *Dictionnaire de la culture juridique,* Paris, PUF, 2003, pp. 1315-1322.

Loada Augustin, « La limitation du nombre de mandats présidentiels en Afrique francophone » *Revue électronique Afrilex,* n° 3, 2003, pp. 139-174.

Ly Ibrahima, « Les libertés économiques sociales et culturelles : continuité ou changement ? », *Nouvelles Annales Africaines*, n° 1, 2007, pp. 337-352

Mbodj El Hadj, « Déconcentration et décentralisation », *in* UCAD/FSJP, *La régionalisation, in* UCAD/FSJP, *La régionalisation*, (Actes du Colloque international de Dakar, 1er au 3 juillet 1996), Dakar, CREDILA, 1998, pp.

Mbodj El Hadj, « Le juge : un déterminant du processus électoral en Afrique », *Espaces du service public, Mélanges en l'honneur de Jean du Bois de Gaudusson*, Tome 1, PUB, 2014, pp. 423-453

Mbodji Fara, « Les compétences du Conseil constitutionnel à l'épreuve des saisines. Quelques remarques sur le pouvoir jurisprudentiel du juge constitutionnel au Sénégal », *Revue internationale du droit africain EDJA* EDJA, n° 78, Juillet-Août 2008, pp. 7-37.

Mbodji Fara, « Réflexion sur la dénaturation de la liberté de manifestation en droit africain », *in* Mamadou Badji, Olivier Decaux, Babacar Guèye (dir.), in *Conflictualité en Afrique francophone, Droit sénégalais, n° 10, 2011-2012*, pp. 265-324.

Ndiaye Ameth, « La charte africaine des droits de l'homme et des peuples et la charte africaine de la démocratie, des élections et de la gouvernance : regard croisé », *Annales Africaines*, Volume 2, n° 11, 2019, pp. 81-117.

Ndiaye Ameth, « La loi d'habilitation dans les systèmes constitutionnels d'Afrique francophone », *Annales Africaines*, Volume 1, n° 14, avril 2021, pp. 173-238.

Ndiaye Ameth, « L'exception d'inconstitutionnalité devant la juridiction constitutionnelle en Afrique », *Annales Africaines*, Volume 2, n° 17, 2022, pp. 125-190.

Ndiaye Isaac Yankhoba, « L'accès à la justice constitutionnelle au Sénégal, *in* Ndiaw Diouf (dir.), *Le Conseil constitutionnel sénégalais dans le contexte d'intégration régionale. Passé, présent, devenir*, (Actes du Colloque de Dakar, 7 et 8 décembre 2020), L'Harmattan-Sénégal, 2021, pp. 81-89.

Ndiaye Ndèye Astou, « Les politiques éducatives au Sénégal : entre perte de qualité, "injustice" sociale et propositions d'alternatives nouvelles », *Annales Africaines, Nouvelle série*, Vol. 1, avril 202, n° 12, pp. 123-148.

Ndiaye Sidy Alpha, « Le pouvoir d'injonction du juge constitutionnel en Afrique noire francophone », *Annales Africaines*, Volume 1, n° 10, avril 2019, pp. 37-78.

Ndiaye Sidy Alpha, « Le pouvoir judiciaire dans les systèmes d'inspiration civiliste », *Annales Africaines*, Vol. 1, avril 2022, n° 16, pp. 91-137.

Ndir Babacar, « Le pilotage des politiques sociales d'éducation et de santé », *in* El Hadj Seydou Nourou Touré (dir.),, *Pilotage des politiques publiques au Sénégal de 1960 à 2012*, L'Harmattan-Sénégal, 2019, pp. 358-403.

Ngaïdé Moustapha, « Quelques remarques sur la réforme du droit de dissolution au Sénégal : du rituel à la pratique », *Revue internationale du droit africain EDJA*, Juillet-Septembre 2005, pp. 7-44.

Ngom Mbissane, « Les droits de la personnalité et la liberté de la presse au Sénégal », *Revue de l'association sénégalaise de droit pénal*, n°9, 2010, pp.39-72.

Niane Ibrahima, « L'Assemblée et le parcours de la loi », *Revue internationale de droit africain EDJA,* n° 65, Avril-Mai-Juin 2005, pp. 7-21.

Nzouankeu Jacques Mariel, « Aspects récents de la réforme de l'Administration territoriale, et élections municipales et rurales de 1984 au Sénégal, *RIPAS*, n° 12-13, Janvier-Juin 1985, pp. 5-69.

Okou Henri Legré, « Autorité traditionnelle et développement en Afrique. Le cas de la Côte d'Ivoire de 1960 à nos jours », *in Annales de l'Université des Sciences sociales de Toulouse*, Tome XL, 1992, p. 167-188.

Ondoua Alain, « La Constitution béninoise du 11 décembre 1990 et les normes d'origine externe », *in* Koffi Ahadzi-Nonou et *alii*, *Mélanges en l'honneur du professeur Théodore Holo,* PUT, 2017, pp. 155-180.

Ouédraogo Yakouba, « Retour sur une décision controversée : l'arrêt de la Cour de justice de la CEDEAO du 13 juillet 2015, *CDP et autres c/ État du Burkina », Les Annales du Droit*, 10-2016, pp. 197-232.

Perrot Claude-Hélène, « Les autorités traditionnelles et l'État moderne en Afrique Subsaharienne au début du XXIE Siècle », *journals. openedition.org*, 33 p.

Rivero Jean, « Fin d'un absolutisme », *in Pouvoirs* n° 13 — *Le Conseil constitutionnel* — avril 1980 (nouvelle édition juillet 1991), pp. 5-16.

Sakho Abdoulaye, « Droit de grève et survie de l'entreprise », *Nouvelles Annales Africaines*, n° 1, 2007, pp. 353-370.

Sall Alioune « Instruments internationaux intégrés dans le préambule », *in* Abdou Aziz Daba kébé, Sidy Alpha Ndiaye, Boubacar Bâ, *Textes fondamentaux de la République du Sénégal*, L'Harmattan-Sénégal, 2021, pp. 121-125.

Sall Alioune, « Quel régime politique pour le Sénégal », *Nouvelles Annales Africaines*, n° 1, 2007, pp. 431-437.

Sall Alioune, « Processus démocratiques et bicéphalisme du pouvoir exécutif en Afrique noire francophone : un essai de bilan », *nouvelles annales africaines,* n° 2-2008, pp. 209-279.

Sané Youssouf, « La décentralisation au Sénégal, ou comment réformer pour mieux maintenir le *statu quo* », *Cybergeo European Journal of Geography*, 2016, *journals.openedition.org*, 45 p.

Sanwé Médard Kienou, « L'Invalidation de candidatures à l'élection présidentielle en Afrique francophone subsaharienne », *Annales Africaines*, Nouvelle série, Vol. 1, avril 2021, n° 14, pp. 365-399.

Sarr Babacar, « La dimension supranationale du démembrement communautaire ouest-africain », », *in* Mamadou Badji, Saïdou Nourou Tall, *Les transformations de l'État. Mélanges en l'honneur de Babacar Gueye*, PUT 1 Capitole, 2019, pp. 645-687.

Sarr Babacar, « La garantie de la protection des droits humains par le juge constitutionnel », *in* Mamadou Badji, El Hadji Omar Diop, *Administrer la justice, transcender les frontières. Mélanges en l'honneur du juge Kéba Mbaye*, PUT 1 capitole, 2018, pp. 369-404.

Sarr Babacar, « La réforme de la décentralisation territoriale au Sénégal », *Annales Africaines, Nouvelle série*, Vol. 2, 2015, pp. 117-155.

Sarr Geneviève Bremond, « La protection de l'environnement par le droit de propriété », *Annales Africaines. Nouvelle Série*, n° spécial, 2020, pp. 213-244.

Sékoula Steve, « Le renouveau du contrôle juridictionnel des actes réglementaires au Gabon », Le renouveau du contrôle juridictionnel des actes réglementaires au Gabon, *www.ceracle.com*,, 30 p.

Silla Ibrahima, « Neutraliser l'opposition. L'économie présidentielle de la neutralisation politique », *Annales Africaines,* n° 13, 2020, pp. 183-222.

Sokeng Léopold Donfack, « L'institutionnalisation de l'opposition : une réalité objective en quête de consistance », *in* Luc Sindjoun (dir.), *Comment peut-on être opposant au Cameroun. Politique parlementaire et politique autoritaire*, Dakar, CODESRIA, 2004, pp. 44-101.

Sy Demba, « De quelques dispositions atypiques dans les Constitutions africaines », *in* Frédéric Joël Aïvo, *La Constitution béninoise du 11 décembre 1990 : un modèle pour l'Afrique ? Mélanges en l'honneur de Maurice Ahanhanzo-Glélé*, Paris, L'Harmattan, pp. 273-283.

Sy Demba, « Les fonctions de la justice constitutionnelle en Afrique », *in* Oumarou Narey (dir.), *La justice constitutionnelle,* (Actes du Colloque de l'ANDC, 15-17 octobre 2015, Paris, L'Harmattan, 2016, pp. 43-64.

Sy Demba, « État et religion au Sénégal », *in* Koffi Ahadzi-Nonou et *alii*, *Démocratie en questions. Mélanges en l'honneur du professeur Théodore Holo,* PUT, 2017, pp. 191-210.

Sy Demba, « Présentation de la nouvelle Constitution », *Nouvelles Annales Africaines*, n° 1, 2007, pp. 279-308.

Sy Seydou Madani, « La révision constitutionnelle du 26 février 1970 », *Annales Africaines*, 1969, pp. 9-28.

Sy Seydou Madani, « La démocratie multipartisane au Sénégal à la lumière de la révision constitutionnelle de 1976 », *Annales Africaines*, 1976, pp. 9-15.

Sylla Cheikhou Issa, Fall Oumar, « La tutelle de l'État sur les collectivités locales », *in* UCAD/FSJP, *La régionalisation*, (Actes du Colloque international de Dakar, 1er au 3 juillet 1996), Dakar, CREDILA, 1998, pp. 253-277.

Tall Saïdou Nourou, « La Constitution sénégalaise de 2001 et le droit international public », *Nouvelles Annales Africaines*, n° 1, 2007, pp.371-378.

Tall Saïdou Nourou, « La justice constitutionnelle sénégalaise et le droit international public », *in* Oumarou Narey, *La justice constitutionnelle*, (Actes du Colloque international de l'ANDC), Paris, L'Harmattan, 2016, pp. 305-327.

Tall Saïdou Nourou, « Le statut des députés au Sénégal », *Revue internationale de droit africain EDJA*, n°57, avril-mai-juin 2003, pp. 51-75.

Tall Serigne Mansour, « La Décentralisation et le Destin des Délégués de Quartier à Dakar (Sénégal) Plaidoyer pour les délégués de quartier de Dakar après la loi de décentralisation de 1996 », *Bulletin de l'APAD*, n° 15, 1998, pp. 1-12.

Thiam Abdourahmane, « La recomposition politique post-élection présidentielle de 2012 au Sénégal : l'imperméabilité des identités partisanes à l'épreuve », *Nouvelles Annales Africaines*, 2013, pp. 5-58.

Thiam Abdou Rahmane, « Repenser la démocratie représentative : l'intégration politique des minorités en contexte plural africain comme fabrique de bon gouvernement », *in* Abdou Aziz Daba Kébé, Sidy Alpha Ndiaye, Boubacar Bâ, *État de droit et minorités en Afrique*, (Acte du colloque international, organisé à Dakar, les 8 et 9 juillet 2021), L'Harmattan-Sénégal, pp. 23-50.

Thiam Samba, « Des exceptions, des fins de non-recevoir et de la péremption d'instance », *Revue internationale de droit africain,* n° 58, Juillet-Septembre 2003, pp. 37-54.

Thioune Mouhama Moustapha, « La rationalisation des partis politiques au Sénégal », *in* Mamadou Badji, El Hadji Omar Diop, *Administrer la justice, Transcender les frontières. Mélanges en l'honneur du juge Kéba Mbaye*, PUT 1 capitole, 2018, pp. 695-704.

Troper Michel, « Justice constitutionnelle et démocratie », *RFDC,* 1990/1, pp. 31-48.

Zaki Moussa, « Constitution et lois de finances : variations dans la régulation d'un domaine spécifique », Oumarou Narey (dir.), *La Constitution, (Actes du séminaire scientifique, tenu à Niamey du 24 au 26 octobre 2018)*, L'Harmattan-Sénégal, 2018, pp. 319-343.

Zaki Moussa, « Petites constitutions et droit transitoire en Afrique », *Annales Africaines*, 2012, pp. 3-46.

D) Rapports / Études

Anat, *Plan national d'Aménagement et de Développement territorial (PNADT). Horizon 2035 (Rapport final),* juin 2020, *www.anat.sn*, 295 p.

Collin Jean, *Rapport au Conseil national de Développement des collectivités locales,* 17 avril 1980, 18 p.

Commission national du Dialogue Politique, *Rapport final*, août 2021, 16 p.

Fall Ismaïla Madior, *Étude diagnostic et élaboration d'un programme d'appui à l'Assemblée nationale du Sénégal*, Mai 2012, 75 p.

Mbodj El Hadji, *Statut de l'Opposition – Financement des partis politiques,* (Rapport du Médiateur au Président de la République), 244 p.

TABLE DES MATIERES

Structures éditoriales du groupe L'Harmattan

L'Harmattan Italie
Via degli Artisti, 15
10124 Torino
harmattan.italia@gmail.com

L'Harmattan Hongrie
Kossuth l. u. 14-16.
1053 Budapest
harmattan@harmattan.hu

L'Harmattan Sénégal
10 VDN en face Mermoz
BP 45034 Dakar-Fann
senharmattan@gmail.com

L'Harmattan Cameroun
TSINGA/FECAFOOT
BP 11486 Yaoundé
inkoukam@gmail.com

L'Harmattan Burkina Faso
Achille Somé – tengnule@hotmail.fr

L'Harmattan Guinée
Almamya, rue KA 028 OKB Agency
BP 3470 Conakry
harmattanguinee@yahoo.fr

L'Harmattan RDC
185, avenue Nyangwe
Commune de Lingwala – Kinshasa
matangilamusadila@yahoo.fr

L'Harmattan Congo
67, boulevard Denis-Sassou-N'Guesso
BP 2874 Brazzaville
harmattan.congo@yahoo.fr

L'Harmattan Mali
ACI 2000 - Immeuble Mgr Jean Marie Cisse
Bureau 10
BP 145 Bamako-Mali
mali@harmattan.fr

L'Harmattan Togo
Djidjole – Lomé
Maison Amela
face EPP BATOME
ddamela@aol.com

L'Harmattan Côte d'Ivoire
Résidence Karl – Cité des Arts
Abidjan-Cocody
03 BP 1588 Abidjan
espace_harmattan.ci@hotmail.fr

Nos librairies en France

Librairie internationale
16, rue des Écoles
75005 Paris
librairie.internationale@harmattan.fr
01 40 46 79 11
www.librairieharmattan.com

Librairie des savoirs
21, rue des Écoles
75005 Paris
librairie.sh@harmattan.fr
01 46 34 13 71
www.librairieharmattansh.com

Librairie Le Lucernaire
53, rue Notre-Dame-des-Champs
75006 Paris
librairie@lucernaire.fr
01 42 22 67 13

www.ingramcontent.com/pod-product-compliance
Lightning Source LLC
LaVergne TN
LVHW011448061026
849535LV00004BA/1008